Gerti Senger | Walter Hoffmann

# Schräglage

GERTI SENGER | WALTER HOFFMANN

# SCHRÄGLAGE

## Die Sehnsucht nach Zufriedenheit

GOLDEGG VERLAG

Bildrechte Autorenfotos: Gerti Senger: © Christian Mastalier;
Walter Hoffmann: © Privatbild
Bildrechte Umschlag: © Matthis Dierkes – Fotolia.com



ISBN Print: 978-3-902729-39-2
ISBN E-Book: 978-3-902729-40-8


Mommsengasse 4/2 • A-1040 Wien
Telefon: +43 (0) 1 5054376-0
E-Mail: office@goldegg-verlag.com
http://www.goldegg-verlag.com
Herstellung: Goldegg Verlag GmbH, Wien
Druck: CPI Moravia Books

# Inhaltsübersicht

# Inhaltsverzeichnis

» *Liebende suchen Stabilität und Gleichgewicht.* «

Gerti Senger

# Vorwort
# Die neuen Sehnsüchte

Trends sollen eine Ahnung vermitteln, wo es lang geht. In Schüben werden wir aufgefordert, dem Zeitgeist zu folgen und den jeweiligen Trend mitzumachen: Cocooning (Zuhausebleiben), Körperkult, Selbstmarketing, Netzwerken und, und, und. Manchmal ist auf Anhieb erkennbar, dass ein Trend nur der Suche nach neuen Märkten dienlich sein soll und daher entsprechend kurzlebig ist. Aber manche Trends zeigen wirklich die Bedürfnisse der Menschen auf. Nach 9/11, der Wirtschaftskrise und dem atomaren Super-GAU in Japan zeichnet sich ein neuer Trend ab: die Rückbesinnung auf bewährte Tugenden.

Erst kürzlich brachte eine Studie im Auftrag des Wirtschafts- und Familienministeriums den Blätterwald zum Rauschen: Junge Frauen wünschen sich in der Karenz zwar „halbe-halbe", aber, und das machte die österreichischen Politiker sprachlos, sie haben erstaunlich wertkonservative Vorstellungen in Sachen Familie. Fast die Hälfte der jungen Frauen beantwortete die Frage, ob sie gerne zuhause bleiben und sich um die Familie kümmern würden, mit „Ja" – vorausgesetzt natürlich, das der Lebensunterhalt gesichert ist. Die jungen Menschen träumen von einer glücklichen Partnerschaft, von einer heilen Welt, in der Mutter, Vater und Kinder nicht ein progressives Weltbild verwirklichen, sondern zufrieden leben wollen.

Vor dem Hintergrund eines Lebens, das seit vielen Jahren hauptsächlich auf das Materielle setzt, ist der Trend „Zurück zu alten Werten" nicht mehr zu übersehen. Sogar die Wirtschaftswelt reagiert zumindest in Form von Untersuchungen immer stärker auf diese Stimmung.

Eine Vergleichsstudie, die von dem amerikanischen Glücksökonomen Richard A. Easterlin in mehreren Staaten durchgeführt wurde, kam zu dem Ergebnis, dass zwischen Einkommen und der Bevölkerungszufriedenheit kein signifikanter Zusammenhang besteht. Easterlin kommentiert seine als „Easterlin Paradoxon“ weltberühmt gewordenen Studien im Wirtschaftsmagazin „brand eins“ am Beispiel Chinas: „Seit 1990 verzeichnet es die wohl höchste Wachstumsrate, die je gemessen wurde. Die Einkommen haben sich innerhalb einer Lebenszeit verdreifacht, die Menschen müssten also überglücklich sein ... Die Zufriedenheit ist aber um keinen Deut gestiegen.“

Dieses Ergebnis hätte in der Anfangseuphorie der Ökonomie die Wissenschafter überrascht. Anfang des 18. Jahrhunderts träumten sie davon, Wirtschaftswohlstand und Glück in einen direkten Zusammenhang bringen zu können. Aber die simple Rechnung „Wer mehr Geld ausgeben kann, muss zwangsläufig glücklicher sein“ ging nicht auf. Nur in Entwicklungsländern, in denen das Jahreseinkommen deutlich unterhalb von 10.000 Dollar liegt, kann mehr Geld auch mehr Zufriedenheit erzeugen. Aber von dieser Einkommensschwelle an lässt sich Zufriedenheit nicht mehr mit diesem Maß messen.

Neue Impulse kamen von den Neurowissenschaften, die Aktivitäten im Gehirn nachweisen konnten. Versuchspersonen sollten auf einer Skala von „extrem unzufrieden“ bis „vollkommen zufrieden“ ihre Seelenbefindlichkeiten eintragen. Gleichzeitig wurden die Aktivitäten in den zuständigen Gehirnregionen gemessen. Die Ergebnisse gaben zu denken: Die Reichen der Industrieländer sind im Durchschnitt zwar zufriedener als Arme, aber die Unterschiede sind sehr gering. Auch Schönheit oder ein hoher Bildungsgrad bringt auf dem Zufriedenheitskonto nicht viel. Entscheidend ist etwas anderes – nicht Dinge machen Menschen zufrieden, sondern Erlebensweisen: erfüllende Beziehungen, Freundschaften, glückliche Partnerschaften und Eingebundensein in Gemeinschaften lassen den Zufriedenheitsindex hochschnellen. Extrem schlechte Zufriedenheitswerte bringt Arbeitslosigkeit. Sie nagt so sehr am Selbstwertgefühl, dass sich für den Betroffenen Glücks- und Zufriedenheitsmomente nicht mehr erschließen.

Auf der Suche nach dem Rezept für Glück beschäftigen sich auch Soziologen und Psychologen immer intensiver mit den Bedingungen der Zufriedenheit. Ein neues Bewusstsein dafür, dass Zufriedenheit nicht käuflich ist, verändert das Credo einer oberflächlich gewordenen Konsumgesellschaft.

Konnten früher Schlagzeilen wie „Mehr Einkommen und mehr Konsum“ die Aufmerksamkeit der Menschen aktivieren, werden in letzter Zeit Themen diskutiert, in deren Mittelpunkt innere Zufriedenheit und Dankbarkeit stehen. Dankbar für das zu sein, was man hat – Menschen, die einen mögen, Gesundheit, innere Sicherheit. Dankbarkeit ermöglicht innere Zufriedenheit. Man überlegt, an den Schulen Kinder die Kunst der Zufriedenheit und Resilienz, also emotionale Widerstandsfähigkeit, optimistisches Denken und Selbstkontrolle zu lehren. Immer öfter ist von „Dankbarkeit“ die Rede, immer häufiger hört man so antiquierte Wörtchen wie „Ordnung“, „Demut“ oder „Mäßigung“.

Einerseits galt die „Sünde“ als verstaubter Begriff, der durch die Schwierigkeiten mancher Kirchenmänner ein Imageproblem abbekommen hatte. Als Reaktion darauf wurde die Sünde verzwergt und es war nur noch von „Verkehrssünden“, „Modesünden“ und „Ernährungssünden“ die Rede. Aber jetzt geben sogar konsequente Atheisten zu, dass in diesem Zusammenhang die „Sieben Todsünden“ als psychologisch berechtigte Erinnerung an Mäßigung gesehen werden können. Schließlich würden es nur wenige von uns schaffen, nicht auf der schwarzen Liste jener Schwächen zu stehen, die sich als „Todsünden“ dem inneren Frieden, der Zufriedenheit, der Liebe und dem Gemeinsinn immer wieder in den Weg stellen:

Eitelkeit und Hochmut, die dazu verführen, die Privilegien ewiger Jugend für sich zu beanspruchen. Geiz, der als geil schön geredet wird und das Nicht-teilen-Wollen entschuldigt. Neid und Missgunst, die nicht eingestanden werden und daher zerstörerisch wirken. Zorn und Wut, die das Zusammenleben verdüstern. Wolllust, die als sexuelle Gier daherkommt und Bindungen verhindert. Und die Trägheit des Herzens, die dem „Du" gegenüber gleichgültig und verantwortungslos macht.

Keiner von uns ist frei von zerstörerischen Triebimpulsen. Wir alle sind schwächer und auch böser, als wir sein wollen. Aber zwischen dem Extrem des völligen Auslebens und dem absoluten Freisein von diesen Triebimpulsen liegt das ehrliche Bemühen darum. Im Wortschatz der Menschen, der sich nach Schätzung von Anthropologen seit etwa eineinhalb Millionen Jahren kontinuierlich entwickelt, gibt es dafür seit langer Zeit Namen: Glück. Gleichgewicht. Zufriedenheit ...

# Liebende brauchen Sicherheit und Balance

Wir alle suchen Stabilität und Gleichgewicht. Unser unermüdliches Streben danach zeigt unsere Sehnsucht, dass zumindest der Mikrokosmos der Liebe schöner, besser und sicherer sein soll, wenn schon der Makrokosmos der Welt aus den Angeln gerät. Es hat einen Sinn, wenn sich junge und reife Paare, erfahrene und unerfahrene Menschen ein Leben lang um Beziehungsgleichgewicht bemühen: Wird in der Partnerschaft emotionale Balance gefunden und damit innere Sicherheit ermöglicht, kann man sich selbst optimal entfalten, eine Partnerschaft kann wachsen und es können Energie und Zeit für Erlebnisse aufgewendet werden, die Freude machen. Ein Mensch, der so leben kann, ist zufrieden und bildet keine Symptome aus.

In den Paaruntersuchungen der letzten Jahre finden sich durchwegs Theorien der Balance. Auch die neuen Attraktivitätsforschungen zeigen, dass Beziehungen, in denen die Partner in puncto Attraktivität möglichst gleichwertig sind, eher glücken als solche, in denen eine Attraktivitätsschräglage besteht.

Besonders deutlich wird das Prinzip der Ausgewogenheit an Interaktionen zwischen Partnern: Sobald in einer Partnerschaft das Verhältnis zwischen positiven und negativen Interaktionen aus dem Gleichgewicht kommt, gerät eine Liebesbeziehung in Schräglage und damit in Gefahr. Der US-Paarforscher John Gottman wies durch jahrzehntelange Beobachtungen mit zigtausend Paaren nach, dass Beziehungen in Schräglage signifikant oft mit einer Trennung, zumindest aber mit subjektiven Gefühlen der Unzufriedenheit und des Leides enden: Selbstwertzweifel, Ängste und unerfüllte Sehnsucht nach Nähe, Erotik und Zufriedenheit. Dieser emotionale Stress gleicht in seinen Auswirkungen externem Stress, wie er zum Beispiel beim Autofahren in einer Aquaplaning-Situation entsteht.

Manchmal bringen „Gleichgewichts-Maßnahmen" die Partnerschaft wieder in Balance. Man „arbeitet" an der Beziehung und damit meist auch an einem „besseren Ich". Aber im Stillen fragt sich so mancher ins Trudeln Geratene, warum denn die Liebe nicht ausreichte, um die Partnerschaft stabil glücklich zu halten. Die Antwort ist simpel: durch den Frust einer emotionalen Schräglage. Auch eine große Liebe ist nur in Ausnahmefällen zerstörerischen Verhaltensweisen und Gefühlen gegenüber resistent.

Am Anfang einer Liebe stehen die Empfindungen füreinander nicht infrage. Die meisten Paare sind überzeugt davon: „Wir schaffen das schon!" Aber dann enden doch viele Beziehungen mit einer Enttäuschung und es stellt sich natürlich die Frage, wie viel Stabilität überhaupt möglich ist. Bei der Suche nach Antworten ist es nicht das Schlechteste, sich auch zu fragen, wie man wurde, wer man ist; und warum es uns trotz aller Extreme so wichtig ist, die goldene Mitte zu finden.

Der Verlauf einer Liebesbeziehung, ja überhaupt der Weltbezug, wird maßgeblich durch vier Grundformen psychischer Charakterstrukturen bestimmt. Stellen Sie sich eine Diagonale und eine Vertikale mit jeweils zwei entgegengesetzten Polen vor: das Gegensatzpaar „gefühlsbetont" und „vernunftbetont" und das Gegensatzpaar „kontrollierend" und „locker". Die Balance dieser Charakterausprägungen befähigt einen Menschen, in angemessener Weise ichbezogen, aber auch altruistisch, unabhängig, aber auch angepasst, kontrolliert, aber auch spontan zu sein. Eine Schräglage durch eine einseitige Ausformung, also nur egoistisch oder nur aufopfernd, entspricht einer Neurose.

Je extremer eine Ausprägung ist, desto größer sind die Schwierigkeiten, die sich im Sozialverhalten, in der Partnerschaft und im Arbeitsleben ergeben. Sie haben es dann nicht mit einem spontanen, sondern hemmungslosen, nicht mit einem vernünftigen, sondern zwanghaften, nicht mit einem hingebungsvollen, sondern abhängigen Menschen zu tun. Maximal liebesfähig (und auch leistungsfähig) ist ein Mensch mit einer ausgewogenen, in Balance befindlichen Mischung der vier Charakterstrukturen. Doch selbst relativ ausbalancierte Persönlichkeiten geraten oft in eine Beziehungsschräglage. Zu vielen Missverständnissen und sogar Seitensprüngen kommt es durch negative Grundannahmen über sich selbst.

Wie fing es an? Toni wollte es sich einmal „so richtig geben". Querfeldein mit dem Mountainbike, reintreten bis zum Gehtnichtmehr. Veronika kann nur mühsam die Tränen unterdrücken. „Es ist immer dasselbe. Du willst nichts mit mir teilen. Immer denkst du nur an dich." Toni liebt Veronika. Er ist ihr treu und sie haben viele Gemeinsamkeiten. Aber Veronika kommt beim Mountainbiken nicht mit ihm mit. Er will einmal nicht auf sie Rücksicht nehmen. In seinen Augen ist sie egoistisch und berücksichtigt seine Bedürfnisse nicht. Außerdem braucht Toni auch Lebensraum für sich. Warum gönnt ihm Veronika nichts? Sie will ihm den Lebensnerv ziehen, ihm die Luft zum Atmen nehmen. Jetzt fließen Veronikas Tränen: „Dir ist es egal, wie es mir geht. Du hast ein Herz aus Stein." Toni unternimmt einen Versöhnungsversuch: „Lassen wir das und gehen wir zum Italiener essen." Veronika trotzt: „Nein, danke, das brauch ich nicht." Toni reißt der Geduldsfaden: „Nicht ich, du bist beinhart. Ich halte das nicht mehr aus!"

Wer kennt nicht diese Spirale der Missverständnisse? Jeder fühlt sich unverstanden, jeder unterstellt dem anderen, hart zu sein. Also lassen wir die beiden allein und fragen wir uns, was hinter solchen schmerzlichen Konfrontationen steckt. Vielen Liebenden sind die Ursachen ihres Schmerzes oder ihrer Wut gar nicht bewusst. Sie spüren nur, dass sie „geladen" sind. Aber womit? Mit negativen Grundannahmen über sich selbst: „Eigentlich bin ich nicht liebenswert, eigentlich bin ich nicht interessant." Oder: „Ich darf nicht ich sein, ich darf mich nicht entfalten." Ein Wort genügt, und das negative innere Schema vergiftet die Kommunikation.

Da Schemadenken nicht bewusst ist, werden die daraus entstehenden schmerzlichen Gefühle direkt mit dem Verursacher in Zusammenhang gebracht: „Du bist kalt." „Du bist besitzergreifend." Gleich, was man sagt, das Motiv der Konfrontation kommt nicht zutage und wird auch nicht berücksichtigt. Das eigentliche Problem und damit eine Restspannung bleiben also bestehen. In Zukunft entzündet ein Funke einen Streit – und die Vorstellung, der Partner habe ein Herz aus Stein, nagt wieder an der verwundeten Seele.

In solchen Situationen passiert es oft, dass ein Dritter eine Chance hat. Die häufigste Rechtfertigung der Fremdgeher klingt dann unglaubwürdig: „Mit Sex hat das aber nichts zu tun." Daraufhin fühlt sich der „Betakelte" doppelt betrogen. Die Lippenstiftspuren, das schuldbewusste verspätete Heimkommen – das soll mit Sex nichts zu tun haben? Oft fragt man sich auch: „Warum ausgerechnet mit diesem Langeweiler?" „Warum gerade mit einer, die gar nicht attraktiver ist?" Weil die ganze Sache eben doch nicht so viel mit Sex zu tun hat. Der Sex ist ein Trick des Unbewussten, ein negatives inneres Schema zu widerlegen: Man hofft, dass endlich das gefunden wird, was der vermeintlich hartherzige Partner verweigert – Beweise dafür, dass man ja doch wichtig ist. Die Bestätigung, interessant zu sein. Das Gefühl, ohnedies autonom zu sein. Sobald diese Wünsche erfüllt werden, ist nicht nur der Sex gut. Es ist auch der – meist falsche – Beweis erbracht, dass der Betrug gerechtfertigt war, eben weil der eigene Partner ein Herz aus Stein hat.

Auch Lydia und Dominik kam durch Fehlannahmen die Beziehungsbalance abhanden. Bei einer Party schmuste Dominik in der Küche mit einer vollbusigen Blondine und Lydia tanzte mit dem Gastgeber so eng, dass zwischen ihnen nicht einmal ein Blatt Papier Platz gehabt hätte. Ein paar Tage später bot sich bei einem Hüttenabend ein ähnliches Bild. Dominik flirtete auf Teufel komm raus mit einer Münchnerin, Lydia mit einem Skilehrer. Nach diesem verunglückten Wochenende trennten sich die beiden. Hätten sie rechtzeitig erkannt, dass sie mit falschen Mitteln um ihre Liebe kämpften, wäre dieser Schritt vermutlich nicht notwendig gewesen.

In Wirklichkeit spielte sich nämlich Folgendes ab: Lydia beneidete Dominik von Anfang an um seine Unterhaltungsgabe und seine unbefangene Freude am Flirt. Um auf ihn nicht eifersüchtig sein zu müssen, machte sie ihn ihrerseits eifersüchtig. Sie inszenierte Situationen, die Dominik verunsichern und ihr die eigene Verunsicherung ersparen sollten. Lydia wollte eine Schräglage korrigieren und Dominik auf diesem Umweg gleichzeitig dazu bringen, ihr zu zeigen, wie sehr er sie braucht und liebt und wie groß seine Angst ist, sie zu verlieren. Das Gegenteil passierte. Für Dominik war Lydias Benehmen ein Freibrief, sich mehr Freiheiten für seine Kontaktfreude zu nehmen. Daraufhin verstärkte Lydia ihr Verhalten und die Beziehung geriet mehr und mehr in Schieflage.

Brigitte und Felix praktizierten ebenfalls diesen falschen „Lösungsansatz" für ihr Beziehungsproblem: Felix wusste, dass Brigitte eifersüchtig ist, also hielt er möglichst viel vor ihr geheim. Aber je weniger Information Brigitte bekam, desto hartnäckiger versuchte sie, Felix zu kontrollieren.

Der Kommunikationsforscher Paul Watzlawick vergleicht diese Situationen mit dem Bild von zwei Seglern, die sich auf je einer Seite des Bootes über Bord lehnen, um das Schiff im Gleichgewicht zu halten. Dieses „Ausreiten" ist gefährlich. Je mehr sich der eine hinaushängt, desto mehr muss der andere „stabilisieren". Eine Situation, die als Lösung gedacht ist, schaukelt sich oft so unerträglich hoch, dass nur noch das Auseinandergehen bleibt. Gäbe es eine andere Lösung? Meist schon. Zum Beispiel könnte einer von beiden damit aufhören, das gemeinsame Boot zu „stabilisieren". Der Partner wäre dann dazu gezwungen, auch seinerseits nachzulassen. Manipulationen, bei denen man die eigene Eifersucht durch die des Partners ersetzen will, verhindern genau die Sicherheit, nach der man sich tief im Herzen sehnt.

Das, was wir sind, wurden wir durch Beziehungsangebote oder Beziehungen, die uns vorenthalten wurden. Als „Beziehungswesen", die aus einer Beziehung entstanden und durch Beziehungsgeflechte zu dem geworden sind, was wir sind, bleiben wir ein Leben lang abhängig davon, dass in Beziehungen unser Bedürfnis nach Sicherheit einerseits und das Bedürfnis nach Lebendigkeit andererseits gestillt wird.

Nehmen wir an, Sie müssten sich für die Erfüllung nur eines der beiden Bedürfnisse entscheiden – was wäre Ihnen wichtiger? Die Sicherheit, zu der etwa Vertrauen, Geborgenheit, Verlässlichkeit, Loyalität gehören? Oder würden Sie sich für Lebendigkeit entscheiden? Dazu gehören zum Beispiel Humor, Sex, Genießen und Anregung. Schließen Sie die Augen und entscheiden Sie sich: Sicherheit? Oder Lebendigkeit? Vermutlich haben Sie sich zu Recht für die Sicherheit entschieden. Ohne Sicherheit kann es nämlich Lebendigkeit nicht geben. Den Beweis dafür trete ich gerne an.

Nehmen wir an, Sie sitzen gemütlich bei einem wunderbaren Abendessen und einem guten Glas Wein. Plötzlich hören Sie, dass sich jemand an der Tür mit Gewalt Eintritt verschaffen will. Genießen ist jetzt unmöglich. Oder: Während Sie mit Ihrem Partner tollen Sex haben, zersplittert ein Stein das Fenster. Aus ist es mit sinnlichen Freuden.

Das sind plumpe Illustrationen, denn im Zusammenhang mit Beziehungsglück ist die innere Sicherheit gemeint: „Du tust mir nicht weh", „Du verletzt mich nicht", „Du bringst mich nicht aus dem Gleichgewicht", „Du lässt mich nicht fallen". Ohne die innere Sicherheit, ohne geborgen und gehalten zu sein, ist in einer Beziehung Lebendigkeit im Sinne von Genießen, es miteinander schön haben, heiter sein, sich in der Sexualität fallen lassen können fast nicht möglich.

Für die innere Sicherheit und für spätere Liebesbeziehungen sind die frühkindlichen Entwicklungsphasen, in denen die ersten Liebesbeziehungen und Liebesmodelle am stärksten auf einen Menschen einwirken und ihn prägen, von besonderer Bedeutung. Die erste Entwicklungsphase beginnt mit der Geburt und dauert etwa ein Jahr. Die „Entbindung“ leitet die Bindungsphase ein, in der die Bindung zwischen dem Baby und seiner Mutter lebenswichtig ist. Die vorgeburtliche Verbundenheit ist ein Verschmelzungszustand, nach dem ein Leben lang eine irrationale Sehnsucht besteht. In der Bindungsphase besteht das primäre Bedürfnis eines Säuglings darin, „in Verbindung“ zu bleiben, also gehalten zu werden und geborgen zu sein. Dass es in dieser Phase Defizite gibt, ist nicht ungewöhnlich, denn das Nähebedürfnis eines Babys ist unersättlich. Frühkindliche Bedürfnisse sind überhaupt unersättlich, weil die Abhängigkeit in dieser ersten Lebenszeit so unendlich groß ist.

Hinterlässt ein Defizit in der Erfüllung der Bindungsbedürfnisse einen wunden Punkt, kann im erwachsenen Liebesleben das Kernthema des Betreffenden das Thema Kontakt sein. Sein wunder Punkt ist vermutlich die permanente Angst: „Ich hab’ zu wenig von dir“, „Ich bekomme zu wenig Nähe, zu wenig Wärme!“, „Ich verhungere neben dir, ich friere, mir ist kalt, warum drückst du mich nicht, warum hältst du mich nicht?“ Aus derselben Phase können aber unterschiedliche wunde Punkte entstehen. Der eine bekommt als Kind zu wenig Nähe und sucht ein Leben lang nach der Erfüllung dieses ungestillten Bedürfnisses. Der andere bekommt auch zu wenig, entwickelt aber als Selbstschutz die Haltung: „Ich brauche gar keine Nähe.“ Ihm wird alles, was im Erwachsenenleben an Nähe gefordert wird, zu viel sein und er wird sich eingeengt fühlen. Fühlen zwei derartig unterschiedliche Menschen etwas füreinander, wird das Thema Kontakt ihr gemeinsames Kernthema sein.

Die zweite Entwicklungsphase, die Zeitspanne des Erforschens, reicht ungefähr vom 13. bis zum 30. Lebensmonat. Das kleine Kind bewegt sich schon von der Mutter weg. Es ist motorisch in der Lage, Neues zu entdecken, die Welt zu erkunden. Das Kernthema dieser Phase ist eine Freiheit, in der man nicht alleine ist: „Lass mich gehen, aber sei da, wenn ich komme.“ Wird der Impuls, die Welt für sich größer zu machen, gehemmt, kann ein wunder Punkt die Folge sein – auch wenn das elterliche Einengen und Zurückhalten noch so gut gemeint ist oder durch eine eigene Angstgeschichte begründet ist. Wenn das „Lassen“ zwar möglich, aber beim Zurückkommen niemand da war, an den man sich drücken konnte, dem man erzählen konnte, was man gesehen und erlebt hat, kann das zu einem gegenteiligen wunden Punkt werden. Ein Kind will schließlich nicht nur die Welt erobern, es will auch die Gewissheit haben, jederzeit zurück in den sicheren Schoß der Mutter oder des Vaters kommen zu können. Die Sicherheit, frei und doch geborgen zu sein, ist die Grundmelodie dieses Lebensabschnitts.

„Lass mich gehen – sei da“ kann ein großes Konfliktthema im Beziehungsleben sein: „Ich darf nichts erleben, du blockierst mich.“ Oder aber: „Du interessierst dich nicht dafür, was ich erlebe. Ich kann es nicht erzählen, weil du nicht da bist für mich.“ Im Praxisalltag zeigen sich diese wunden Punkte oft darin, dass eine Frau, die Kinder groß gezogen hat und wieder berufstätig werden oder einen Kurs machen will, von ihrem Mann gewarnt wird: „Du wirst schon sehen, wo ich bin, wenn du am Abend nicht da bist, sondern in einem Computerkurs sitzt.“ Sie darf nicht gehen, weil er dann nicht für sie da ist. Oder: Ein Mann kommt nach Hause und will erzählen, wie unangenehm der Kollege X war. Darauf die Frau: „Lass mich damit in Ruhe, ich habe den Kopf voll mit meinen Problemen.“ Der Partner darf zwar „hinaus in die Welt“, um Geld zu verdienen, aber er darf nicht mit den dabei entstehenden Problemen nach Hause kommen und sie teilen wollen.

In der dritten Entwicklungsphase, das ist die Zeit zwischen 30 und 48 Monaten, geht es um die Entwicklung der geschlechtlichen Identität. Der kleine Junge will als kleiner

Mann, das Mädchen als junge Frau wahrgenommen werden. In diesem Alter fühlen sich die Jungen als Cowboy, machen aus jedem Spielzeug eine Pistole, ballern herum, schießen alle tot. Die Mädchen lackieren sich die Fingernägel, ziehen sich schön an und wollen als Prinzessin gesehen werden.

Das psychosoziale Bedürfnis dieser Phase ist das Gesehenwerden, das Wahrgenommenwerden der geschlechtlichen Identität. Dabei geht es nicht um die komplexe Erwachsenen-Identität, sondern um die altersadäquate Spiegelung der geschlechtlichen Identität. Da das Kernthema Sichtbarkeit ist, kann sich der wunde Punkt manifestieren, nicht ausreichend gespiegelt zu werden. Für viele Erwachsene ist die Situation, in der ein Mädchen mit seinem Geschlechtsteil herumspielt, schwierig. Man ist berührt, sagt vielleicht gar nichts, sondern schaut nur befremdet. Das genügt. Wenn ein kleiner Knirps droht: „Ich schieß dich tot", ist eine adäquate Spiegelung nicht leicht. Die meisten Menschen reagieren darauf mit einem: „Aber nein, so böse bist du nicht. Du bist doch der liebe Max." Später bekommt dann der kleine Max vielleicht mit seiner Aggressivität, seiner männlichen, zupackenden Art Schwierigkeiten – er darf und will ja lieb sein.

Auch in dieser Phase, in der es um die Wahrnehmung der jeweiligen geschlechtlichen Identität geht, kann sehr schnell ein wunder Punkt entstehen. Schmerzlich spürbar wird er dann bei Paaren, die einander nicht mehr sehen. Der Mann merkt nicht, dass die Frau eine andere Haarfarbe hat, die Frau sieht nicht, dass der Mann schlanker geworden ist. Unsichtbar füreinander zu sein tut weh.

Der vierte, entscheidende Abschnitt ist die Kompetenzphase im Alter von fünf bis sieben Jahren. Jetzt geht es um Anerkennung und Lob von Fähigkeiten. Es geht um Zugeständnisse, in tieferem Sinne also um Macht: „Schau, was ich alles kann." Das Bedürfnis nach Anerkennung und Lob ist genauso unersättlich wie das Verlangen nach Nähe. Fast jeder Mensch bekommt von Anfang an zu wenig Anerkennung und zu wenig Lob. Das Defizit kann so groß sein, dass ein Erwachsener ständig darauf aus ist, sich Anerkennung und Lob zu verschaffen.

So mancher Mann ist immer auf Eroberungsfeldzug und will von jeder Frau hören: „Du bist der Größte!" Und so manche Frau, die in frühester Zeit zu wenig Anerkennung bekam, ist als Erwachsene opferbereit, bis nichts mehr geht, nur um zu hören: „Danke, das hast du toll gemacht. Das war großartig, auf dich ist immer Verlass." Man geht weit über die Grenzen seines Könnens und seiner Möglichkeiten hinaus, bloß um ein bisschen etwas von der Anerkennung zu bekommen, die man eigentlich vor 30, 40 Jahren gebraucht hätte.

Wenn Sie all diese Aspekte berücksichtigen, ahnen Sie, warum man so leicht seine innere Sicherheit verliert: Unsere Werdensgeschichte ist eine Geschichte von Verletzungen. Jeder von uns hat in einer oder in allen dieser Entwicklungsphasen seine wunden Punkte in Form emotionaler Stressanfälligkeit davongetragen. Wir alle haben Seelenschrammen. Nicht die bösen Eltern haben sie verursacht, sondern die unendliche Bedürftigkeit und Abhängigkeit der frühen Jahre.

Defizite in der Erfüllung der psychosozialen Grundbedürfnisse bringen das Beziehungsleben schon wegen Kleinigkeiten in Schräglage. Sobald ein Partner seinen Finger auf den wunden Punkt legt, reagiert auch die erfolgreiche Powerfrau oder der einflussreiche Topmanager wie das seelisch verletzte Kind: klammernd, beleidigt, trotzig oder wütend.

Liebespartner kennen die wunden Punkte des anderen ziemlich genau. Oft weiß ein Mann, dass seine Frau mehr Zärtlichkeit bräuchte, aber er erfüllt ihr diese Sehnsucht nicht. Warum tun Liebende das, obwohl sie doch den Herzenswunsch des anderen kennen? Auch hier sind meist frühe Kindheitserfahrungen verantwortlich.

In Michaels Familie galt die Forderung „Zeige nie Gefühle". Bei Andrea zuhause hieß es: „Verlang nicht zu viel für dich." Woanders heißt es vielleicht: „Stell dich nur ja nicht in den Mittelpunkt." Diesen Erwartungen muss ein

Kind gerecht werden, auch wenn sich das geforderte Verhalten fundamental gegen seine ursprünglichen, innersten Bedürfnisse richtet. Als Erwachsener können Sie drohen: „Mir reicht es, ich gehe." Der kleine Michael und die kleine Andrea konnten nicht sagen: „Ich pack' mir drei Pampers ein und hau' ab." Ohne elterliche Fürsorge kann ein Kind nicht überleben. Daher der Ausdruck „Überlebensregel".

„Ich möchte gerne weich und anlehnungsbedürftig sein", spürte Michael. „Ich habe klare Wünsche", empfand Andrea. Aber beide verzichteten auf ihre ursprünglichen Bedürfnisse und wurden dafür mit der elterlichen Liebe und der so notwendigen eigenen Sicherheit belohnt. Das Programm „Überlebensregel" hatte Erfolg.

Aber jetzt wünscht sich eine Frau, dass Michael Gefühle zeigt. Damit verlangt sie gleichzeitig, dass Michael etwas aufgibt, was für ihn einmal lebenswichtig war – Liebe und Sicherheit. Die erwachsene Andrea sagt nie, was sie wirklich will. Ihr Partner bekommt nichts aus ihr heraus. Sie macht alles nur „von hinten herum". Ihr Freund ärgert sich und will, dass Andrea Wünsche offen ausspricht. Sie tut es nicht und manipuliert ihn – schließlich hatte sie als Kind mit offenen Wünschen Liebesentzug riskiert.

Tragen wir also die Fakten zusammen: Wenn sich bestimmte Forderungen zu einer einzigen Verhaltensformel verdichten, an die sich auch ein Erwachsener so eisern hält, als ob ein Verstoß dagegen den Tod bedeuten würde, handelt es sich um eine „Überlebensregel". Praktisch bedeutet das, dass hinter Charaktereigenschaften oft Überlebensregeln stecken. Diese Überlebensregeln waren irgendwann einmal funktional, denn sie bedeuteten für ein abhängiges Kind Liebe und damit Sicherheit. Später sind Überlebensregeln dysfunktional – sie verursachen eine Schräglage, indem sie Entfaltung, Nähe und erwachsene Liebe verhindern.

Verlangen Sie von Ihrer Partnerin oder Ihrem Partner nicht radikal, ihre oder seine Überlebensregel aufzugeben. Ihr Wunsch nimmt dem anderen nicht nur die innere Sicherheit. Er setzt auch voraus, dass er oder sie unbewusst mit einem „Familiengesetz“ bricht und sich vermeintlich illoyal verhält. Je mehr Sie die Überlebensregeln Ihres Partners gelten lassen, desto eher kann er begreifen: „Als Überlebensregel war mein Verhalten unvermeidbar. Als Lebensregel ist es untauglich.“

Wie sehr das Beziehungsklima eines Paares von den Bedürfnissen nach sicherer Bindung, Lebensraum, sexueller Bestätigung und Anerkennung beeinflusst wird, zeigt die junge Ehe von Marion und Patrick. Immer wenn Patrick Besuch von seiner Familie oder von Freunden hat, verändert sich Marion. Sie reagiert auf Fragen oder Bitten mit unverhohlenem Ärger oder sie ist penetrant rechthaberisch. Manchmal ist sie Patrick gegenüber zuckersüß und umgarnt ihn: „Ja, Schatzilein“, „Bussi, Mäusekater“. Patrick würde vor Peinlichkeit am liebsten in den Erdboden versinken: Diese Zicke ist doch nicht seine Marion! Doch, das ist seine Marion. Allerdings ist ihr Benehmen eine einzige Sehnsuchtsgeste: „Bitte lass mich dazugehören! Schließ mich aus deiner Welt nicht aus!“ Kaum ist Marion mit Patrick allein, ist sie wieder die alte – angenehm, liebenswürdig, natürlich.

Eine Situation, die Sie vermutlich auch schon beobachtet haben: Sie waren eingeladen und kommen später dahinter, dass Sie eigentlich nur in der Rolle des Bewunderers eingeladen waren. Irgendwie wurden Sie dazu genötigt, ständig das raffinierte Essen, den supertollen Flachbildfernseher oder die neue Sitzgarnitur zu loben: „Wirklich sehr geschmackvoll“, „Nein, so wie du kann niemand chinesisch kochen“. Auch die aufwendige Gastfreundschaft war eigentlich eine Sehnsuchtsgeste: „Anerkenne meinen Geschmack, meinen Reichtum, meine Kochkunst!“

Ich erinnere mich an Simone, die ihren Freund sexuell einfallslos fand. Sie kritisierte ihn nie, lobte ihn aber auch nicht. Sein Bedürfnis nach sexueller Bestätigung drückte sich ebenfalls in einer Sehnsuchtsgeste aus – er würdigte sich selbst: „Im Bett bin ich gut drauf“, „Mein kleiner Freund ist okay“.

Da fallen mir auch noch Marlies und Tobias ein. Er überrascht sie während ihres gemeinsamen Spanienurlaubs mit einer eintägigen Busfahrt zu einem tropischen Garten. Marlies soll alleine fahren und den Ausflug genießen. Eine liebevolle Geste, aber in Wahrheit eine Sehnsuchtsgeste in eigener Sache. Tobias will ein bisschen mehr persönliche Freiheit. Einen Tag allein sein, niemandem Rechenschaft abgeben. Nicht sagen, was er im nächsten Moment tun wird. Luft! Luft! Luft! Sein Defizit an Lebensraum äußert sich in einer Sehnsuchtsgeste – er schickt Marlies weg.

Sehnsuchtsgesten sind eine aktive Maßnahme, mit der etwas verändert und Grundbedürfnisse gestillt werden sollen. Oft ist nicht klar erkennbar, worum es eigentlich geht, die Handlungen sind häufig sogar widersprüchlich. Man sehnt sich zum Beispiel nach Nähe, ätzt und nörgelt jedoch. Das ist nicht ungefährlich, denn nicht die großen Beziehungsdramen bringen die Liebe in Schräglage, sondern ganz alltägliche Liebeskiller.

Einer der häufigsten Liebeskiller ist emotionale Kälte. Wer nicht gehalten, gedrückt und mit Händen und Worten liebkost wird, geht seelisch mehr und mehr auf Distanz. In jedem Tierfilm wird gezeigt, wie sich Säugetiere aneinander kuscheln, wie Jungen sich im Pelz der Mutter verkriechen. Vielleicht begann so unser Bedürfnis nach Wärme, Nähe und Austausch. Langusten und Tintenfische haben dieses Bedürfnis nicht. Der Vorwurf „Du bist kalt wie ein Fisch" ist gar nicht so unpassend.

Auch Verachtung ist ein Indiz dafür, dass eine Liebesbeziehung akut gefährdet ist. Die Augen himmelwärts drehen, wenn der andere etwas erzählt. Scheinbar harmlose Neckereien, durch die man einem Partner jede Geltung abspricht. Lächerlich machen, beschimpfen. Das Gehirn empfindet Verächtlichmachung wie körperlichen Schmerz. Die Folge davon ist eine Aktivierung von Stressgenen, die ihrerseits wieder das Herz-Kreislauf-System und das Immunsystem negativ beeinflussen. Ergebnisse der Neurobiologie zeigen, dass die aktivierten Stressgene sogar schädigende Rückwirkungen auf jenes Organ haben, das die Stressgenkette wie einen Lichtschalter „aufgedreht“ hat – das Gehirn. Es leistet deutlich weniger. Noch schlimmer: Wenn die von John Gottman entdeckte „Glücksformel“ nicht mehr möglich ist, droht ein Kollaps.

Gottman fand heraus, dass eine verletzende Handlung fünf positive braucht, um eine emotionale Schräglage auszugleichen und die partnerschaftliche Balance wiederherzustellen. Naheliegend wäre es, destruktive Liebeskiller in dem magischen Verhältnis 5:1 mit der Erfüllung der Grundbedürfnisse auszugleichen, die in der Zeit der Verliebtheit eigentlich selbstverständlich sind: Zärtlichkeit, Wertschätzung, Gesehenwerden und Anteilnahme. Das sind die Voraussetzungen eines Lebens in physischer und psychischer Gesundheit. Ist das eine einfache Sache? Leider nein.

Das „Beziehungswesen Mensch“ leidet an einer Mangelerkrankung: an zu wenig positiven tiefen Bindungen, die diese Bedürfniserfüllung überhaupt erst ermöglichen. „Er spürt nicht, was ich brauche“, „Sie interessiert sich nicht für meinen Beruf“, „Du bist so kalt“, „Nie bist du für mich da“ – so klingt das Lied von Menschen in emotionaler Schräglage. Dieser Zustand bedeutet für das Gehirn emotionalen Stress. Der Neurowissenschafter Gerhard Hüther vergleicht diese Befindlichkeit des Gehirns mit dem Zustand, der auch durch äußeren Stress entsteht.

Eigentlich müssten jetzt sinnvolle Gegensteuerungsmaßnahmen ergriffen werden. Doch um vorausschauend Probleme lösen zu können, darf sich das Gehirn nicht in einem Stresszustand befinden. Die neuronalen Verschaltungen, die großräumiges und kreatives Denken ermöglichen, kommen bei Stress nicht zustande, weil Angst und Verunsicherung die hochkomplexen Verschaltungsmuster im Frontalhirn deaktivieren. Es funktionieren vorerst noch Verhaltensmuster der frühen Kindheit: Schreien, Weinen oder Trotz. Bleiben Angst und Unsicherheit bestehen, erfolgt ein „Rückgriff“

auf die archaischen Notfallprogramme: Fight or Flight – Kämpfen oder Flüchten.

Kein Wunder also, dass in einer Beziehungsschräglage oft nicht die richtige Lösung praktiziert wird. Es kommt zwangsläufig zu quälenden Machtkämpfen und Kommunikationsproblemen, die nicht nur die Beziehung an den Rand des Kippens bringen. Seit die Neurowissenschaften durch bildgebende Verfahren die Vorgänge im Gehirn sichtbar machen können, ist bewiesen, dass diese emotionalen Defizite verminderte Stressresistenz, Krankheitsanfälligkeit, Angststörungen, Depressionen, Sinnlosigkeitskrisen und Burn-out mit sich bringen können. Mehr als 130 Millionen Menschen in Europa, das ist mehr als ein Viertel der Bevölkerung, leiden darunter.

Unabhängig davon, ob Machtkämpfe oder missverständliche Kommunikationen, gleichgültig, ob zu viel oder zu wenig Nähe – alle Bemühungen erfolgen letztlich im Hinblick auf eine Balance der Gefühle: „Ich gebe dir, was du brauchst. Du gibst mir, was ich brauche." Der Weg dahin ist anstrengend und schmerzlich. Von einem spannungsfreien Paradies bleibt man weit entfernt. Bestenfalls gelingt es, Schräglagen immer wieder auszutarieren. Wer nicht wie ein bergauf fahrender Radler in die Pedale tritt, verliert das Gleichgewicht. Dann zerbricht nicht nur die Beziehung, oft zerbricht auch der Liebespartner, der dann betrogen und verlassen wird.

Ausrutscher. Betrug. Schmierige Worte für ein schwieriges Problem – die Affäre. „Das hab ich nicht gewollt", beteuern die Fremdgeher. Oder: „Mit unserer Beziehung hat es nichts zu tun." Jetzt fühlt sich der Betrogene doppelt hintergangen: Die heimlichen SMS, die geflüsterten Telefonate, das schuldbewusste Heimkommen im Morgengrauen – all das soll nichts mit unserer Beziehung zu tun haben? Entschuldigung, sagen Sie, aber das ist billig. Sie haben recht. Der Ausrutscher, Seitensprung, oder wie auch immer Sie dazu sagen, hat etwas mit der bestehenden Beziehung zu tun. Der Vorfall ist so etwas Ähnliches wie der Hautausschlag für Masern: ein Symptom für den Zustand der bestehenden Partnerschaft.

Jetzt wissen Sie schon: Eine Beziehung ist ein kompliziertes Gefüge aus Bedürfnissen, Versagungen, Verdrängungen und Anpassungen. Da wird von beiden Seiten nach Kräften aufgehellt und geschönt. Lange Zeit ist ein Pärchen in seiner Welt recht zufrieden. Keinem fällt irgendetwas auf, große Probleme gibt es nicht. Dann taucht ein Dritter auf. Ein Blick, ein Gespräch, eine Berührung, und die Situation entgleitet der Kontrolle.

Erst als Simone bereits heftig in Hubert verliebt war, spürte sie die gleichgültige Distanz, in der sie mit ihrem Freund gelebt hatte. Jetzt genoss sie das, was sie in ihrer Beziehung schon so lange vermisst hatte: Nähe, Nähe, Nähe! Hubert musste kommen, um Simone bewusst zu machen, dass sie sich in der Gegenwart ihres Partners alleine gefühlt hatte.

„Sie gibt mir das Gefühl, wichtig zu sein", sagte Michael von seiner unscheinbaren Geliebten, mit der er seine selbstständige, glanzvolle Freundin betrog. „Endlich bekomme ich etwas", verteidigte Liane ihren Seitensprung mit Thomas. Jahrelang war sie immer nur die Gebende gewesen. Bis Thomas auftauchte und sie in Fülle nehmen durfte.

Nein, mir kann keiner einreden, dass ein Seitensprung wirklich keinen Bezug zu der bestehenden Partnerschaft hat. Meistens ist eine der Ebenen aus der Balance geraten, die eine Beziehung im Gleichgewicht halten: die Ebene zwischen Unabhängigkeit und Bindung, Durchsetzung und Anpassung und Geben und Nehmen. Wenn es ein Paar schafft, diese Ebenen immer wieder auszubalancieren, sind vermutlich beide so zufrieden, dass ein Dritter keine echte Chance hat.

Üblicherweise bewegen wir uns auf diesen Ebenen der gegensätzlichen Bedürfnisse recht flexibel hin und her. Aber wehe, wenn es trotz der wechselnden Bedürfnisse auf einer der Ebenen zu einer Schieflage kommt! Wenn sich zum Beispiel beide nur auf einen Pol fixieren oder einer nur gibt oder nie Einfluss hat, passieren leicht sexuelle „Ausrutscher", die nichts anderes sind als der Versuch, die Schieflage wieder auszutarieren. Simone tat es, um die Schieflage ihrer Beziehung auf der Ebene Autonomie – Bindung auszugleichen. Michael versuchte die Waage zwischen Durchsetzung und Anpassung zu finden. Und Liane wollte auch endlich in die Position einer glücklich Nehmenden kommen.

Balance zu halten ist keine leichte Sache. Manchmal gelingt sie nur stöhnend und „holterdipolter" – aber Hauptsache, beide bleiben wachsam und in Bewegung.

Die primitiven Gesellschaften unserer Vorfahren glaubten, dass seelische oder körperliche Entgleisungen durch böse Dämonen verursacht werden. Sie attackieren einen Menschen, kämpfen mit ihm, besiegen und töten ihn. Unsere heutige Gesellschaft hat einen hohen Informations- und Wissensstand, wir glauben nicht mehr an krankmachende Dämonen. Wir wissen, dass Probleme und Krisen Ursachen haben und dass es für störende Ursachen Lösungen gibt. Krisen können auch ihr Gutes haben: Sie motivieren zu Besserung und gleichen Beziehungsschräglagen aus.

Johann sieht ein, dass es so nicht mit ihm weitergeht. Ab nun will er ein anderer sein. Keine Maske mehr. Keine Panzerung, wenn sich eine Frau mehr Zärtlichkeit wünscht. Nur noch beglückende Nähe und Wärme. Johann weiß, dass er es sich schon mit einigen Frauen verscherzt hat, weil er so cool und distanziert ist. Schluss damit! In Zukunft wird er immer so zärtlich sein wie das eine oder andere Mal nach dem Sex. In diesem magischen Schwebezustand zwischen Wachen und Schlafen spürt Johann seine Zartheit und Zärtlichkeit genauso deutlich wie jetzt, nachdem er wegen seiner emotionalen Distanz wieder einmal verlassen wurde.

Auch Greta hat die besten Absichten: „Ich werde nicht mehr so egoistisch sein", gelobt sie sich in einer Phase, in der ihre Ehe zum x-ten Mal gefährdet ist. „Ich werde mehr an Theo denken, öfter tun, was er will, nicht immer nur mein Wohlbefinden in den Mittelpunkt stellen." Greta ist in

Hochstimmung: Jetzt wird sie ihr edles, ihr wahres Selbst entfalten. Ende des Egotrips. Anstatt dieses zerstörerischen „Ich! Ich! Ich!“ wird es ab sofort eine neue Empathie, nur noch Gemeinsinn mit Theo geben.

Dieser Zustand der Einsicht und des guten Vorsatzes ist wohl bekannt: Alles soll anders werden, alles. Beflügelt von der Sehnsucht nach einer erfüllenderen Partnerschaft und nach Verbesserung des fehlerhaften Charakterzugs geht man an die Arbeit für ein besseres Ich. Aber eine totale Verwandlung gelingt nicht leicht und schon gar nicht schnell.

Johann begann seine neue Partnerschaft mit guten Vorsätzen: Körper an Körper einschlafen. Kuscheln. Händchenhalten. Liebe Worte flüstern. So einfach. Und so schwierig. Auch Johanns neue Gefährtin bettelt, nörgelt und straft ihn mit sexueller Verweigerung. Johann bleibt, was er ist – cool und distanziert.

Mit Greta ist es auch so ein Kreuz. Sie schafft es nicht wirklich, ihre Bedürfnisse zurückzustecken. Immer hat sie nur ihre Ziele und ihre Wünsche im Kopf. Gretas Mutter hat ihr schon bei der Hochzeit prophezeit, dass sie Probleme haben wird, wenn sie nur an sich denkt. Aber nach ein paar Wochen, in denen Greta den mütterlichen Rat beherzigte und wenigstens hin und wieder auch an Theo dachte, kommt er in ihrer Welt wieder nur am Rande vor.

Ich weiß, dass die beiden Geschichten auf Anhieb ziemlich trostlos klingen. Ganz so schlimm ist es allerdings nicht. Persönliches Wachstum, und sei es noch so gering, und ein halbwegs funktionierendes Zusammenleben sind nur dem latenten Wunsch nach Veränderung zu verdanken. Mir ist auch klar, dass dauerhafte Zufriedenheit so wie dauerhaftes Glück nicht nur eine Illusion, sondern auch biologisch nicht vorgesehen ist. Dauerhafte Zufriedenheit würde Stehenbleiben, Stagnation, Langeweile und Energieverfall bedeuten. Gelegentliche Unzufriedenheit ist ein Motor, der dazu antreibt, neue Erfahrungen zu wagen, weiter zu gehen, nach Verbesserung zu streben.

Johann wird zwar so wenig ein anschmiegsamer Partner sein, wie ein Zebra ein Leopard wird. Aber er bemüht sich wenigstens! Greta wird auch nie eine selbstlose Gefährtin sein. Aber würde sie sich nicht von Zeit zu Zeit anstrengen sich zurückzunehmen, käme Theo neben ihr ganz unter die Räder und sie ihrem Ideal von einem rücksichtsvollen Charakter nicht einmal ansatzweise näher.

Es lohnt sich also, nicht aufzugeben und sich weiter um ein nachhaltiges Gleichgewicht zu bemühen. Nur ein engstirniger Mensch ist restlos zufrieden mit sich. Unangemessene Selbstzufriedenheit und mangelnde Einsicht in eigene Schwächen und Fehler bewegen oft dazu, längst beendete Beziehungen noch im Nachhinein in Schräglage zu bringen. Wenn positive Gefühle, die man in der Vergangenheit hatte, bestritten, bagatellisiert oder gar entwertet werden, ist das ein Alarmzeichen.

Johannes schwört, dass er diesmal ganz, ganz wahnsinnig verliebt ist. Diesmal ist es etwas ganz anderes, beteuert Johannes. So war es noch nie, wirklich nicht. Schön für Johannes. Aber wie war denn die Sache mit Barbara? Johannes verdreht die Augen. Also bitte, das darf man doch gar nicht vergleichen. Eigentlich war das ja gar keine richtige Liebe. Großes Erstaunen. Keine richtige Liebe? Er wollte sie heiraten, Kinder mit ihr haben. Das kann doch nicht heute alles nichts mehr wert sein. Doch, beteuert Johannes. Er weiß erst jetzt, was eine richtige Frau ist. Barbara war unweiblich. Viel zu dominant. Auch beim Sex hat es nicht wirklich geklappt. Darüber redet er aber gar nicht. Große Klappe im Alltag und im Bett keine Initiative. Außerdem war sie langweilig und sehr materiell. Über Kulturelles konnte man mit ihr auch nicht reden. Satt und zufrieden blickt Johannes die neue Liebe an seiner Seite an: „Mit uns ist alles anders."

Es ist typisch für Johannes, dass er einer neuen Liebe ganze Litaneien schlechter Eigenschaften einer Verflossenen herunterbetet. Kaum ist eine Beziehung zu Ende, zieht er über eine Frau her, die er einmal geliebt hat. Er entwertet auch pauschal die Zeit, die ihm einmal wichtig und in der er glücklich war. Objektiven Ohrenzeugen wird jedes Mal ganz schlecht. Wovon redet er eigentlich? Wenn Johannes seine Ex so verunglimpft, wehrt er damit eigene Fehler ab. Ganz nach dem Motto: „Ich war's nicht, sie war's!" Johannes wird nie etwas dazulernen, er wird dieselben Fehler wiederholen und neuerlich scheitern.

Emotionales Wachstum ist ohne Selbstkritik nicht möglich. Außerdem: Wer den Kopf voller Beschuldigungsmüll hat, wendet sich dem neuen Partner nicht wirklich zu. Meist spüren die neuen Gefährten, dass die Vergangenheit eigentlich noch nicht bewältigt ist. Die Anklagen können sogar ein Signal dafür sein, dass die frühere Beziehung noch sehr präsent ist. Fatalerweise befeuern die heftigen Attacken oft sogar eine erlöschende Glut.

Um Manipulation geht es, wenn die Vergehen des Ex angeprangert werden, damit sich der derzeitige Partner dieselben Vergehen eingesteht und Schuldgefühle bekommt. Wer Schuldgefühle hat, ist eher bereit, Zugeständnisse zu machen.

Am häufigsten wird die Vergangenheit entwertet, damit die Gegenwart in besonders strahlendem Licht erscheint. Jeder Hinweis auf eine schlechte Eigenschaft der oder des Ex soll dem Augenblick schmeicheln. Kreativität und Einfallsreichtum zur Beziehungsgestaltung ist daraus nicht zu schließen. Ich vermute sogar einen fiesen Charakter, wenn die oder der Verflossene sich die Entwertungen nicht verdient und die neue Partnerin oder der neue Partner sie gar nicht verlangt hat.

Wir alle, Sie, ich, die Schönheitskönigin und der Nobelpreisträger, müssen mit Erlebnissen des Scheiterns und mit emotionalen Enttäuschungen fertig werden. Leicht ist das für eine neue Beziehung nicht. Aber der faire, selbstkritische Blick zurück erlaubt einen zuversichtlichen Blick in die Zukunft ...

In dem Bemühen, für die Zukunft in einer Beziehung

Ordnung und Gleichgewicht herzustellen, spielt das Thema Treue eine besondere Rolle. Es ist nämlich nicht leicht, zum richtigen Zeitpunkt über die Treuehaltung zu sprechen, die man brauchen würde, um sich in der Partnerschaft sicher zu fühlen.

Maresa ist verliebt. Seit einem Monat geht sie mit Felix aus. Nur mit Felix. Jetzt zerbricht sie sich den Kopf, ob es vielleicht noch eine andere Frau gibt, mit der Felix ins Bett geht. Womöglich schaut er sich weiterhin nach neuen Bekanntschaften um? Vielleicht nimmt er so wie früher die Chance auf einen One-Night-Stand wahr? Maresa weiß nicht, ob Felix jetzt, nachdem sie miteinander philosophieren, lachen und schlafen, nur mit ihr oder auch noch mit anderen Sex hat. Das Thema der Treue ist tabu. Er sagt nichts und sie fragt nicht.

Maresa ist nicht auf den Mund gefallen, aber speziell mit diesem Thema machte sie bereits schlechte Erfahrungen. Einmal fragte sie ihren Partner gerade heraus, ob er ihr treu sei. Er lachte sie aus und machte sich über bürgerliche Treuegelöbnisse und Sicherheitsbedürfnisse lustig. Ein anderes Mal wurde von ihr ein Treueversprechen erwartet, aber sie hatte sich noch nicht entschieden und geriet unter Druck. Damals zog sie sich überstürzt aus einer vielversprechenden Beziehung zurück. Das will sie jetzt bei Felix keinesfalls riskieren. Also besser schweigen.

Wir alle haben auf dem Gebiet der Liebe und Erotik Schwierigkeiten, mit Unsicherheit und Ungewissheit umzugehen. Um uns vor diesen quälenden Gefühlen zu retten, sprechen wir zu früh oder zu plump über Treuewünsche und Ideale. Nach einer Enttäuschung passiert das besonders leicht: Wir hoffen, dass die neue Liebe die Wunden heilt, die uns durch einen anderen Partner zugefügt wurden, und drängeln auf ein Treuegelübde.

Es ist auch grotesk, dass gerade dann, wenn man selber die Treue gebrochen hat und ein Seitensprung aufflog, der Wunsch nach unerschütterlicher Treue mobilisiert wird.

„Wenn du mich wirklich liebst, stehst du das jetzt mit mir durch.“ Denselben Anspruch haben auch kleine Kinder: „Ich habe Mama, Papa und meinen kleinen Bruder lieb. Aber Mama liebt nur mich, mich allein.“ Wie früher ein grenzenlos gewährender Elternteil soll auch der Gefährte treu bleiben.

Auch in Zeiten von Internet und Facebook ist und bleibt Treue ein elementares Bedürfnis. Die exklusive Bindung an einen geliebten Sexualpartner ist uns deshalb so wichtig, weil die allerersten Eindrücke eines Kindes monogamer Art sind: „Mami gehört nur mir.“ Der Anspruch auf die Liebe der Mutter ist der Boden, auf dem das Verlangen nach der exklusiven Liebe eines Partners gedeiht – was ich liebe, darf nur mir gehören. Unser monogames Fühlen ist also auch ein Vermächtnis unserer Kindheit.

Was wir aus diesen und ähnlichen Geschichten erfahren? Dass wir uns alle nach Treue sehnen und uns insgeheim wünschen, einem einzigen Menschen alles zu geben und von ihm alles zu bekommen. Ich weiß, dass es nicht leicht ist, sich auf dem schmalen Grat zwischen sexueller Freiheit und Bindung so sicher zu bewegen, dass einer dem anderen seine Sicherheitsbedürfnisse erfüllen kann. Trotzdem bin ich dafür, den Zeitpunkt festzuhalten, ab dem man sich aneinander gebunden fühlt. Treue ist das Fundament, ohne das die Bindungsphase gar nicht erst zustande kommt. So ist das nun einmal. Basta.

## Mechanismen, die Beziehungen in Schräglage bringen

Maximale gegenseitige Bedürfniserfüllung ist zwar das Ideal einer funktionierenden Partnerschaft, aber die Realität ist davon weit entfernt.

Florian sagt nie, dass er sich nach Henriette sehnt. Es fällt ihm überhaupt schwer, über seine Gefühle und Gedanken zu reden. Wenn der Sex besonderes intensiv war, wartet Henriette darauf, dass Florian „Ich liebe dich" oder irgendetwas in der Art sagt. Aber nein, er tut es nicht. Manchmal bettelt Henriette wie ein Kind um eine klitzekleine Gefühlsäußerung. Aber wenn Florian sich dazu überwindet, ist sie enttäuscht: „Das sagst du jetzt nur, weil ich dich gezwungen habe."

Henriette vermisst auch, dass Florian kein Mitgefühl für ihren Ärger mit einer Arbeitskollegin zeigt. Wenn er Henriettes Lamento beenden und den Feierabend mit einem Glas Rosé retten will, weint sie: „Du willst mich nicht verstehen." In solchen Situationen explodiert Florian: „Nichts kann ich dir recht machen!" Wie denn auch, wo doch Henriette aus allen Nähten platzt, wenn es um Emotionen geht? Als sie noch nicht mit Florian unter einem Dach lebte, drehte sie nicht nur ein Mal nach einem leidenschaftlichen Zusammensein bei der ersten Kreuzung um und läutete Florian aus dem Bett: „Ich muss dich noch einmal umarmen." Am Anfang gefielen Florian Henriettes stürmische Gefühlsäußerungen. Jetzt ist er davon genervt. Vor allem, wenn ihn Henriette in ihrem Überschwang an Zärtlichkeit streichelt, obwohl ihm gar nicht danach ist. Eine feinfühlige Partnerin würde das spüren, meint er. „Aber du bemerkst es gar nicht", wirft er ihr vor. „Dann lassen wir es doch bleiben", droht sie. „Ich kann auch ohne dich."

Der eine gibt in puncto Emotionen ständig Gas, der andere steigt permanent auf die Bremse. Der Gasgeber übertreibt Emotionen, neigt zu Abhängigkeit, zum Klammern und richtet sich immer nach dem anderen. Der Bremser entlädt Gefühle nach innen, richtet sich nach sich selbst und neigt zur Dominanz. So unterschiedlich diese Reaktionen sind, so gleich ist ihre Ursache – emotionaler Stress. Diese Schräglage löst im Gehirn Alarm aus: Gefahr! Gefahr! In diesem Zustand setzen wir unsere Energien nach den evolutionären Überlebensinstinkten jedes Säugetieres ein: kämpfen oder fliehen – bremsen oder Gas geben!

Florian bremst; er flieht vor Gefühlsäußerungen. Sein energetischer Rückzug besänftigt seine Angst vor dem Verlust der inneren Sicherheit durch Gefühlsempfindungen. Henriette gibt Gas; sie kämpft um die Erfüllung ihrer Bedürfnisse, indem sie ihre Gefühle mit Druck äußert und auf diesem Weg ihre innere Sicherheit wiederherstellen will.

Bremsen und Gas geben sind Begriffe, die Singles und deren um sie kämpfenden Partnern wohl vertraut sind. Noch vor 1970 war der Ausdruck „Single“ in Europa so gut wie unbekannt. Es gab bindungswillige junge Menschen, übrig gebliebene, alte Jungfrauen, eigenbrötlerische Hagestolze und Verwitwete. Mit der zunehmenden Emanzipation, der materiellen Unabhängigkeit der Frau und den besseren Bildungsmöglichkeiten zeichnete sich ein sozialer Umschwung ab – mehr und mehr Einpersonenhaushalte etablierten sich. Einen eigenen Haushalt konnte sich früher eine Magd oder ein Geselle gar nicht leisten, sie waren in andere Haushalte eingebunden. Jetzt gibt es alle zehn Jahre um etwa 100.000 Einpersonenhaushalte mehr.

Vor etwa 35 Jahren stellte sich die westliche Welt auf dieses neue Konzept der bürgerlichen Lebensform ein. Der Begriff „Single“ wurde zum Synonym für freiwillig allein lebende Menschen der Altersgruppe zwischen 25 und 49. Sie werden nicht nur von Politik und Wirtschaft umworben, sie bekommen auch von den Menschen immer mehr Aufmerksamkeit, die nicht dazugehören. Man spricht vom „Swinging Single", dem das Tor zu allen egoistischen Genüssen offensteht. Es ist aber auch vom „einsamen Wolf" die Rede, der wehmütig von einer Partnerschaft träumt. Einsamkeit kontra Zweisamkeit. Schmerz kontra Glück. Sehnsucht kontra Frieden. Paarneid kontra Bindungsangst.

Was stimmt wirklich? Sind die Singles zu beneiden oder zu bedauern? Wie kein anderes Phänomen der Moderne zeigt das Single-Phänomen den Konflikt zwischen Ich-Zentriertheit und Wunsch nach Unabhängigkeit einerseits und Wir-Bedürfnis und romantischer Geborgenheitssehnsucht andererseits.

„Wenn ich im Frühjahr sehe, wie die Enten im Teich turteln, komme ich fast um vor Wehmut", sagt die 39-jährige Lilian. Seit einer Kurzehe von drei Jahren führt die Anwaltsgehilfin ein abwechslungsreiches Singleleben. Sie hat einen netten Freundeskreis und ist glücklich mit ihrem Beruf. Trotzdem: „Eine Familie wäre schon schön", meint Lilian. Weil sie trotz dieser Einstellung und all ihrer Aktivitäten schon seit zwölf Jahren allein ist, ging sie sogar zum Psychologen: „Wahrscheinlich wollen Sie gar keinen Dauerpartner", meinte er. Seither beobachtet sich Lilian genau, strukturiert sie ihr Leben noch straffer. Sie macht nur noch Reisen für Alleinstehende, versucht stolz auf sich zu sein, organisiert ihre Freizeit bis auf die letzte Minute. „Es geht mir gut", sagt sie, „aber irgendetwas fehlt mir."

Der Mensch ist ein Nesthocker: Erst braucht er andere zum Überleben, dann braucht er ein „Du", um seine Identität zu finden und seine seelische Stabilität zu wahren. Diese Fakten führten dazu, dass unsere Gesellschaft die Paarideologie bevorzugt. Kein Wunder also, dass viele Singles nach einer Phase des Freizeitrausches einen Mangel fühlen, wenn sie keinen Partner haben. Andererseits werden Singles oft von Menschen, die in einer frustrierenden oder auslaugenden Partnerschaft leben, um ihre Freiheit beneidet.

„Ich muss immer nur für andere da sein", sagt die 36-jährige Katharina. „Mein Leben gehört gar nicht mir. Es gehört meiner Familie, meinem Mann und meinen Kindern." Für den 29-jährigen Michael, einen eingefleischten Single, ist die Lebensform der Ehe längst überholt. „Diese Vergemeinschaftungen sind doch nur aus Notsituationen heraus entstanden", meint er. „Die Frauen waren von den Männern abhängig, es gab zu wenig Wohnraum und für Alleinlebende kein soziales Netz."

Tatsache ist, dass das Solistendasein nicht so stressig ist, wie es für Alleinlebende früher noch war. Ein hochentwickeltes Sozialsystem sorgt dafür, dass Kranke nicht mehr auf familiäre Pflege angewiesen sind, und es gibt immer mehr Wohnraum, der auf die Bedürfnisse Alleinlebender zugeschnitten ist. Nicht nur die sozialen Absicherungen stützen viele Singles darin, solo zu bleiben. Bessere Ausbildungen erlauben interessante berufliche Tätigkeiten, die man für eine Familie mit schlechten Prognosen nicht aufgeben will.

„Was nützt mir eine Ehe, wenn ich ja doch mit einer Scheidung rechnen muss?", meint der 32-jährige Mediziner Roman. „Heutzutage ist doch weder auf die Familie noch auf die Kinder Verlass. Und Sex kann ich haben, so viel ich will, gerade als Singlemann."

Tatsächlich zeigen Untersuchungen, dass der Zerfall der Traditionen und Werte die Ehe durch überhöhte Ansprüche überfordert. Noch Anfang dieses Jahrhunderts war das Verlangen nach Intimität in einer Partnerschaft lange nicht so intensiv wie heute. Die Sicherheit, die früher auch Kirche und gesellschaftliche Traditionen gaben, wird heute nur noch vom Partner erwartet. Je brüchiger die Beziehungen werden und je leichter sexuelle Befriedigung zu erreichen ist, desto mehr boomt der Singletrend. Begriffe wie „Singlewohnung", „Singlemenüs", „Singlereisen" und nicht zuletzt das explodierende Internetangebot, Plattform und Zufluchtsstätte vor allem der jüngeren Singles, Blinde-Date-Partys, Singlepräsentationen in Hochglanzmagazinen, Kuppelshows, Singleklubs und eine Flut von Kontaktanzeigen beweisen, wie sehr das gesellschaftliche System auf die Entwicklung der Individualisierung des Menschen reagiert.

Doch bei all der öffentlichen Gaudi und dem demonstrativen Singlespaß lassen sich die Schattenseiten des Solo-Lifestyle nicht übersehen: die Angst vor dem Alter und der Vereinsamung. In Talkshows gestehen flotte Singles immer wieder ihre geheime Sehnsucht: Im Alter eine lebendige Familie zu haben und von verantwortungsbewussten Kindern und liebenden Enkelkindern umgeben zu sein. Der Wunsch, sich mit anderen zusammenzurotten, um das Überleben besser zu sichern, ist eben seit altersher tief in uns verankert; auch wenn es heute in der zivilisierten Welt keine Seuchen mehr gibt und wilde Tiere nicht mehr in der Jagdgruppe erlegt werden müssen.

Soziologen prophezeien für die Zukunft nicht nur einen weiteren Zuwachs von Singles, sondern auch eine Zunahme neuer Konflikte: Die notwendige Flexibilität wird mit dem Bedürfnis nach Beständigkeit kollidieren. Den zunehmenden Erfahrungen stehen mehr Trennungserlebnisse gegenüber. Dem Wunsch nach Selbstverwirklichung steht die Sehnsucht nach dem Einfügen in ein Ganzes gegenüber. Und schließlich bedeutet das Verlangen nach Freiheit auch gleichzeitig, diese Freiheit aushalten zu müssen.

Viktors Steckbrief: 40, klug, attraktiv, charmant, sexy, erfolgreich, ungebunden. Besonderes Kennzeichen: Bindungsphobie. Viktors Partnerinnen sind anfänglich sehr begeistert. Was für ein Mann! Sein Erfolg schmückt ihn, sein Auftreten macht Eindruck. Seine Klugheit ist faszinierend. Kein Wunder, dass Viktors Freundinnen davon träumen, mit ihm „richtig“ zusammen zu sein. Auch Viktors derzeitige Gefährtin Anna hat starke Bindungswünsche. Aber seit sie daraus kein Geheimnis mehr macht, betont Viktor Freunden gegenüber immer wieder, dass das zwischen ihm und Anna wirklich nichts Festes, sondern etwas ganz Unverbindliches sei.

Stefanies Steckbrief: 34, hübsch, gebildet, temperamentvoll, tüchtig, Single. Besonderes Kennzeichen: Bindungsphobie. Stefanie ist eine Powerfrau. So mancher Mann wäre auf ihre Karriere stolz. Stefanie könnte zufrieden sein, gäbe es da nicht ihr Privatleben. Einerseits ist sie eine leidenschaftliche Frau, die sich Nähe wünscht, andererseits ist sie gegen jede Art von Zwang allergisch und ständig alarmiert, ob ein Partner nicht zu viel Druck auf sie ausübt. Mit Karl hat sie seit einigen Monaten leidenschaftlichen Sex, aber zwischen den intensiven Begegnungen gibt es keine Verbindungslinie. Karl wünscht sich eine verlässliche Partnerschaft, nicht nur versprengte Inseln der Leidenschaft. Wenn Stefanie in seinen Armen liegt, spürt er, dass sie ihm ganz, ganz nah ist. Umso unbegreiflicher ist es ihm, wenn solchen Begegnungen Phasen folgen, in denen Stefanie nichts von ihm und von Gefühlen wissen will.

Stefanie und Viktor sind „Bindungsphobiker". „Nur nicht abhängig werden" lautet ihre Devise. Manchmal ist Sex die einzige Brücke zu einem anderen. Aber kaum wird es zu nahe, wird der Rückzug angetreten. Bindungsphobiker brauchen viel Zeit für sich allein. Zu viel Nähe kann Panikattacken, heftige Rückzugswünsche, Streitsucht und Entscheidungsschwäche hervorrufen. Liebesgefühle sind aber durchaus im Spiel – hätten sie sich Gefühle grundsätzlich verboten, müssten sie nicht so überaus wachsam sein. Manchmal malen sie sich schon detaillierte Ausstiegsszenarien aus, noch bevor eine Beziehung begonnen hat.

In der angesehenen „Times" wird ein bindungsphobischer Mann mit einem Taxifahrer verglichen: Er schwirrt umher und nimmt gelegentlich für eine kürzere oder längere Strecke Kundschaft auf. Irgendwann schaltet er die Taxiuhr aus. Wer sich dann noch auf dem Rücksitz befindet, den heiratet er. Zwei Dinge stören mich an dem Vergleich: Zum einen ist Bindungsphobie nicht Männersache, auch Frauen leiden darunter. Zum anderen ist sie kein Spleen, sondern einer biologischen Narbe im Gehirn gleichzusetzen. Sie kann durch zu wenige oder zu wenig feinfühlige Bindungserfahrungen in der frühen Kindheit entstehen. Nähewünsche können dann im Erwachsenenalter starken Stress erzeugen, der die archaischen Überlebensmechanismen Flucht oder Angriff auslöst.

Jetzt die positive Nachricht: 50 Prozent aller bindungsstarken Menschen verlieben sich in einen bindungsschwachen und verhelfen ihm durch ihre Gefühlsstabilität zu einem im Geheimen ersehnten Beziehungsglück. Das wäre übrigens ein stimmiger Punkt des Taxi-Vergleiches: Wer lange genug am Rücksitz ausharrt, gewinnt!

Zögern und Zaudern in Liebesfragen beweisen, dass man nicht in Einklang mit seinen inneren Wünschen ist. Konstantin liebt, braucht und begehrt Ruth. Problematisch ist allerdings, dass Konstantin seit zehn Jahren mit Hanna liiert ist. Sie war schon mit 15 in ihn verliebt, mit 20 zog sie zu ihm, seit fünf Jahren wartet sie auf die Hochzeit. Zuerst stellte Konstantin immer neue, „ideale" Zeitpunkte in Aussicht, dann verschob er die idealen Termine auf noch bessere. Seit er Ruth begegnete, weicht er dem Hochzeitsthema überhaupt aus. „Ich kann Hanna nicht weh tun", jammert er. „Sie war noch ein Kind, als ich sie kennenlernte. Und sie ist so ein feiner Kerl." Nach besonders leidenschaftlichem Sex mit Ruth weint er manchmal in ihren Armen. Für Ruth fühlt sich das wie echte Liebe an. In diesen Momenten tröstet sie Konstantin sogar. Er ist ja kein Schuft.

Einerseits meint Ruth, dass Konstantins Loyalität eines Tages auch ihr zugute kommen könnte. Andererseits leidet sie: „Ich weiß nicht, woran ich mit dir bin", wirft sie Konstantin oft vor. Es passiert immer öfter, dass Ruth auf Konstantins „Noch-Freundin" wütend ist. Warum ist er ihr gegenüber rücksichtsvoll? Warum mutet er mir seelische Schmerzen zu? Konstantin schwört bei allem, was ihm heilig ist, dass es nicht mehr lange dauern würde, bis Ruth und er endlich auch offiziell ein Paar sein würden. Ruth hat Verständnis für Konstantins inneren Kampf. Sie sieht Konstantin sogar als Opfer und wartet weiter zu. Aber Ruths Konflikt spitzt sich zu: Ihr Kopf sagt, dass diese Geschichte aussichtslos ist, doch noch setzt sich ihr Herz durch. Es ist schwer, sich von einem geliebten Menschen zu trennen, solange die Hoffnung genährt wird.

Ich hoffe für Ruth, dass sie schon bald nicht auf Hanna wütend ist, sondern auf Konstantin. Denn er schürt die zwei Feuer, zwischen denen er steht, gleichermaßen. Jedem Argument für Hanna hält er eines für Ruth entgegen. Also macht er abwechselnd Hanna Hoffnung, dann wieder Ruth.

Gehirnforscher sagen, dass wir auf der Vernunftebene nicht einmal entscheiden könnten, ob wir zum Frühstück Tee oder Kaffee trinken sollen. Für jedes Getränk gibt es viele Für und Wider. Kaffee macht munter. Tee ist magenfreundlich. Kaffee regt die Verdauung an. Tee ist schnell zubereitet. Wir entscheiden nur scheinbar vernünftig, „kraft unseres Willens". In Wahrheit werden Entscheidungen unbewusst getroffen, und zwar ganz im Sinne der eigentlichen Wünsche. Verzwickt daran ist, dass man ja nicht nur einen einzigen Wunsch hat, sondern viele, oft widersprüchliche Wünsche: zum Beispiel den Wunsch nach Beständigkeit und den nach Lebendigkeit. Was dann? Dann ist man nicht in Einklang mit sich selbst, zweifelt und zaudert. Ja. Nein. Vielleicht. Oder doch ja?

Ich beobachte immer wieder, dass denjenigen, die zwischen zwei Stühlen sitzen, der Entscheidungskonflikt oft abgenommen wird: Einer der beiden „Stühle" entzieht sich. Manchmal stehen sogar beide nicht mehr zur Verfügung. Dem Unentschlossenen ist damit zwar eine Last abgenommen, aber gut dran ist er dennoch nicht. Den neuen, gewünschten Schritt wagte er nicht und wirklich zurückfinden kann er auch nicht.

Bis zum Alter von 35, 40 gehört ein Auf und Ab in der Liebe dazu. Dann fragen sich manche, warum sie nicht ihr Glück finden. Was mir dabei auffällt: Die Liebesgeschichten von Frauen und Männern in der Lebensmitte sind deshalb oft so anstrengend, weil ein Teil des Pärchens nicht erwachsen ist. Die Kind-Frau oder der Kind-Mann ist wirklich oder vermeintlich Ungeliebte bzw. Ungeliebter und deswegen emotional unstabil oder unersättlich.

Barbara ist kein Mann recht. Der eine ist zu lebenslustig, der andere zu depressiv. Barbara ist eine Prinzessin auf der Erbse, die auf einen echten Traumprinzen wartet. Also legt sie sich in Beziehungen nicht fest, sie könnte ja das Beste versäumen. Die umschwärmte Barbara ist einsam und gehört zu den Ungeliebten.

Und Thomas. Eine Zeitlang lebt er mit einer Partnerin in einem Zustand glückseliger Liebe, plötzlich tut er alles Widerwärtige, damit sie sich zurückzieht. Kaum hat sich die gekränkte Gefährtin aus der Schreckensbeziehung gerettet, legt er ihr sein Herz zu Füßen: „Ich liebe dich! Du bist alles für mich." Rückkehr. Versöhnung. Dann wieder Kälte. So lange, bis die Frau endgültig nicht mehr kann. Auch Thomas ist ein Ungeliebter.

Genauso wie Rudolf. Es wäre Zeit, dass er aus einem seiner flüchtigen „Pantscherln" eine richtige Beziehung macht. Aber sobald eine Frau signalisiert, dass sie für eine oberflächliche Romanze nichts übrig hat, entzieht sich Rudolf. Eine feste Beziehung! Muss das sein? Vielleicht später. Irgendwie gehören wir doch sowieso zusammen. Ist doch eh klar, irgendwie. Oder? Oder eben nicht. Würde er sich sonst so aufführen? Rudolf ist ein Bindungsphobiker, das hat er mittlerweile kapiert. Was er nicht weiß – er gehört ebenfalls zu den Ungeliebten.

Bindungsphobiker, Zerstörer und Prinzessinnen: Wie kommt es zu diesen Verwirrspielen von Liebe und Kälte, von Nähe und Distanz? Jetzt habe ich es schon oft gesagt und Sie wissen daher: Irgendwann, in allerfrühester Kindheit, spürt ein kleines, abhängiges Wesen zu wenig Sicherheit und Geborgenheit – es fühlt sich ungeliebt, auch wenn das vielleicht gar nicht stimmt. Aber das subjektive Gefühl des Ungeliebtseins führt dazu, sich in Zukunft vor diesem vernichtenden Gefühl zu schützen. Eine der „Schutzmaßnahmen" besteht darin, Bindungen auszuweichen. Plötzlich wird etwas anderes, zum Beispiel die Karriere oder eine Weltreise, wichtiger. Oder die Partner entsprechen nie den überhöhten Vorstellungen von einem Liebesgefährten.

Eine andere Vermeidungsstrategie besteht darin, erst Nähe zu suchen und sie dann zu zerstören, sobald sie „gefährlich“ wird. Dann wäre nämlich auch die unbewusste Furcht da, wieder enttäuscht zu werden, so wie damals als Kind. Aus Angst, verlassen oder verletzt zu werden, verletzt oder verlässt man selbst. Ganz nach dem Motto: „Was du nicht willst, dass man dir tu, das füg' dir lieber selber zu.“

Ehemals wirklich oder vermeintlich Ungeliebte sind anstrengende Partner, weil sie mit ihrem Verhalten die Bedingungen des Gleichgewichts verhindern. Sie neigen zu Unbeständigkeit, Entscheidungsunfähigkeit, Fluchtverhalten oder Arbeitssucht. Obwohl sie Bindung abwehren, haben sie gleichzeitig große, unbewusste Sehnsucht danach. Kein Wunder, dass sie sich meist in Partner verlieben, die Nähe und Bindung gut zeigen und dadurch einem unsicheren Gefährten Sicherheit geben können.

Katharina ist eine der Frauen, die in der Liebe über die Maßen Sicherheit brauchen. Um dieses Bedürfnis zu stillen, wendet sie all die kleinen Finten, Tricks und vermeintlich cleveren Schachzüge an, die Spionen aus Liebe bekannt sind. Ab und zu wirft Katharina einen Blick auf Jakobs Handy, sie durchforstet schnell seinen Aktenkoffer und kontrolliert seine Rechnungen. Dann kurzfristig großes Aufatmen – alles im grünen Bereich. Katharina spioniert nicht gerne. Sie spürt eine dumpfe Verlustangst, als gäbe es einen konkreten Grund, um Jakob zittern zu müssen. Sie hat zwar keinen Anhaltspunkt dafür, aber wie soll sie sicher sein, dass es nicht bald einen gibt? Wer garantiert ihr, dass nicht eine Rivalin auftaucht? Bis jetzt kann sie sich auf Jakob verlassen. Er ist treu und bleibt ihr keinen Liebesbeweis schuldig. Doch das Unerwartete könnte jederzeit eintreten und dann ist Katharina nicht darauf vorbereitet. Jakob ist zwar ein treuer Charakter, andererseits wäre er nicht der Erste, der einer schönen Frau gegenüber schwach wird. Was dann?

Katharina will ihre Beziehung zu Jakob im Griff haben, also heißt es, weiter zu spionieren. Die regelmäßigen Misstrauenschecks verlaufen allesamt ohne Ergebnis. Manchmal geht Jakob mit einem Schulfreund Mittagessen, hin und wieder will er einen Abend allein zu Hause sein, in Büchern schmökern oder in aller Ruhe Jazz hören, den Katharina sowieso nicht ausstehen kann. Alles ganz harmlos. Dennoch legt sich über die Liebe der beiden ein Grauschleier. Durch den automatischen Zweifel an allem, was Jakob alleine angeht oder er alleine unternimmt, werden Katharinas Kontrollen immer engmaschiger, ihre Spionage immer ausgeklügelter. Sie ruft heimlich seine flüchtig hingekritzelten Telefonnummern an und schreibt sich den Kilometerstand seines Autos auf.

Wenn Katharina so weiter macht, führt sie ihr Weg direkt in ein emotionales Burn-out. Dann sind ihre Gefühle ausgebrannt, ihre Selbstachtung ist zerstört, sie wird ihre quälende innere Unruhe gar nicht mehr los und ihre Lust auf Sex wird immer weniger werden.

Das Schlimmste ist, dass es in so einer Situation oft zu einer „selbsterfüllenden Prophezeiung“ kommt – das befürchtete Geschehen tritt wirklich ein. Jakob verliebt sich in eine andere und Katharina kommt dahinter. Allerdings nicht, weil sie ja doch den „sechsten Sinn“ hatte, der ihr Spionieren rechtfertigte. Nein, ein misstrauischer, ständig alarmierter Partner schafft ein ungutes Beziehungsklima. Der Blick wird lauernd, das Lachen künstlich, die Miene scharf. In dieser Schräglage wird mit der Zeit der unter Dauerbeobachtung stehende Gefährte tatsächlich „anfällig“ für eine unbefangene, vertrauensvollere Beziehung.

Natürlich ist bei einem berechtigten Grund zum Misstrauen „blindes“ Vertrauen unangebracht und wehrhaftes Vertrauen sinnvoll. Je unsicherer die Welt wird, je mehr Vertrauen durch unberechenbare Weltgeschehnisse verloren geht, desto wichtiger ist die Verlässlichkeit des Partners. Wir sagen zwar schnell: Vertrauen gehört zur Liebe. Aber warum tun dann viele so, als ob Vertrauen in einer Beziehung ein Himmelsgeschenk wäre?

Ich erlebe kaum eine Paartherapie, in der nicht von Vertrauen die Rede ist: „Ich möchte so gerne vertrauen können", „Kommt das Vertrauen wieder?", „Ich vertraue immer zu schnell." Stopp, stopp, stopp, fangen wir von vorne an. Am besten mit Katja und Theo. Zwei Singles Ende 20, attraktiv, erfolgreich, auf Wohnungssuche. Sie kennen einander noch nicht lange, wagen aber mit einer noch nie da gewesenen Offenheit sexuelle Spielchen – fesseln, verbundene Augen, bizarres Sexspielzeug. „Du kannst mir blind vertrauen", sagt Theo immer wieder. Katja vertraut ihm.

Dann passiert Folgendes: Katja wird über eine interessante Mietwohnung informiert und zeigt sie Theo. Zwei Tage später will sie den Mietvertrag unterschreiben und erfährt, dass das Schnäppchen schon vergeben ist. Theo hat die Wohnung gemietet. Für sich. Was sagen Sie dazu? Hat Katja zu Recht das Vertrauen in Theo verloren? Geht es hier überhaupt um Vertrauen? Berechtigte Fragen. Tatsache ist, dass Katja und Theo ein vertrauensvolles Verhältnis hatten, was ihren sexuellen Umgang betrifft. Aber echtes Vertrauen ist kein Lippenbekenntnis und keine Verklärung, sondern eine beinharte Rechnung.

Daraus folgt die Lektion Nummer eins: Auf ein Vertrauenskonto muss etwas eingezahlt werden, sonst ist nichts abzuheben. Erst wenn sich gezeigt hat, dass ein Partner bereit ist, zugunsten des anderen auf persönliche Interessen und Vorteile zu verzichten, verdient er sich wirklich Vertrauen.

Vertrauen hat zwar seinen Preis, andererseits geht es nicht ohne einen gewissen Vertrauensvorschuss. Sie wären gar nicht lebensfähig, würden Sie jedem, der neben Ihnen in der U-Bahn sitzt, unterstellen, dass er Sie berauben oder vergewaltigen will. Doch Vertrauensvorschuss hat Abstufungen.

Dazu fällt mir die Geschichte von Veronika und Toni ein. In Stichworten: Stellen Sie sich zwei nicht mehr ganz junge Geschiedene vor, die es miteinander probieren wollen. Die Sache sieht nicht gut aus. Denn kaum schläft Veronika, filzt Toni ihr Handy und ihren Computer. Telefonnummern, die er nicht kennt, prüft er: Wer ist das? Warum hat Veronika nichts davon erzählt? Wie soll er Vertrauen haben, nachdem ihn seine Ex jahrelang mit jedem dahergelaufenen Typen betrogen hat? Toni findet keine Ruhe. Veronika ist von Tonis geheimen Kontrollen seelisch schon so zerrüttet, dass sie die entspannten Stunden mit einem Arbeitskollegen immer mehr genießt.

Damit sind wir bei Lektion Nummer zwei: Unreflektiertes Übertragen von Misstrauen macht einsam und ist ein Beziehungskiller. Oft vollzieht sich das Schicksal der selbsterfüllenden Prophezeiung und es passiert, was man befürchtet hat.

Wer weiß nicht, dass die Erfahrung des Betrogenwerdens ein Super-GAU für den Selbstwert ist und wirklich schmerzt. Daraus ergibt sich auch schon die dritte und letzte Lektion: Unternehmen Sie in einer Vertrauenskrise alles nur Erdenkliche, um ihr Selbstvertrauen wieder herzustellen. Sobald Sie das Vertrauen wiedergewonnen haben, Ihr Leben meistern zu können, gelingt es wieder, anderen auch Gutes zu unterstellen.

Es gibt allerdings Beziehungen, in denen es schwierig ist, Vertrauen in die Partnerschaft und zum Partner zu entwickeln. Werfen wir einen Blick auf Carla und Johannes. Eine Beziehung mit einem Ein-Aus-Schalter. „Wir sind zusammen", „Wir haben uns getrennt", „Jetzt ist es wieder okay", „Es ist aus zwischen uns", „Wir probieren es noch einmal." Nie weiß man, ob die beiden gerade ein Paar oder getrennt sind. Carla und Johannes selbst wissen im Herbst nicht, ob sie Weihnachten noch zusammen verbringen werden oder nicht.

Das schreckliche Wechselspiel von Liebe und Trennung

kann mehrere Gründe haben. Die häufigste Ursache ist – wie Sie inzwischen schon ahnen – der frühe Mangel an Sicherheit und Geborgenheit. Eine Folge dieser seelischen Verletzung besteht oft darin, Nähe zu zerstören, sobald sie tief wird. „Bevor Schluss war, hatten wir eigentlich eine besonders gute Zeit", sagen daher On-Off-Paare häufig. Aber gerade dann kriecht die unbewusste Angst hoch, womöglich wieder so eine Verletzung zu erleiden wie damals als Kind. Davor will man sich schützen. Also wird der geliebte, aber potenziell „gefährliche" Partner vergrault, vertrieben oder plötzlich nur in negativem Licht gesehen. So wird die Sicherheit gewährleistet, selbst nicht verletzt zu werden. Ganz nach dem Motto: „Was du nicht willst, dass man dir tu', das füg' dir lieber selber zu."

Kaum ist die Beziehung Off, ist auch wieder die Voraussetzung da, den Beziehungsschalter auf On zu stellen. In sicherem Abstand wächst der Wunsch nach Nähe erneut. Die Sehnsucht nimmt zu, der verlorene Partner wird wieder idealisiert. Einmal nähert sich der eine, dann der andere. „Diesmal schaffen wir es", meinen beide und alles fängt wieder von vorne an.

Häufig kommt es vor, dass sich ein Gefährte bereits in der aktiven Beziehungsphase auf Off stellt. „Er sitzt dann da wie abgeschaltet", sagt zum Beispiel Simone, die mit Paul seit acht Jahren in einer On-Off-Beziehung lebt. „Ich erreiche ihn weder mit Liebe noch mit Wut." Irgendwann wird Simone oder Paul die Einsamkeit zu zweit unerträglich und es kommt zur Trennung. Manchmal flüchtet sich Simone in eine Affäre, manchmal Paul. Dann legt sich der Off-Schalter langsam wieder um. E-Mails und SMS werden häufiger, aus einzelnen Treffen entwickelt sich die Beziehung wieder in den On-Zustand. „Wir kommen eben nicht voneinander los", sagen Simone und Paul.

Dass auch stabile Beziehungen einem Auf und Ab unterworfen sind, ist klar. Weggehen und Heimkehren, Streiten und Versöhnen, Geborgenheit und Fremdheit, Schräglage und Balance – die Liebe lebt von Gegensätzen. Menschen aus Fleisch und Blut lieben nicht konstant. Aber bei einer jahrelangen On-Off-Beziehung sollten Sie sich fragen, ob Sie nicht auch selbst unbewusst Angst vor einer tiefen Dauerbeziehung haben. Eine Paartherapie wäre dann sinnvoll. Sollte jedoch die oder der andere den Off-Zustand immer wieder aus Gleichgültigkeit riskieren und auch ertragen, wäre es meist besser, die Kräfte für eine Trennungsaggression aufzubringen.

Auch wenn ein Paar über Entfremdung nicht offen spricht, spüren beide, was los ist. Zwischen Anna und Fredy stimmt es nicht mehr. Man spürt's, man schmeckt's. Wie kalt sie einander ansehen! Wie resigniert Fredy an Annas Seite wirkt. Am Anfang ihrer Liebe waren sie ein Herz und eine Seele: „Sag mir, was du denkst", „Lass mich in dich hineinschauen", „Ich möchte verstehen, was dir wichtig ist."

Sie hatten dieselbe Wünsche und Gedanken. Wenn sie nicht eins waren, „rauften" sie sich zusammen. Aber immer beflügelte sie die Hoffnung: „Das wird schon werden! Es ist aufregend, einen gemeinsamen Weg vor sich zu haben." Im Laufe der Jahre normalisierte sich der hormonelle Ausnahmezustand. Dadurch nahmen der Wunsch nach Angleichung und die Neugier auf den anderen ab. Anfänglich hörte Anna Fredy zu, wenn er über den Reiz der freien Intonierung beim Jazz schwärmte. Heute sagt sie ungeschönt: „Verschone mich bitte. Jazz ist grausig."

Das mit dem Jazz ist eigentlich nur eine Kleinigkeit. Schlimmer ist, dass es bei ihnen auch im Bett nicht mehr klappt. Früher machte Anna beim Sex oft den Anfang, jetzt kommt von ihr kein Signal des Begehrens mehr. Anna möchte schmusen, Berührungen auskosten, Fredy möglichst schnell zur Sache kommen. Früher ließ sich Fredy auf ein ausgedehntes Vorspiel ein und küsste ausdauernd. Inzwischen hat Anna keinen Höhepunkt und keine Motivation mehr, Fredy für ihr sexuelles Erleben zu gewinnen. Unerfüllte Beziehungsbedürfnisse lassen die Kräfte erlahmen.

Der einst so nahe Gefährte wird immer fremder. Was macht sie glücklich? Worüber denkt er nach? Einer weiß vom anderen nicht mehr als von einem Nachbarn.

Die Signale einer schleichenden Entfremdung werden aus Angst vor einer Trennung nicht wahrgenommen oder umgedeutet. Kalte Blicke werden als Überarbeitung, das Ausweichen vor Sex als notwendige Zuwendung den Kindern gegenüber gedeutet. Dadurch kommt es nicht zur offenen Krise. Das ist kein Trost, eher eine Gefahr: Die Probleme frieren ein.

Emotionale Entfremdung führt zu Missverständnissen, mangelnder Einfühlung und Verletzungen. Ich sehe bei entfremdeten Paaren immer wieder drei Entfremdungsstufen: Ärger, Trauer, Resignation. Am Ende der Entfremdung steht meist eine Selbstentfremdung – man tut Dinge, die man eigentlich gar nicht will. Von der Entfremdung zum Fremdgehen ist es dann nicht mehr weit. Nicht Untreue führt zu Entfremdung, sondern die Entfremdung zu Untreue. Dabei werden dann wieder alle unerfüllten Beziehungsbedürfnisse befriedigt – und mit dem früheren Partner ist es aus und vorbei.

Was also tun, wenn es fremdelt? Um eine endgültige Trennung zu vermeiden, müssten Sie den Weg, den Sie gegangen sind, wieder zurückgehen. Er führt von der Resignation zurück zur Trauer und von da zur Kraft, an der Beziehungssituation etwas zu verändern. Riskieren Sie eine Krise! Sie beinhaltet die Chance, destruktive Verhaltensmuster zu verändern und neue Näheerfahrungen zu machen. Ein bisschen Fremdheit schadet nicht. Im Gegenteil, sie kann ein lebendiger Reiz sein, der die Bindung immer wieder erneuert.

Üblicherweise geht die Phase der Entfremdung einer endgültigen Trennung voraus. Das Ende einer Liebe hat ja seine eigene Dramaturgie: Die Zärtlichkeit erlischt, positive Beziehungssignale nehmen ab, eisige Blicke und böse Worte häufen sich. Schweigen wechselt mit Vorwürfen. Vielleicht taucht eine Dritte oder ein Dritter auf. Nach gescheiterten

Änderungsversprechen, dramatischen Kämpfen und Versöhnungen, nach endlosen Grübeleien und durchweinten Nächten fallen schließlich die Schreckensworte: „Trennen wir uns."

Trennungsschmerz tut tierisch weh. Auf der Skala emotionaler Belastungen stehen Trennungen an allererster Stelle. Es geht dabei um ein verletztes Selbstwertgefühl, um das Zurückweisen von Liebe, um Alleinsein und persönliches Scheitern. Eine Steigerung dieses Super-GAUs der Gefühle ist nur noch die „kalte" Trennung – ein Auseinandergehen ohne Erklärungen.

„Er kam von einer Geschäftsreise zurück, packte einen anderen Koffer und zog wortlos aus", erinnert sich Christina. Ihre verzweifelten Bitten um Erklärungen, ihre bohrende Frage „Was ist passiert?" ließ Tobias unbeantwortet. Er ging im wahrsten Sinne des Wortes „verantwortungslos". Kommentarlos. Christina hat bis heute keinen Durchblick, nur Vermutungen. „Vielleicht hat er Angst vor zu viel Nähe", rätselt sie. „Oder er hat sich in eine andere verliebt." Den eigentlichen Grund kennt Christina nicht.

Oft wird eine kalte Trennung schriftlich durchgezogen. Dürre Worte werden per SMS oder E-Mail wie Schüsse abgefeuert: „Bitte keine Diskussionen. Es ist aus." In allen Fällen ist die oder der Verlassene doppelt verwirrt. Alleine mit seinen Gefühlen kreisen die Gedanken immer wieder um mögliche Vergehen und Versäumnisse: Was habe ich falsch gemacht? Habe ich etwas übersehen?

Falls die oder der Verlassene vor einer kalten Trennung wirklich keine Zeichen einer Störung spürte, stellte der Flüchtende innere seelische Vorgänge vielleicht nicht einmal in guten Zeiten dar. Oder die oder der Verlassene übersah seit jeher wesentliche Signale.

Eine besonders fiese Variante der kalten Trennung ist der Verrat. Dabei werden immer wieder Situationen geschaffen, die denjenigen, der verlassen werden soll, in die Rolle des Täters zwingen. Wenn er eines Tages tatsächlich nicht mehr kann, geschieht das, was der „Täter" wollte – er führte die Trennung nicht selbst herbei, sondern delegierte sie. Jetzt steht ihm als Opfer auch noch Mitleid zu. Eine andere heimtückische Version davon ist die Masche „Ich verdiene dich nicht", obwohl es schon eine Neue oder einen Neuen gibt. Kleine Beschönigungen mildern den Trennungsschmerz. Aber ein plumper Verrat ist schmerzhafter als der respektvolle Abschied davon, was ein Paar einmal miteinander verbunden hat.

Ich erlebe immer wieder, dass bei kalten Trennungen Verlassene viel länger brauchen, bis der Blick in die Zukunft buchstäblich nicht mehr „getrübt" ist. Holen Sie das notwendige Trennungsritual mit einem Foto des Flüchtigen nach. Verabschieden Sie sich laut von allen guten und schlechten Eigenschaften, inklusive der Eigenschaft, Ihnen diese kalte Trennung zugemutet zu haben. Wenn Sie den Abschied zelebrieren, der Ihnen vorenthalten wurde, stimmt die Machtbilanz wieder. Ungleiche Machtverhältnisse bedeuten eine Schräglage, die uns unzufrieden macht.

Den meisten Menschen ist es ein großes Anliegen, die Machtbilanz zu regulieren und damit die Schräglage wieder zu korrigieren. Vergeltungsmaßnahmen sind ein beliebtes Mittel dazu. Ein Mann fantasiert stundenlang darüber, wie er seiner Geliebten heimzahlen kann, dass sie ihn kommentarlos sitzen ließ. Eine Frau spielt in Gedanken durch, wie sie an ihrem Partner Rache für seine Untreue nehmen kann. Ist das schlecht? Überhaupt nicht. Sich in der Fantasie zu rächen genügt manchmal schon, um sich besser zu fühlen.

Ich erinnere mich an Charlotte, die ihre Vergeltungsfantasien verdrängte und von Hass auf ihren Freund verzehrt wurde. Er hatte ihr und einer anderen den gleichen silbernen Armreif mit der gleichen Gravur „Du gehörst mir!" geschenkt. Charlotte bekam Allergien, juckende Hautausschläge und Asthmaanfälle. Als sie Rachegedanken spann, verschwanden die Symptome. „Plötzlich fühlte ich mich nicht mehr als ohnmächtiges Opfer", sagt sie heute. „Ich wurde wieder selbstbewusst und handlungsfähig." Charlotte verlangte von ihrem Freund eine aktive Wiedergutmachung. Er war dazu bereit und es gab ein Happy End.

Lust an Vergeltung zu spüren kann verwirrend sein. „Ich war über die Bösartigkeit meiner Rachefantasien erschrocken", gesteht Bernhard, ein harmoniebedürftiger, sanftmütiger Mann. Trotzdem ist die Lust an der Vergeltung ein heilsamer Versuch, selber wieder Gerechtigkeit herzustellen. Bernhard malte sich aus, wie es wäre, wenn er den Laptop, den der Rivale im Auto von Bernhards Freundin vergessen hatte, durch dessen Balkontür fetzen würde. Er hörte in Gedanken das Glas splittern und sah voller Schadenfreude vor sich, wie sich der Nebenbuhler damit plagt, alles wieder instand zu setzen. In Wirklichkeit unternahm Bernhard nichts, außer dass er eine Beziehung beendete, in der schon lange „der Wurm drin war".

Rachehandlungen sind im Sinne des sozialen Zusammenlebens ein Tabu. Aber dass enttäuschte Frauen und Männer nach Rache sinnen, beweisen die vielen Internetadressen, wo sich Vergeltungshungrige Tipps für eine kreative Heimzahlung holen. Ich bin gegen reale, anhaltende Vergeltungsschläge. Sie verursachen eine Rundumzerstörung, die letztlich den Rächer selbst trifft. Kaltblütige Rachemaßnahmen bringen nicht die erwartete Befriedigung und Befreiung. Das gilt vor allem für einen Betrug aus Vergeltung.

Von betrogenen Frauen höre ich immer wieder, dass sie im Bett mit einem anderen weder Genugtuung noch Lust, nur Schmerz und Seelenpein spüren. Manche fühlen sich „danach" sogar benutzt, obwohl sie sich sehr angestrengt hatten, diese Vergeltungsaffäre überhaupt in die Wege zu leiten. Außerdem fliegen derartige Seitensprünge häufiger auf als andere. Der Wunsch, dem anderen etwas heimzuzahlen, provoziert unbewusst Handlungen, durch die der Betrug ans Tageslicht kommt und der Verursacher der Krisensituation ebenfalls leidet.

Wo ist die Mitte? Kleine Vergeltungsmaßnahmen sind

gut, Rachefantasien, die sich ohne Zwangscharakter und nur über kurze Zeit in der Fantasie abspielen, sind noch besser. Sie stabilisieren die Seele, bewahren vor einem Absturz in die Depression und machen bereit für eine neue, bessere Liebesgeschichte.

So sinnvoll im gegebenen Fall Vergeltungs- und Rachefantasien sein können, so destruktiv sind Wutausbrüche und Tobsuchtsanfälle. Anna ist eine zierliche Frau mit einem hübschen Madonnengesicht. Ihre Beziehungen zerbrechen fast immer an ihren Wut- und Schreianfällen. Was ihr in so einer Situation in die Hände kommt, wird kaputt gemacht. Michael würde gerne mit Anna leben, aber ihre Wutausbrüche verunsichern ihn: Wie sähe ein Familienleben mit einer derart unbeherrschten Frau aus? Ist sie überhaupt belastbar? „Ich bin, wie ich bin", sagt Anna. „Das ist mein Temperament."

Annas Wutausbrüche sind abstoßend, Christians Tobsuchtsanfälle machen Ella Angst. „Bei ihm ist die Explosion schnell vorbei, aber ich bin tagelang verstört und deprimiert." Christian bagatellisiert die Situation: „Nimm's doch nicht persönlich." Ella nimmt es aber persönlich; sie leidet und denkt an eine Trennung.

Unkontrolliertes Brüllen, Kreischen, verletzende Worte und Kraftausdrücke sind eine Lizenz zum Töten: Sie töten Liebe, Vertrauen und die innere Sicherheit, die ein Liebender in der Beziehung sucht. Die Kränkungen, die ein Tobsüchtiger einem Partner verbal zufügt, und seine ungebremste Wut werden als Beziehungsabbruch erlebt. Das ängstigt und stellt die Liebe infrage. Ein reifer Partner sollte Verantwortung für den anderen entwickeln und das Bedürfnis haben, die Liebe vor den destruktiven Folgen ungezügelter Aggressionen zu schützen.

In Paartherapien erlebe ich immer wieder, dass sich Wütende damit verteidigen, authentisch zu sein. So ist es aber nicht. Wut ist ungestüm, aber dennoch „unecht". Unecht deshalb, weil die Gefühle, die der Wut zugrunde liegen, nicht gespürt werden. Ungestüme Wut ist eine Schutzreaktion, mit der Gefühle abgewehrt werden, die stärker schmerzen als der Tobsuchtsanfall.

Harmlose Bemerkungen oder seltsame Blicke können an verdrängten Kränkungen, Scham- oder Angstgefühlen rühren. Dadurch wird die Situation aktualisiert, in der man gedemütigt, verängstigt oder beschämt wurde. Der Kontakt mit der alten Verletzung löst dann die heftige Wut aus. Eine buchstäblich blindwütige Strategie, alte schmerzliche Gefühle nicht aufkommen zu lassen.

Wutgefühle wehren Seelenpein ab und verwandeln dadurch Machtlosigkeit scheinbar in Macht. Aber es ist keine Schwäche, Gefühle zuzulassen, im Gegenteil: Richtig, also authentisch zu leiden, ist eine Kraft der Bejahung. Wut macht nur im Moment größer. In Wahrheit wird man kleiner, weil Wachstum und Entwicklung verhindert werden.

Natürlich gibt es auch in den besten Beziehungen immer wieder explosive Situationen. Aber das Wissen, dass ungezügelte Aggressionen tiefere Ursachen haben, sollte zu einer Konfrontation damit motivieren. Wutausbrüche sind dann leichter in Zaum zu halten.

Anna und Christian, die von den Gefühlen hinter ihrer Wut nichts wissen wollen, werden auch mit neuen Gefährten dieselben Probleme haben. Es ergeht ihnen wie den Fliegen, die unaufhörlich an eine unsichtbare Fensterscheibe prallen und irgendwann ohne Erkenntnis der Wahrheit mausetot herabfallen.

Auch dauernder Zynismus kann so verletzend sein, dass die goldene Mitte eines Beziehungsklimas nicht zustande kommt. „Wann beginnt das Leben?“, fragt Mathias und gibt sich gleich die Antwort darauf: „Wenn der Hund tot ist und die Kinder aus dem Haus sind.“ Wie hält das Charlotte nur aus? Dieses augenzwinkernde Lächerlichmachen, diese dummen Witzeleien über ihren Wunsch, Familie und Kinder zu haben. Mathias ist intelligent und gebildet. Bei Bedarf kann er sein Ätzen mit Daten und Zahlen rechtfertigen.

Außerdem formuliert er seine Entwertungen mit beeindruckendem Wortwitz. Über seine Lästereien wird zwar oft mit zusammengebissenen Zähnen gelacht, aber man fühlt sich dabei nicht wohl.

Franziskas Zynismus ist anders und doch ähnlich. Sie erzeugt mit abwertenden Bemerkungen eine verschwörerische Atmosphäre. Mit zweideutigen Kommentaren über ihr Intimleben mit Clemens öffnet sich Franziska ihrem Gegenüber. Jedem fällt auf, dass sie keine Gelegenheit auslässt, über seine sexuellen Gewohnheiten zu spötteln. Franziska hat auch einen untrüglichen Instinkt dafür, Clemens selbst mit einer Bemerkung über die Größe seines Penis, die Stärke seines Verlangens oder über die Dauer des Liebesaktes zu verunsichern. Bis dato hatte Clemens nie ein Problem mit diesem Thema. Seit er mit Franziska zusammen ist und dauernd ihre kritisch-spöttischen Bemerkungen hört, nagen Zweifel an ihm. Womöglich ist er doch zu klein gebaut? Vielleicht ist seine Ausdauer nicht ausreichend? Franziskas Neigung, alles, was sie über die Sexualität anderer Frauen und Männer hört, auf Schadhaftigkeit zu überprüfen, weckt bei Außenstehenden Gefühle der Scham. Entweder schämen sie sich für ihre scharfzügigen Bemerkungen oder sie fühlen sich am Ende so, als hätte sie Franziska selbst bei einem Versagen ertappt.

Franziska und Mathias sind Zyniker; das Wort „Zynismus“ kommt aus dem Griechischen und bedeutet wörtlich „Hundigkeit“ im Sinne von „Bissigkeit“. Zyniker sind unangenehme Zeitgenossen. Eine Beziehung mit ihnen ist schwierig und schmerzlich. Manchmal beschränkt sich die zynische Einstellung so wie bei Franziska nur auf ein ganz bestimmtes Thema. Manchmal legt sich Zynismus wie ein Schleier über die allgemeine Weltsicht. Durch eine derartig feindselige Haltung kommt eine Beziehung oft erst gar nicht zustande oder sie zerbricht an Spott und Häme.

Partner zynischer Menschen fühlen sich wie Goldhamster, die sich im Laufrad abmühen: „Ich kann Mathias nicht überzeugen, dass Kinder und Familie große Werte für mich sind", sagt Charlotte. „Er witzelt alles weg."

Als Zyniker wird man nicht geboren. Zyniker sind Menschen, die irgendwann einmal selbst verletzt wurden. Sie strafen andere für Wunden, die ihnen vor langer Zeit zugefügt wurden. Mit ihrem entwertenden Spott rächen sie sich für seelische Verletzungen zum falschen Zeitpunkt und an den falschen Menschen. Wenn sie Glück haben, geraten Zyniker in eine schwere Krise, durch die sie mit ihrer ursprünglichen Frustration konfrontiert werden. Dann gelingt ihnen das, wonach sie sich im geheimsten Winkel ihrer Seele sehnen: Sie können aus dem Panzer der Abwertung und Missachtung ausbrechen und mit dem glücklich werden, was sie immer verächtlich machten.

Während Zynismus manchmal sogar als geistreiche Bissigkeit bewundert wird, ist Neid ein Tabu. Je glücklicher ein anderer jedoch eingeschätzt wird, desto mehr wird er beneidet. Anna ist neidig auf Franziskas makellose Figur. Rudolf neidet dem eigenen Sohn dessen zahlreiche sexuelle Affären. Thomas ist auf den Erfolg seines Kollegen neidig. Bernd neidet seiner kleinen Tochter die Aufmerksamkeit, die sie von der Mutter bekommt.

Neid ist allgegenwärtig. Jeden Tag höre ich im Fernsehen oder lese ich in Zeitungen von Geldneid, Sozialneid, von der Neidsteuer, der Neidgesellschaft, von Geschlechter- und Sexualneid. Was ist los mit uns? Sind wir schon so kaputt, dass uns der Neid auffrisst? Bitte beruhigen Sie sich. Neid ist kein neues Phänomen. Wäre Neid ein Laster unserer Zeit, würde er nicht schon seit jeher als Todsünde verdammt werden.

Also: Neid liegt ursprünglich jedem Menschen im Blut. Das sage ich jetzt nicht bloß so daher. Neue biologische Untersuchungen beweisen es. Vereinfacht ausgedrückt geht es um eine Art „chemischer Belohnung": Experimente zeigen, dass vermehrt Serotonin – ein hormoneller Botenstoff, der das Wohlbefinden steigert – produziert wird, sobald ein Konkurrent in irgendeiner Form ausgeschaltet werden kann.

Unsere Schwierigkeit, bei anderen Menschen – sogar bei den eigenen Kindern, Partnern und Freunden – Vorteile hinzunehmen, wird vermutlich von dem brennenden und durchaus nicht krankhaften Wunsch genährt, selbst auf der „Lebenswaage“ oben zu sein. Wenn schon nicht darüber, dann wenigstens gleich weit oben wie jener, der tatsächlich oder vermeintlich gerade über einem steht. Sobald das erreicht ist, gibt es die chemische Belohnung, nämlich eine Extraportion Wohlfühlhormone und damit eine Extraration Wohlbefinden.

Unabhängig davon, ob es sich um Geld, Sex, Schönheit oder Ansehen handelt: Der Mensch vergleicht sich ständig mit anderen. Warum ist es eigentlich so verpönt, über unseren Wunsch, sich zu vergleichen, offen zu reden? Es ist nicht fies und nicht ungewöhnlich, Maß zu nehmen. Jeder tut es und braucht es. Vergleiche sind unser beliebtestes und einfachstes Instrument zur Selbstbeurteilung. Würden Sie nur theoretisieren, ob Sie sportlich oder beruflich erfolgreich sind, kämen Sie ohne Vergleiche kaum voran.

Sie treffen jemanden von früher, reden Belangloses und gleichzeitig vergleichen Sie: „Ist sie geliftet?“, „Habe ich es weiter gebracht?“, „Ist meine Partnerschaft genauso glücklich?“ Während Sie weitergehen, ordnen Sie Ihre gewonnenen Informationen: „Im Vergleich bin ich genauso erfolgreich“, „Mit meiner Beziehung bin ich besser dran“, „Ich sehe auch ohne Lifting jünger aus.“

Vergleichen soll ohne viel Denken gehen. Wer ist der Stärkere? Bessere? Sinnlichere? Damit man mit einem geringen Aufwand schnell zu einem Ergebnis kommt, wird nicht nach einem sinnvollen Vergleichspartner gesucht. Zum schnellen Vergleich genügt schon ein bekannter Mensch, oft sogar der eigene Partner. Manchmal soll ein Machtspiel den Vergleich zum eigenen Vorteil ausfallen lassen: Wenn der Gespons nur vor dem Fernseher hockt, kann man sich schon mit einem kleinen Spaziergang sportlich fühlen.

Mit Abwärtsvergleichen stabilisieren Sie Ihr angeknackstes Selbstwertgefühl: „Der verdient noch weniger als ich“, „Die ist noch schlimmer dran.“ Das versöhnt mit dem Schicksal. Den Kick zur Veränderung geben jedoch Aufwärtsvergleiche: „Die oder der hat es auch geschafft!“ Wenn Sie sich binden wollen, können Sie traurig rufen: „Hallo! Ich bin so allein!“ Sie können sich aber auch umsehen, mit jemandem vergleichen, der nicht mehr allein ist, und entdecken, dass sie oder er etwas macht, was Ihnen auch gelingen könnte. Dass es nach dem schnellen Trost eines Abwärtsvergleiches – „Im Vergleich zu X geht es mir ja noch super“ – häufiger zu Aufwärtsvergleichen kommt, liegt an unserer biologischen Antriebskraft. Wir werden genetisch angetrieben, unser Bestes zu geben: „Wenn ich mich anstrenge, kann ich das auch.“ Das vergleichende Maßnehmen bringt das Gemüt in Wallung; und das hilft uns, lebendig zu bleiben.

Beim Sex funktioniert die optimierende Selbstwahrnehmung, die uns normalerweise aufbaut, oft nicht. Wenn die Fantasie „Die anderen sind besser“ zum Maßstab wird, ist dieses Vergleichsdenken destruktiv. Ich weiß von Männern, die sich aus Angst vor dem Vergleich vor anderen Männern nicht ausziehen. Um Vergleichen standzuhalten, täuschen Frauen oft jahrzehntelang Orgasmen vor. Auch Pornofilme spiegeln die Angst vor dem Vergleich wider: Männer werden mit nie versiegender Potenz dargestellt, Frauen mit einem Körper, der weder in seiner Ästhetik noch in seinen Reaktionen der Wirklichkeit entspricht.

Wo der Vergleich zuhause ist, ist der Neid oft nicht weit. Zumindest unbewusst treten auch Sie hin und wieder in Konkurrenz mit demjenigen, von dem Sie glauben, dass er oder sie einen Vorteil hat. Für das Überleben einer Spezies ist das sogar ein richtiger Mechanismus – aber Evolution hin, Evolution her: Neid kann ganz schön mühsam sein. Schließlich hat nicht jeder dieselben Chancen. Was also tun Sie? Sie mindern den Wert dessen, was Sie nicht haben können.

Anna gibt zu, dass Franziska zwar Idealmaße hat, aber leider, leider – sie ist dumm. Rudolf, der mit seiner Potenz nicht mehr topp ist, behauptet, dass sein triebstarker Sohn bindungsunfähig sei. Thomas will in seinem erfolgreichen Kollegen einen psychisch kranken Mann mit einer Profilierungsneurose sehen. Und Bernd entwertet die mütterliche Zuwendung seiner Frau zur Tochter, indem er die Mutter-Tochter-Verbindung als „Weiber-Verein" heruntermacht. Das Verdorbene, Zerstörte hat keine Anziehungskraft mehr und weckt daher auch nicht den schwer zu ertragenden Neid.

Aber Neid ist nicht zwangsläufig destruktiv, Sie können sich mit Neid arrangieren. Hinterfragen Sie Situationen, die Sie neidig machen. Suchen Sie Gründe, warum Sie sich den zerstörerischen Aufwärtsvergleichen nicht aussetzen müssen und wollen. Konzentrieren Sie sich auf Ihre Talente. So wird Neid zu einem seelischen Wachstumsimpuls, der es ermöglicht, andere und sich selbst zu mögen. Wer sich selbst nicht mag, lässt an anderen kein gutes Haar und fühlt sich dabei immer schlechter.

„Schau dir diese unmögliche Tussi an", zischt Linda. Mit bitterbösem Blick verfolgt sie ein schlankes Mädchen in einem bauchfreien Top. Linda setzt sich in Positur. „Ich habe mehr Stil." Gut, über Geschmack lässt sich streiten. Aber warum keppelt Linda jeder gutaussehenden Frau hinterher? Die eine ist zu dick (O-Ton: „In dem Alter war ich schlanker"), die andere geschmacklos gekleidet (O-Ton: „So würde ich nie ins Theater gehen"). Auch der gutaussehende, fleißige Tommy ätzt ständig an anderen Männern herum: „Der ist ein Warmduscher", „Der ist ein Angeber", „Den kann ich nicht ertragen."

Was läuft hier? Auf den Punkt gebracht: Linda und Tommy geben ihre Unterlegenheitsgefühle weiter. Das Gefühl, selbst nicht erotisch zu sein, kommt als Entwertung („unmögliche Tussi") rüber. Das Empfinden, beruflich nicht wirklich erfolgreich zu sein, äußert sich als Verächtlichmachung („Angeber").

Entwertung und Verachtung anderer entstehen oft durch Neid. Ein neidiger Mensch will das haben, was ein anderer besitzt. Da er es nicht haben kann, mindert er es unbewusst im Wert. Etwas Verdorbenes hat keine Anziehungskraft mehr und weckt so auch nicht weiter den schwer zu ertragenden Neid.

Häufiger als Neid verleitet das Gefühl der Unterlegenheit zu Entwertung. Linda ist doch eine attraktive, vollschlanke Frau! Sie hört von ihrem Partner immer wieder, dass er glücklich mit ihr ist, dass er sie sexy und erotisch findet. Was will sie mehr? Sie bräuchte die innere Gewissheit, attraktiv und sexy zu sein. „Ich habe mich nie schön gefunden", gibt Linda zu. „Auch wenn es mir ein Mann beteuert, glaube ich es ihm nicht." Lindas Selbstverachtung hat natürlich ihre Geschichte. Als kleines Mädchen hörte Linda immer wieder, dass sie zwar nicht so schön wie die jüngere Schwester, aber dafür gescheit sei. Wenn sie von ihrem Vater mit der halb scherzhaften, halb vorwurfsvollen Bemerkung, dass sie ein „gutes Braterl" wäre, in den fülligen Po gezwickt wurde, war ihr zum Heulen zumute.

Auch Tommys Entwertungen sind ein seit seiner Jugend bestehender, verzweifelter Kampf um Überlegenheit. Ihm wurden immer andere Jungs als Beispiel vorgehalten: „Der geht seinen Weg", „Der hat Power." Heute reguliert Tommy seinen angeschlagenen Selbstwert damit, dass er jeden anderen Mann entwertet.

Über ein gesundes, funktionierendes Organ denkt keiner nach. Erst wenn offensichtlich etwas nicht stimmt, setzt man sich damit auseinander. So ist es auch mit dem Selbstwertgefühl – wurde es verletzt, fängt gnadenloses Vergleichen und Selbstentwerten an. Hand in Hand mit dem Schmerz vermeintlicher Unterlegenheit geht das unbewusste Aufwerten des eigenen, angeschlagenen Egos durch das Entwerten eines anderen. Es ist wie mit einer heißen Kartoffel, die Sie schnell weitergeben, weil Sie das brennende Gefühl nicht aushalten. Auch Unterlegenheitsgefühle werden auf diese Art weitergereicht. Besser geht es einem danach nicht, eher schlechter. Der Entwertungsspirale entkommen Sie nur, wenn Sie lernen, sich selbst mit wohlwollenden Augen zu sehen: „Yes, I can!“

Eine besonders fiese Ausformung von Neid ist Scheinheiligkeit. Sie tritt maskiert – als Stimme der Ordnung oder Sorge – auf und schafft eine Schräglage, die es in Wahrheit gar nicht gibt. Ein typischer Fall von Scheinheiligkeit ist die Geschichte von Lilly, ihrer Freundin Julia und deren Mann Theo. Als Lilly erfuhr, dass Theo bei einem Seminar eine Affäre mit der lebenslustigen Tanja hatte, fühlte sich Lilly moralisch zum Handeln verpflichtet. Von heiligem Zorn auf Theo, Frauenloyalität und ihrem angeblich angeborenen Sinn für Anstand getrieben, informierte sie ihre Freundin Julia über Theos Sündenfall. Julia war bis zu diesem Augenblick eine glückliche Ehefrau gewesen. Aber Lilly erklärte ihr, wie unfair es von Theo sei, den sexuellen Treueschwur zu brechen und dann auch noch zu verschweigen. Das sei doppelter Verrat, ereiferte sich Lilly. Julia sei die Betrogene, die Kollegin die Benützte, nur Theo, der Übeltäter, habe es fein. Die moralische Intervention endete damit, dass Julia und Theo in eine Krise trudelten, die sie vorher nicht gehabt hatten. Verursacht hatte sie Lilly, die nicht moralisch, sondern neidig ist. Auf Julia und Theo, die eine unbeschwerte, glückliche Ehe führten. Und auf Tanja, die mit Theo leichten Herzens eine Affäre hatte, ohne Forderungen an ihn zu richten.

Eine andere Scheinheilige ist Susanne, die sich darüber aufregt, dass Eva sich nach 24 Jahren von Hans trennte, abends Kurse besucht und als Ordinationshilfe arbeitet. Eva hätte Hans nicht verlassen dürfen, meint Susanne. Er war zwar immer seiner Wege gegangen, aber seiner Familie hatte nie etwas gefehlt. Immerhin sind auch noch zwei erwachsene Kinder da. Susanne stellt sich gerne als Vorbild hin: Obwohl ihr Ehemann kein Guter ist, weiß sie, wo ihr Platz ist. Die moralische Susanne anerkennt nicht, dass Eva die Konsequenz aus ihrer seelischen Vereinsamung zog, ihr materiell gesichertes Leben aufgab und es riskierte, noch einmal von vorne anzufangen. Susanne entwertet nicht nur Evas Mut und Stolz. Durch ihre „Moral" erspart sie sich auch das Risiko, sich beruflich noch einmal bewähren zu müssen.

Scheinheilige und Moralapostel haben nicht nur Neidmotive. Oft treibt sie verstecktes Geltungsbedürfnis dazu, über andere bösartigen Klatsch, deren Schwächen oder Intimitäten zu verbreiten. Unter dem Schein der Anständigkeit wollen sie doppelten Gewinn machen. Sie ernten mehr Aufmerksamkeit – „Ich weiß etwas, was du nicht weißt" – und vermeintlich auch Anerkennung: „Ich bin zwar nicht so attraktiv, witzig oder erfolgreich wie X, aber meine Moral ist tausendmal besser als seine." Geschenkt!

Besonders arg sind die Selbstgefälligen, die Singles gegenüber als Moralapostel auftreten: „Puh, so oft den Partner wechseln, keine Verantwortung übernehmen, kein Kind haben, das tut nicht gut." Die Blicke, Gesten und Anspielungen, die sie tauschen, zeigen dem Single, wo sein Platz ist: „Nicht bei uns." Die leutseligen, „nützlichen Hinweise", die sie Alleinstehenden gerne geben, sollten sie sich sparen. Sie sind nicht von Herzen kommende Ratschläge, sondern Schläge.

Nicht nur Entwertungen und die Abwehr von Neid, verdrängter Wut und seelischen Verletzungen verursachen eine Beziehungsschlagseite. Auch das Abwehren uneingestandener Ängste führt zu Energie raubenden Schwierigkeiten mit sich selbst und der Umwelt.

Manchmal sagen mir Frauen, dass sie in ihrer Beziehung nicht mehr weiter können. Manchmal gestehen Männer, dass sie ermüdet vom häufigen Partnerwechsel sind. Die Geschichten dieser Menschen hören sich unterschiedlich an, haben aber oft einen gemeinsamen Nenner: Angst. Urteilen Sie selbst.

Rita kann nicht Nein sagen. Was immer jemand braucht, sie ist dazu bereit. „Was täten wir ohne Rita?", fragen Familie und Bekannte. Ritas Freund meint sogar, dass sie „ein Anpassungsgenie" sei – bequem und anspruchslos. Die

Wahrheit sieht anders aus. Rita ist nicht frei von Ansprüchen und Bedürfnissen. Sie ist nur ein Opfer ihrer Angst vor Ablehnung und wagt es nicht, Nein zu sagen oder Bedürfnisse einzugestehen, die von anderen abweichen. Rita erlaubte sich noch nie, von einem Partner eine bestimmte Liebkosung zu erbitten oder sich seinen sexuellen Wünschen zu widersetzen. Sie will geliebt werden, und zwar unter allen Umständen. Vielleicht wirkt Rita im Bett gerade deshalb seltsam konturlos.

Rita erinnert mich an Andersens Märchen von der Meerjungfrau. Sie opferte ihre Stimme dafür, um anstatt ihres Fischschwanzes Füße zu bekommen und dadurch für einen schönen Prinzen immer da sein zu können. Die neuen Füße taten ihr höllisch weh, aber aus Angst ließ sie sich nichts anmerken. Doch er verliebte sich in eine Prinzessin mit Stimme und die arme Nixe löste sich in Meerschaum auf.

Das Gegenteil der überangepassten Rita ist Georg. Er ist der typische „Aufreißer“: überaktiv, frech, unstet. Kaum hat er bei einer Frau Erfolg, baggert er die nächste an. Erwartet eine mehr von ihm, wird er patzig: „Was glaubst du eigentlich? Ich hab doch nichts versprochen.“ Georg ist ein Angstbeißer, Rita ein Angsthase. Beide praktizieren ein Verhalten, das in der Verhaltenstherapie „Vorwärtsvermeiden“ heißt.

Rita wehrt aktiv, nämlich mit ihrer Hilfs- und Opferbereitschaft, ihre Angst ab, nicht gemocht zu werden. Georg wehrt mit seinem aufreißerischen, aggressiven Getue aktiv seine Bindungsangst ab. Wenn sich seine jeweilige Gefährtin von ihm abwendet, weil er ein Kotzbrocken ist, hat Georg sein unbewusstes Ziel erreicht: Er ist einer tieferen Bindung entkommen. Vorwärtsvermeiden hat seinen Preis. Georg ist durch seinen raschen Partnerwechsel letztlich auch einsam. Rita wird gemocht, aber immer wieder schamlos ausgenützt.

Genauso häufig wie das aktive Vorwärtsvermeiden ist das passive „Rückzugsvermeiden“. Jeder von uns kennt es: Aus Angst, abgelehnt zu werden, schweigt man. Ich wagte jahrelang nicht, mich nach einem Vortrag zu Wort zu melden. Mein Herz schlug wie verrückt, aber meine Angst war größer. Also würgte ich mein Wissen herunter und schwieg. Im Nachhinein ärgerte ich mich über die mutigen Wortmeldungen, die meist nicht besser waren als meine Gedanken.

Angstabwehr wird meist viele Jahre lang nicht durchschaut. Man meint, cool oder hilfsbereit zu sein, und sieht nur die Undankbarkeit oder Selbstherrlichkeit anderer. Die Angst, die Angsthasen und Angstbeißern buchstäblich „im Nacken sitzt", wird gar nicht gesehen. Daher sind die damit verbundenen Probleme auch nicht zu lösen. Erst wenn die Angst erkannt wird, lösen sich die dadurch verursachten Konflikte von selbst auf und man ist endlich wieder in seiner Mitte.

„Blindheit" besteht auch bei der Sicht auf sich selbst. Jeder Mensch fühlt sich teils wirklich gut, gleichzeitig aber auch mickrig. Das ist normal. Licht und Schatten gibt es überall, auch in der Persönlichkeit. Nun passiert es bei der Paarbindung aber oft, dass sich gerade zwei zusammen tun, von denen einer Angst hat, seine tolle Seite zu zeigen, und der andere fürchtet, seine schwache Seite zu offenbaren. Derjenige, der Angst hat, seine tolle Seite zu zeigen, kommt als selbstloser Typ daher, der immer nach der Pfeife des anderen tanzt.

„Wenn ich in einen Mann so richtig verliebt bin", sagt Petra, „schrumpfe ich." Petra, diese erfolgreiche, außergewöhnlich attraktive Frau, macht sich klein, wo es nur geht. „Ständig frage ich mich, wie er mich sehen, was er hören will. Ich bin gar nicht vorhanden." Petra „verzwergt" angesichts ihrer Liebesgefühle. Etwas Besseres kann Alexander vorerst nicht passieren. Er ist sogar glücklich über Petras unterwürfiges Verhalten, denn sie beschwichtigt damit seine unbewussten Ängste vor seinen schwachen Seiten. „Ich bin eine Null", lautet Petras Beziehungsbotschaft, „aber du bist herrlich." Alexanders Beziehungsbotschaft heißt: „Ich bin grandios und du bist nichts."

Eine Weile geht das schräge Spiel vom Erheben des einen

und Sich-klein-Machen des anderen gut. Aber dann wird Alexander immer unzufriedener. Unbewusst spürt er, dass an der Seite Petras die unterentwickelte Seite seiner Persönlichkeit nicht wachsen kann. Die „schrumpfende“ Petra wird ihm nicht nur langweilig, sie ist ihm auch kein vollwertiges Gegenüber. Alexander lässt Petra immer deutlicher seine Verachtung spüren, was Petra in dem Gefühl, wertlos zu sein, noch mehr bestätigt.

Bis jetzt ist die Geschichte von Petra und Alexander schon schlimm genug, doch es kommt noch ärger. Alexander entwickelt der unterwürfigen Petra gegenüber Schuldgefühle: „Warum behandle ich sie bloß so schlecht? Sie verdient das doch gar nicht!“ Schuldgefühle sind schwer auszuhalten, also werden sie mit Aggressionen abgewehrt. Das gibt Petra endgültig den Rest – sie duckt sich und unterdrückt ihre eigentlichen Wünsche und Ansprüche immer radikaler. Das kostet sie so viel Energie, dass sie in Alexanders Nähe all ihren Charme und Glanz verliert. Je mehr Petras Persönlichkeit verblasst, desto toleranter wird sie Alexander gegenüber und desto mehr verachtet er sie.

Arme Petra! Je ohnmächtiger sie wird, desto mehr verliert sie an Reiz. Petras Anstrengungen, es Alexander recht zu machen, wirken so schwerfällig wie ein schlechter Schulaufsatz. Um dieses böse Kräftespiel zu beenden, gäbe es für Petra eine Lösung – erst müsste sie erkennen, dass sie in Beziehungen ihre Selbstachtung aufgibt. Dann müsste sie lernen, sich nicht ständig selbst zu übergehen. Ganz nach dem Motto: „Willst du ein guter Partner sein, hör’ erst in dich selber rein.“

So sinnvoll Monologe sein können, so oft verhindern sie auch tiefe Beziehungen, Austausch und sogar guten Sex.

Selbstgespräch, Variante 1: „Ich bewege mein Becken zu wenig. Ich werde heftiger atmen, das kommt besser rüber.“

Selbstgespräch, Variante 2: „Jetzt wird ein wunder Punkt in mir getroffen ... Ich bin da sehr empfindlich ... Schon seit jeher verliere ich in solchen Momenten mein inneres Gleichgewicht.“

Selbstgespräch, Variante 3: „Ich gebe den Überlegenen. Okay, so klappt es. Vielleicht noch eine Prise Humor drauflegen."

Was ich Ihnen hier vorführe, sind die inneren Monologe der Selbstbeobachter. Gleich ob beim Sex, in Gesellschaft oder im Beruf – Selbstbeobachter sitzen sich selber wie der Teufel im Nacken. Manchmal kommen sie mir vor wie die eingebildeten Kranken, die eine von Angst beherrschte Beziehung zum eigenen Körper haben. Sie beobachten panisch jede kleinste körperliche Veränderung und deuten sie als Signal einer Erkrankung. „Ich bekomme eine Infektion!", „Dieses Stechen ist ein verdächtiger Schmerz!"

Wie eingebildete Kranke beobachten auch Selbstbeobachter jede seelische Anwandlung und interpretieren sie negativ. Paula, ein Typ der Variante 1, kippt durch Sexualangst in ihre Selbstbeobachtung. Sie hält sich für unerotisch und wünscht sich nichts sehnlicher, als von einem Mann das Gegenteil bestätigt zu bekommen: „Du bist toll im Bett!" Dass es keiner ihrer Partner sagt, liegt an ihrer Angestrengtheit beim Sex. Paula wirkt verkrampft, unnatürlich und trotz oder sogar wegen ihrer Anstrengung, „gut im Bett zu sein", seltsam unerotisch.

Georg, ein Selbstbeobachter vom Typ 2, wird von sozialen Ängsten geplagt. Er ist im wahrsten Sinne des Wortes unauffällig. In Gesellschaft schweigt er, versinkt in Selbstbeobachtung und reagiert verlegen, wenn sich die Aufmerksamkeit auf ihn richtet. Dadurch wirkt er so unbedeutend, dass man sich auch nach einem gemeinsamen Abend nicht an ihn erinnern kann.

Selbstbeobachtern mangelt es oft an der Aktivität sogenannter „Spiegelzellen" im Gehirn: Spiegelzellen nehmen das Verhalten eines Gegenübers wahr und lassen Sie ohne nachzudenken spüren, was der andere fühlt. Dank Ihrer Spiegelnervenzellen wissen Sie instinktiv, wie Sie auf Ihr Gegenüber eingehen müssen und bei wem Sie sich seelisch öffnen können. Das macht sympathisch. Selbstbeobachter ruinieren Beziehungen oft dadurch, dass sie zu wenig von sich preisgeben. Ohne Selbstöffnung ist Nähe nicht möglich.

Natürlich sind die Spiegelzellen nicht immer „online". Anspannung, Stress, Druck und Angst reduzieren die Signalrate der Nervenzellen. Auch bei Paaren, denen die Liebe verloren ging, haben Spiegelzellen ein Leistungstief. Es gibt kaum noch Blickkontakt, keine „Passung" der Körperhaltung und keine Selbstoffenbarung.

Wer jemals erlebt hat, wie ungemütlich es werden kann, mit einem Selbstbeobachter eine Beziehung herstellen zu wollen, wird mir recht geben: Einbahn-Denken und Einbahn-Fühlen lassen keinen Austausch und damit auch kein Gleichgewicht zu. Aber wir brauchen den mitschwingenden anderen. Wer zu lange auf einem Bein steht, fällt irgendwann um ...

Der Wunsch, mit einem „Du" mitschwingen zu können, setzt möglichst viel Transparenz voraus. Ein Geheimnisträger, der zu viel für sich behält, stört das Gleichgewicht des Austauschs: Bei Menschen, die einem nahe sind, wird diese besondere Aura des Verbergens und Verschweigens förmlich „gewittert".

Frauen sind Spezialistinnen in der Deutung eines Tonfalls oder der Körpersprache. „Was hast du?", „Ist was los mit dir?", sind typische Frauenfragen. Natürlich haben auch Männer ein atmosphärisches Gespür, Frauen genügt allerdings nur eine vierundzwanzigstel Sekunde, um einen ungewohnten oder unerwarteten Seelenzustand zu erfassen. In grauer Vorzeit waren die physisch schwächeren Frauen darauf angewiesen, blitzschnell zu spüren, was in einem körperlich überlegenen Mann vor sich geht. Von der Interpretation seines Verhaltens hing oft ihr Wohl und Weh ab. Jahrtausendelang glichen Frauen so ihren Mangel an Macht aus; das hinterlässt genetische Spuren.

Aber bleiben wir im Hier und Jetzt. Jeder von uns spürte schon einmal in einer Liebesbeziehung: „Da stimmt was nicht." Erst später platzte die Bombe: „Er hat eine Geliebte“, „Sie geht fremd.“ Hellseherei? Wirklich nicht. Einerseits wird atmosphärisch eine Bedrohung der eigenen Sicherheit unbewusst registriert, andererseits spürt der Geheimnisträger die geschärften Sinne seines Partners und gerät unter Druck. In diesem Zustand wird dann ein Handy vergessen oder ein E-Mail falsch adressiert. Oft sind die „Zufälle“, durch die ein Geheimnis enttarnt wird, nicht so zufällig wie angenommen. Vermutlich erträgt die Seele nicht länger Heimlichtuerei, Zwiespalt oder Schuldgefühle.

Das Auffliegen eines intimen Geheimnisses ist zwar mit einem Skandal verbunden, bedeutet jedoch gleichzeitig Entlastung. Wir glauben zwar, dass wir unser Leben bewusst gestalten, aber letztlich ist das Unbewusste die steuernde Kraft. Es ist so wie mit den Sternen am Himmel: Tagsüber sehen Sie sie nicht, also glauben Sie, dass auch keine da sind. Sie nehmen an, dass die Sterne abends „aufgehen“. Tatsächlich aber sind sie die ganze Zeit vorhanden, nur können sie eben nicht gesehen werden. Ein intimes Geheimnis kann aber auch die Lust steigern, indem es Nichtwissende ausgrenzt: „Niemand hier ahnt, wo wir einander gerade berühren“, „Keiner kennt unsere sexuelle Vorliebe.“

Außerdem gibt es noch das Geheimnis, das aus Scham gewahrt wird. So manche Frau verschweigt, dass sie nur bei der Selbstbefriedigung einen Höhepunkt hat; so mancher Mann sagt nie, was er sich eigentlich wünscht. Oft ist es diesen Menschen ein Leben lang nicht möglich, ihr Lustgeheimnis mit einem Partner zu teilen. Ihre Lust macht einsam, denn sie gehört nur ihnen allein. Schließlich gibt es noch das „schmutzige“ Geheimnis: Ein Mann bezahlt eine Frau für Sex. Keiner weiß das, nur sie und er. Vielleicht rührt die ungerechte Aversion, die manche Männer diesen Frauen gegenüber haben, daher, dass sie mit einem Menschen, mit dem sie nichts verbindet, ein intimes Geheimnis teilen.

Geheimnisse, die nicht zutage kommen sollen oder dürfen, werden oft als Machtinstrument eingesetzt. In der politischen Welt wimmelt es nur so von Erpressungen, zu denen es durch das Wissen eines Geheimnisses kam. Emotionale Erpressungen unter Liebenden sind zwar nicht so spektakulär, aber deswegen noch lange nicht harmlos.

Angst, Liebe und Schuldgefühle werden in Beziehungen oft als Druckmittel eingesetzt, um etwas zu erreichen. So war es auch bei Tina und Markus. Neuerdings geht er jedes Wochenende mit Tina und ihrer Clique Skifahren. Markus fühlt sich zwar mit ihren sportlichen Freunden wie ein Tretrollerfahrer, der an der Tour de France teilnimmt, aber er macht mit, weil Tina ihm immer wieder die Frage stellt: „Liebst du mich nicht? Wenn du nicht mitkommst, solltest du darüber nachdenken, ob du dir nicht eine andere Partnerin suchen müsstest." Tinas Verhalten hat einen Namen: emotionale Erpressung. „Wenn du mich wirklich liebst, verbringst du nicht jedes Wochenende mit deinen Kindern, machst du keine Überstunden, lädtst du deine Eltern zu Ostern nicht ein."

Laut Strafgesetzbuch ist Erpressung ein strafbares Delikt. Der Erpresser stellt Forderungen und setzt als Druckmittel ein, was dem Opfer wichtig ist. In den meisten Fällen fliegt die Erpressung auf und der Täter muss büßen. In einer Partnerschaft geschehen Erpressungen ungestraft und lange Zeit verdeckt. Die Drohung wird gar nicht offen ausgesprochen, sie ist Erfahrungswissen: „Wenn ich nicht mit ihm schlafe, spricht er tagelang nicht mit mir." Emotionale Erpressungen wirken, denn es geht um das, was in Beziehungen zählt – Angst und Liebe.

Kommt die Furcht vor einem Liebesverlust erst einmal hoch, ist der Blick vernebelt und man erkennt nicht mehr das Handlungsprinzip des Erpressers: Er weiß genau, dass der Partner leidet, wenn er nicht tut, was von ihm verlangt wird. Ein fieses Machtspiel, das auch Johann einsetzt: „Wenn du mit mir in den Swingerclub gehst, weißt du alles", sagt er scheinheilig. „Kommst du nicht mit, hast du keine Kontrolle über meine Erlebnisse. Das kann gefährlich für dich werden, denn vielleicht verliebe ich mich in eine andere Frau." Ella spürt nur noch Angst, Angst, Angst: „Womöglich verlässt er mich. Das ertrage ich nicht.“ Ella kommt mit.

Viele Menschen wurden schon als Kind emotional bedrängt: „Wenn du Mami lieb hast, bleibst du im Kindergarten“, „Auch wenn dir Fußball keinen Spaß macht, spiel deinem Vater zuliebe.“ Kinder sind von elterlicher Liebe abhängig, das macht erpressbar. Auch mit Schuldgefühlen wird bei emotionalen Erpressungen manipuliert. „Geh ruhig ohne mich auf das Fest“, heißt es. Ungesagt bleibt: „Aber wenn du es tust, werde ich dich damit bestrafen, dass ich dir wochenlang mit leidender Miene gegenübersitze.“ Schuldgefühle sind genauso schwer auszuhalten wie die Angst vor Liebesverlust.

Die mit einer Erpressung unmittelbar verbundene positive Befindlichkeit gehört zum „Erfolg“ der emotionalen Erpressung: „Wenn ich dem Wunsch nachgebe, lässt der Druck auf mich nach, ich komme ins Gleichgewicht und fühle mich wieder wohler.“ Das Wohlbefinden hält zwar nur kurz an, aber die Sehnsucht danach macht nachgiebig.

Emotionale Erpressung verlangt nach Aufdeckung. Analysieren Sie die Erpressungssituation: „Warum liegt dir so viel daran, dass ich das tue? Gibt es Kompromisse?“ Wenn Sie immer nachgeben, wird der Erpresser in seiner Vorgangsweise bestätigt und Sie werden immer abhängiger von der ungleichen Situation.

Ohnmacht ist die eine Seite der Medaille, Macht die andere. Wenn Ihnen auf Anhieb niemand einfällt, dem Sie Macht zugestehen, helfe ich Ihrer Fantasie nach: Dieter Bohlen. Das ist der große, braun gebrannte Blonde, der so viele Hits geschrieben und so markige Sprüche auf Lager hat. Bohlen tauft alle seine Freundinnen um. Aus Nadja wurde Naddel, aus Stefanie machte er Estefania, aus Fatma Karina. Angeblich ließ er Naddel und Karina den Busen vergrößern. Bohlen schafft an, die Mädchen tun, was er sagt. Das ist Macht.

Macht ist sexy. Macht ist für Frauen das, was ein schöner Busen für den Mann ist. Nur so ist zu erklären, warum neben einem unattraktiven Mann oft die schönste junge Frau steht. Sie isst, wann er will, kleidet sich nach seinem Geschmack und verzichtet auf Spaß mit Gleichaltrigen. Raten Sie, warum! Weil der Mann Macht hat. Macht schafft eine Attraktivitätsaura, die auch einen unansehnlichen Typ erotisch und männlich erscheinen lässt. Warum ist Macht so sexy?

Sie wissen es: In der Geschichte der Menschheit konnte der mächtigere Mann eher den Schutz und das Überleben der Frau und ihrer Nachkommen garantieren als irgendeine „Null“, die selbst um ihr Leben raufen musste. Dieses Prinzip ist in unseren Genen noch immer festgeschrieben, auch wenn es längst nicht mehr ums nackte Überleben geht.

Bei einer amerikanischen Umfrage unter 800 Frauen gab fast die Hälfte zu, sich schon einmal eine Affäre mit einem Vorgesetzten oder dem Chef vorgestellt zu haben. Nur fünf Prozent träumten von einer Beziehung mit einem Kollegen in einer deutlich untergeordneten Position. Der attraktive Cola-Mann aus der Fernsehwerbung regt sicher die sexuelle Fantasie einer Frau an; aber wenn es darauf ankommt, gewinnt nicht der durchtrainierte Cola-Mann, der den Hintereingang der Firma benutzen muss, sondern der Boss mit Status und Einfluss, der mit einem starken Wagen vorfährt.

Ich staune immer wieder, wie oft einem Partner von vornherein Macht zugeschrieben oder nicht zugestanden wird. Eine selektive Wahrnehmung lässt uns den anderen nur noch so sehen, dass er in ein vorgefertigtes Bild passt.

Nora hat einen messerscharfen Verstand. Sie ist jedoch so puppenhaft süß, dass Johann ihre Argumente gar nicht überdenkt. Sie wiederum sieht Johann mit der tiefen Stimme und den kantigen Gesichtszügen als beinharten Macher. Dass auch er öfter anlehnungsbedürftig ist und sich gerne fügen würde, nimmt Nora gar nicht wahr. Die Machtzuschreibung in dieser Beziehung ist klar: Nora ist machtlos, Johann hat das Sagen.

Auch die süßesten Liebesbeziehungen sind von Machtansprüchen durchwirkt. Die sanfte Frau, die sich verweigert, hat letztlich mehr Macht als der bedürftige Mann, der um Sex bettelt. Ein Partner, der durch irrationales Verhalten den vermeintlich Stärkeren irritiert und schwächt, hat zumindest vorübergehend mehr Macht. Gleich, ob es um den Wunsch nach mehr Rücksicht, Lust, Anerkennung oder Freiheit geht – wer erreicht, was er will, hat einen Machtzuwachs.

Ohne subtile Machtspiele geht schon deshalb nichts, weil das Bedürfnis danach, wahrgenommen zu werden, Einfluss nehmen zu können und sich in diesem Zusammenhang selbst zu spüren, so groß ist. Rita kämpft seit einem Jahr darum, dass Thomas auf sie eingeht, emotional mit ihr mitschwingt. Sie weint sich bei Thomas über ihren Vorgesetzen aus, er reagiert nicht. Rita macht Reisepläne, er antwortet nicht. „Hast du mich nicht gehört?", fragt Rita. Thomas' Gesicht ist eine große, leere Fläche: „Was soll ich denn sagen?" Rita hat sich eine Beziehung anders vorgestellt. Als sie einem Mann begegnet, der auf ihre Gefühle reagiert, verlässt sie Thomas.

Nicht jeder Mensch hat die Kraft, eine Partnerschaft zu beenden, in der er keine Antworten bekommt. Vor allem denjenigen, die schon als Kind keine Resonanz fanden, fehlt später die Energie, sich aus einer Beziehung zu lösen, in der sie emotional wieder ohne Echo bleiben. Christinas Eltern waren mit ihrer brüchigen Beziehung und einem harten Existenzkampf beschäftigt. Sie war es gewohnt, von ihnen übergangen und nicht gehört zu werden. Heute kann sie sich an ihrem Arbeitsplatz bei Besprechungen nicht einbringen. Erfolge schreibt sie dem Zufall zu. Als Johann sie heiratete, war sie froh, dass sie „überhaupt einer genommen hat".

Johann lebt sein Leben, hat seine Freunde, seine Hobbys und bleibt ihr, wie schon ihre Eltern, Antworten und Gefühlsreaktionen schuldig. „Aber wir schlafen doch oft miteinander", würde sich Johann jetzt verteidigen. Das ist richtig, aber es ist nur die halbe Wahrheit. Tatsache ist, dass er mit Christina die Art von Sex hat, die er will. Ihre Bedürfnisse nimmt er nicht wahr, weder im Bett noch im Alltag. Den

Entschluss, von der Stadt weg und in ein Siedlungshaus am Land zu ziehen, diskutierte er mit seiner Frau gar nicht. Er stellt sie vor vollendete Tatsachen. Christina fühlt sich ohnmächtig – ohne Wirkmacht. Sie hat in keiner Weise Einfluss auf Johann und darauf, was er mit seinem und ihrem Leben anstellt. „Ich kann mich aber nicht spüren", sagt Christina.

Sich selber nicht spüren zu können, ist eine Zeitkrankheit. Ich habe den Verdacht, dass so mancher Talkshow-Gast, der unerträglich peinlich die intimsten Geheimnisse seines Lebens verrät, auf die Reaktionen der Öffentlichkeit angewiesen ist, um sich spüren zu können. Die Kamera ist auf ihn gerichtet, der Moderator stellt interessierte Fragen, das Publikum spiegelt ihm, was ihm widerfuhr. Für Augenblicke spürt er sich.

Obwohl es ein Grundbedürfnis ist, sich selbst zu spüren, ist vielen Frauen und Männern dieses Bedürfnis gar nicht bewusst. Sie fühlen sich oft nur auf unklare Weise unglücklich und seltsam leer. Wohlmeinende Freunde, die diese Seelennot spüren, raten gerne, gegen die Leere mit Abwechslung anzukämpfen. Aber das gelingt nicht, weil es darauf gar nicht ankommt. Was wirklich zählen würde, wäre Wirkmacht.

Sie spüren sich selbst, wenn Sie bei einem Menschen, der Ihnen wichtig ist, etwas bewirken, Einfluss nehmen können. Falls das nie gelingt, entsteht ein Gefühl der Unwirklichkeit. Manchen Frauen in dieser Situation ergeht es so, wie es ein chinesischer Philosoph ausdrückte: „Bin ich ein Mensch, der träumt, er sei ein Schmetterling? Oder ein Schmetterling, der träumt, er sei ein Mensch?" Der österreichische Liedermacher Wolfgang Ambros drückte es markiger aus: „Zwickts mi, i man, i tram ..." („Zwickt mich, ich meine, ich träume ...").

„Wirkmacht" ist das Zauberwort in dem Kräftespiel der Macht. Paula und Gabriel sind glücklich. „Wir sind ein Herz und eine Seele", sagt Paula. „Ich hatte noch nie solche Gefühle", gesteht Gabriel. Umso weniger ist zu erklären, warum er sich eine Affäre anfing. Seine Geliebte ist nicht so hübsch und charmant wie Paula. Er hat mit ihr nicht so gute Gespräche wie mit Paula und auch nicht so guten Sex. Was hat er dann? Einen Moment noch und Sie bekommen die Antwort – die gilt auch gleich für Marlene, diese gute Seele.

Marlene richtet seit Jahren ihr Leben auf Stefan ein. Er will ans Meer, sie fährt mit, obwohl sie lieber in den Bergen ist. Stefan will, dass sie mit ihm Motorrad fährt, sie überwindet ihre Angst. Und dann das: Marlene lässt sich auf einen Seitensprung ein. Hat sie kein schlechtes Gewissen? Doch, sogar sehr. Also warum tut sie etwas, das so gar nicht ihrem Charakter entspricht? Erlebt sie dabei doch eine bizarre Leidenschaft? Nein. Lockt sie vermisste Zärtlichkeit? Auch nicht. Was also? Marlene findet in der Heimlichkeit ihrer Affäre die Autonomie und Unabhängigkeit, die sie für Stefan freiwillig aufgibt.

Jeder von uns weiß, dass in der Anfangsphase der Liebe der Wunsch nach Einssein sehr groß ist. Viele Verliebte wollen nicht einmal etwas Eigenes erleben. Dieser Verzicht auf Unabhängigkeit und Wirkmacht schafft die Sicherheit, die Liebende brauchen. Andererseits gehört die Möglichkeit, etwas bewirken zu können, zur seelischen Grundausstattung.

Das Empfinden von Wirkmacht bildet sich bereits bei einem drei Monate alten Baby. Es schreit, Mama kommt. Es quietscht vergnüglich, Papa macht noch einmal Hoppereiter. So wird das Erleben von Wirkmacht eine Säule der Identität. Wer keine Wirkmacht hat, fühlt sich ohnmächtig und abhängig. „Ich bin nicht mehr ich“, heißt es dann. Oder: „Ich spüre mich gar nicht mehr.“ Die anfänglich ersehnte Sicherheit wird im Laufe der Jahre trotz größter Liebe oft als Verlust von Freiraum empfunden. Dann wird das Bedürfnis nach Selbstaufgabe und Einssein immer schwächer und das Verlangen nach Abgrenzung, Wirkmacht und Autonomie größer.

Bindungsängstliche Frauen und Männer gestehen mir

immer wieder, dass sie sich ohne große Lust auf einen Seitensprung einließen. „Es war eine Kopfentscheidung", gibt auch Gabriel zu. „Ich wollte mir beweisen, dass ich von Paula emotional nicht abhängig bin. Durch dieses ‚Pantscherl' bekam ich wieder Distanz zu Paula." Eine schlechte Strategie, denn Paulas Einstellung zu Gabriel veränderte sich durch seinen Treuebruch radikal. Aber das ist eine andere Geschichte.

Zurück zu Marlene: Bei ihrem Seitensprung spürte sie sich plötzlich in all ihrer Individualität und Wirkmacht. „Es war mein Geheimnis", sagt sie, „etwas, das nur mir gehört." Auf Dauer ist die Last des Verbotenen und der Heimlichtuerei schwer zu ertragen. Die meisten Affären zerbrechen ziemlich bald an der Ursache, durch die sie zustande kamen – an dem Frust, eine Beziehung nicht wirklich gestalten zu können, an dem Kräfteverlust, der durch andauernde Heimlichtuerei entsteht.

Ich muss allerdings zugeben, dass niemand genau weiß, wie groß die Zahl der Frauen und Männer ist, die auch in legalen Beziehungen mit ihrer Liebeskraft am Ende sind. Ich bin überzeugt, dass es mehr sind als allgemein angenommen.

„Theresa liebt mich wie früher", belügt sich Michael, „sie hat nur Angst vor tiefen Gefühlen." Tatsache ist, dass Theresa für Michael nichts mehr empfindet. „Er ist meine Komfortzone", sagt sie, „darauf verzichtet man nicht gerne." Michael zeigt Theresa ständig seine Liebe, er ist zärtlich, loyal, aufmerksam und hilfsbereit. Theresa gibt ihm dafür schon lange nichts mehr zurück. In letzter Zeit spürt Michael ein Gefühl der Leere und Sinnlosigkeit. Trotzdem strengt er sich bei Theresa weiterhin an. Was ist los mit Michael? Burn-out!

Der nächste Fall: Seit Jahren liest Alexandra Toni jeden Wunsch von den Augen ab. Kein Einsatz ist ihr zu hoch, keine Zumutung zu groß. Toni nützt Alexandras Liebe schamlos aus. Er verbraucht ihr Geld, belügt und betrügt sie. „Ich kann nicht mehr", sagt Alexandra. Sie muss immer öfter grundlos weinen und blickt oft stundenlang ins Leere. Burn-out!

Die Burn-out-Epidemie grassiert wie noch nie. Nach Schätzungen betrifft das Massenphänomen jeden vierten Menschen in sozialen und „undankbaren“ Berufen. Vermutlich sind genauso viele Liebende ausgebrannt. Die Entstehungsdynamik ist in allen Konstellationen gleich: Für eine lang andauernde Energieabgabe gibt es keinen Energienachschub. Es gibt kein Burn-out, dem nicht eine Bedürftigkeit zugrunde liegt. Gefährdet sind daher alle jene Frauen und Männer, die für eine Partnerin oder einen Partner alles tun, aber nicht das bekommen, worauf sie warten – etwa ein Echo ihrer Gefühle oder das Beenden einer Affäre.

Niemand brennt von einem Tag auf den anderen aus. Ein Burn-out hat mehrere Stadien, die sehr individuell verlaufen. Anfangs strengt sich jeder doppelt an, vernachlässigt eigene Bedürfnisse und deutet Fakten um. Im späteren Stadium beginnen die innere Leere und die Depression, schließlich kommt die totale Erschöpfung. Jetzt kann ich endlich auch Positives berichten: Am Höhepunkt der Krise besteht die Chance, die Kraft zur entscheidenden Veränderung zu mobilisieren. Vermutlich werden auch Michael und Alexandra durch einen körperlichen und emotionalen „Super-GAU“ gezwungen sein, wirklich auf ihre Liebessituation hinzuschauen. Dann geht man nicht mehr eigenen Verleugnungen auf den Leim, stellt sich der Realität, sucht nach neuen Arrangements und Zielen und bringt zumindest vorübergehend sein Leben wieder ins Lot.

Der Wunsch, sein sexuelles Ich ins Lot zu bringen, ist besonders drängend, wenn es um die Frage des Verlangens geht. Das Thema kennt beinahe jeder: Einer hat immer weniger Lust auf Sex, der andere drängt und macht vom Wollen beziehungsweise Nichtwollen des Partners sein Befinden und die Beurteilung der Beziehung abhängig.

Stefanie hatte Markus anfänglich oft bestätigt: „Du bist toll im Bett.“ Später zeigte sich, dass Stefanie ein niedrigeres Verlangen als Markus hatte. Damit begann das Dilemma.

Stefanie wollte, dass Markus mit ihr als Geliebte zufrieden ist. Also schlief sie auch ohne Lust mit ihm. Wenn sie Markus Orgasmen vorspielte, ging es ihm super und Stefanie fühlte sich als Frau attraktiv. Mit der Zeit machten die Täuschungsmanöver Stefanie lustloser. Sie wies Markus häufig zurück und hörte immer öfter den Vorwurf, dass er sich an ihrer Seite gar nicht mehr als Mann erlebt. Der Druck, Markus begehren zu müssen, reduzierte Stefanies Verlangen noch mehr. Auch ihr Gefühl, eine begehrenswerte Frau zu sein, schmolz wie Butter in der Sonne. Sex wurde zum Streitthema Nummer 1. Schließlich ließ sich Markus auf eine Affäre ein, bei der er wieder ein „ganzer Mann“ sein durfte. Die Geschichte hätte auch so enden können, dass Stefanie ihr Selbstgefühl in einer Außenbeziehung sucht oder die Beziehung an den Sexproblemen endgültig zerbricht. Jede Version ist typisch für den Teufelskreis eines geliehenen sexuellen Selbstempfindens.

In der ersten Zeit der Verschmelzung sind Verliebte in einem Ausnahmezustand. Sexuelles Begehren und damit sexuelle Bestätigung gibt es im Übermaß. Dann normalisiert sich dieser Zustand und es zeigt sich der eigentliche Kern des sexuellen Verlangens. Einer hat mehr, der andere weniger. Obwohl es sich um eine augenfällige Schräglage des Verlangens handelt, besteht hier nicht die Frage, was normal oder anormal ist. Eigentlich sollte das unterschiedliche Verlangen kein Problem sein, würde dem mehr verlangenden Partner nicht die ausbleibende Bestätigung fehlen und der weniger Verlangende unter Druck geraten. Die daraus entstehenden Vorwürfe und Frustrationen sind oft der Anfang vom Ende.

Es gibt aber auch Tröstliches zu sagen: Wer sich mit seinen eigenen Bedürfnissen, Grenzen und Möglichkeiten konfrontiert, kann die Beziehungskrise zur Chance für die Entwicklung eines starken, von geliehener Bestätigung nicht völlig abhängigen Selbstempfindens machen. Die Flucht zu einem anderen Partner ermöglicht wieder nur eine vorübergehende Fremdbestätigung, die zur Identitätsstabilisierung gebraucht wird.

Fremdbestätigung liegt uns zugegebenermaßen im Blut: Schon ein Kind hört von den Eltern, dass es tüchtig, gut und stark ist. Auf diese geliehene Bestätigung bleiben wir in allen Beziehungen, besonders aber beim Sex angewiesen. Deshalb und nicht nur wegen der Romantik wünscht man sich die „Anfangszeit" der Liebe zurück. Deshalb und nicht nur aus Geilheit streitet man um die Häufigkeit der sexuellen Begegnungen („Ich brauche öfter Sex") und um die Initiative („Immer muss ich den Anfang machen"). Und deshalb und nicht weil wirklich andere Liebesbeweise fehlen, fühlen sich viele Partner ungeliebt.

Diesem vermeintlichen Ungeliebtsein steht ein tatsächlicher Verlust der Liebe gegenüber. Unglücklich Liebende tun dann viel, um den anderen doch noch zu gewinnen und wieder eine Gefühlsbalance herzustellen. Sie betteln, demütigen sich, machen Geschenke oder schalten vermittelnde Dritte ein. In den meisten Fällen wirken diese Anstrengungen so schwerfällig wie ein Schulaufsatz. Aus ist aus. Aber so mancher Unglückliche nimmt das nicht zur Kenntnis. Er deutet höfliche Dankesworte oder nichtssagende Bemerkungen als Zeichen wiederaufkeimender Gefühle. Jede Bemühung, ihm die Augen zu öffnen, löst Wut aus: „Du hast ja keine Ahnung!", „Sie verleugnet nur ihre Liebe", „Er hat nur Angst vor starken Gefühlen." Irgendwann wird schließlich doch die Realität anerkannt und der Kampf aufgegeben. Diejenigen, die nicht loslassen, machen dem Ex das Leben zur Hölle. Blumen, Anrufe, SMS, Überraschungsbesuche und andere früher geschätzte Gesten der Liebe erzeugen beim Desinteressierten Unmut oder Wut.

„Zuerst habe ich nicht ernst genommen, dass mich Tina auch noch nach unserer Trennung vor dem Schlafengehen angerufen hat", erzählt Claudio. „Sie hat ignoriert, dass es aus ist." Auch Freunden gegenüber tat Tina so, als wäre zwischen ihr und Claudio alles beim Alten. Das Schlimmste waren ihre nächtlichen SMS. „Du wirst schon noch draufkommen, dass du mich liebst." Einmal weinte Tina ins Telefon, ein anderes Mal tobte sie oder sie flüsterte die zärtlichen Worte, die Claudio früher so gern gehört hatte. Auch Lena konnte Markus nicht klarmachen, dass sie einen anderen liebt. Wenn Lena zum Auto kam, stand Markus da und lächelte. Er tauchte bei ihr im Büro auf und beteuerte: „Egal, was passiert, wir gehören zusammen."

Normalerweise entsteht eine Bindung aus befriedigenden Erlebnissen. Doch was hat dieser Horror mit befriedigenden Erlebnissen zu tun? Ein so großes Gefühl wie Liebe kann durch eine Zurückweisung gegensätzliche Energien mobilisieren. Dann halten die Verlassenen mit mörderischer Kraft fest, was sie als ihr Eigentum empfinden. Sie versuchen mit aller Macht, sich wieder in das Leben des anderen hineinzuzwängen. Signale, die im Normalfall glücklich machen, den Selbstwert und die Beziehung stärken, werden zur Hölle einer obsessiven Hatz.

Anfänglich interpretiert der Bedrängte dieses leidenschaftliche Festhalten noch als Liebe. Ich sehe immer wieder, dass die mit Zuneigungsbeweisen verfolgten Frauen und Männer von schlechtem Gewissen geplagt sind und sich sogar fragen, ob sie jemals wieder so geliebt werden. Erst wenn die gnadenlosen Versuche, Verlorenes festzuhalten, den Start in ein Leben alleine oder eine neue Beziehung rücksichtslos stören, kapieren die Verfolgten, dass da irgendetwas nicht stimmt.

Frauen und Männer, die nicht loslassen können, haben in Trennungssituationen der Kindheit oft Angst und Wut erlebt und verinnerlicht. Durch die neuerliche Trennung leben diese Gefühle wieder auf. Der besessene Kampf um Zuneigung wird dann nicht aus Liebe geführt; er ist eine Strategie, mit der die inneren Angst- und Wutdämonen bewältigt werden sollen. Wer nicht loslassen kann, braucht ein Opfer, um selber zu überleben.

Das Gefühl, dass „irgendetwas nicht stimmt", haben

auch Partner von Menschen, die im Gegensatz zu den gnadenlos Liebenden absolut nichts für sich verlangen. Sie sind PAPSE – Menschen, die keine Ansprüche stellen und gerade deswegen keine guten Partner sind. PAPS steht in der psychologischen Diagnostik für „passiv-aggressive Persönlichkeitsstruktur". PAPSE – passiv-aggressive Menschen – sind nach außen nett und höflich, nach innen machen sie dem Partner das Leben schwer. Beim Autofahren winkt ein PAPS trotz eigener Vorfahrt und der langen Schlange hinter ihm jedes, wirklich jedes Auto aus einer Seitengasse herein. In einer Beziehung verlangt er nichts für sich und ist dennoch ein unbefriedigender Partner.

Wenn Sie die Geschichte von Valerie und anschließend die von Lukas hören, wissen Sie, was los ist. Also, was ist über Valerie zu sagen? Sie ist eine entzückende Person. Peter ist fasziniert von ihrem aparten Gesicht, ihrem sexy Körper und sanftem Wesen. Nur leider – Peter kennt sich bei Valerie nicht aus. Macht er etwas falsch bei ihr? Wie sonst soll er sich erklären, dass ihn Valerie sexuell immer wieder zurückweist – auch in Situationen, in denen alles stimmt. Erst gestern waren sie gut essen und die Stimmung war wunderbar. Der richtige Zeitpunkt für Sex. Aber kaum machte Peter eine Andeutung, blockte Valerie: „Nicht jetzt! Warum zerstörst du unsere schöne Stimmung?" Eine Woche vorher hatte ihn Valerie mit den Worten zurückgewiesen: „Nicht jetzt, die Stimmung ist nicht gut."

Wenn es zu Sex kommt, weiß Peter nie, ob Valerie dabei Genuss empfindet oder nicht. Fragt er sie, ob sie einen Höhepunkt hatte, schweigt Valerie unbestimmt. Will er wissen, warum sie sich so oft scheinbar grundlos zurückzieht, weicht sie aus: „Es ist nichts." Einerseits traut sich Valerie nicht zu, Peter zu sagen, dass sie beim Sex selber gerne aktiv wäre. Sie geht davon aus, dass ein Mann immer das Sagen hat, auch im Bett. Andererseits macht sie ihr ständiges Zukurzkommen latent aggressiv. Diese Aggression drückt sie ebenso wenig direkt aus wie ihre eigentlichen sexuellen Wünsche.

Das Ergebnis ist passive Aggression. Im Gegensatz zur aktiven Aggression zeigt sie sich nicht offen, sondern versteckt.

Lukas ist ebenfalls passiv-aggressiv. In der Familie gilt er als „guter Kerl“, weil er scheinbar immer tut, was andere wollen. Außerdem wird er – vermeintlich – von allen Frauen ausgenützt. In Wirklichkeit ist er zwar höflich, aber er legt sich nie fest. Lukas verzögert Entscheidungen, an denen einer Frau etwas liegt, und vergisst Dinge, die für sie wichtig wären. Erst ist er begierig, ihre sexuellen Wünsche zu erfahren, dann praktiziert er sie so gleichgültig, dass ihr die Lust vergeht. Wenn er beim Sex zu früh kommt, kümmert er sich nicht darum, wie er seine Geliebte dennoch befriedigen könnte.

Die Partner passiv-aggressiver Menschen quälen sich mit Selbstvorwürfen und versuchen, durch Gespräche Klarheit zu bekommen. Aber passiv-aggressive Menschen verschweigen, verhindern und verweigern. Falls Sie an Ihrer Seite einen PAPS haben, können Sie sich tiefgründige Analysen ersparen. Ermutigen Sie ihn zum Wünschen! Ein PAPS muss erst die Überzeugung gewinnen, dass geäußerte Wünsche, Forderungen oder Ärger nicht gleichbedeutend mit Liebesverlust sind.

Während PAPSE im Zusammenleben seltsam schwammig und ohne deutlich wahrnehmbare Grenzen wirken, respektieren andere nicht die Grenzen eines Gefährten. Sie sind zwar nicht so gnadenlos wie jene, die eine Ablehnung nicht zur Kenntnis nehmen, aber grenzverletzend sind sie allemal.

Hannes ist so ein Typ. Wenn er Lust auf Sex hat, tut er alles, um Marlene doch noch rumzukriegen. Er versucht es mit Zärtlichkeit, ignoriert ihren Protest, umarmt sie weiter, streichelt sie. Er greift ihr im Vorbeigehen in die Bluse, macht sexuelle Anspielungen oder reibt seinen Unterkörper an ihr. Hannes merkt nicht, wie sehr Marlene von seinen Bemühungen, sie zum Sex zu bewegen, genervt ist. Schließlich reißt ihr der Geduldsfaden: „Du bist widerlich!“, keift sie mit schriller Stimme. Jetzt straft Hannes seine Marlene mit eisigem Schweigen und beide sind unglücklich. Marlene liebt Hannes und genießt es, mit ihm zu schlafen. Aber warum kann er nicht respektieren, dass sie manchmal keine Kraft oder Lust auf Sex hat? Hannes gehört zu den Menschen mit beschädigten Grenzen. Solange er noch keine große Nähe zu einer Frau hat, käme er nicht auf die Idee, sich über ihre sexuelle Weigerung hinwegzusetzen. Er würde sie ohne ihre Einwilligung weder berühren, noch würde er so penetrant auf Sex bestehen. Aber bei Marlene, die ihm besonders nahe ist, versagt sein Grenzsystem.

Auch Luzia hat ein Problem mit sexuellen Grenzen. Mag es ein Liebhaber wild und laut im Bett, ist Luzia wild und laut. Bevorzugt er rasanten Stellungswechsel, bietet sie ihm den eingesprungenen Doppelaxel und als Draufgabe die indische Schraube. Schätzt er Oralsex, überwindet sich Luzia, obwohl es sie davor zutiefst ekelt. Luzia tut alles, nur damit sie der jeweilige Gefährte gut findet. „Ich spüre mich nicht mehr", klagt Luzia nach einiger Zeit. Letztlich enden ihre Beziehungen damit, dass sie unglücklich und unbefriedigt ist.

Auch der Alltag wird oft von Abgrenzungsproblemen überschattet. Daniela wird von der Familie schamlos ausgenützt. Jede Arbeit bleibt an ihr hängen und keiner dankt ihr ihren Einsatz. Obwohl sie Magenschmerzen hat, weil sie als einziges der drei Kinder jeden Sonntag bei den Eltern verbringt, kann sie ihre eigenen Freizeitwünsche nicht ausdrücken. Lukas wird von einem Arbeitskollegen schon seit einem Jahr ein täglicher Umweg von 39 Kilometern zugemutet, ohne dass der Kollege jemals einen Cent für Benzin bezahlt hätte. Lukas fühlt sich zwar irgendwie ausgenützt, findet es aber selbstsüchtig, dieses Thema offen anzusprechen.

Die Fähigkeit, mit Grenzen richtig umgehen zu können, entwickelt sich schon früh. Im Zusammenleben mit lebenswichtigen Menschen erfährt ein Kind, ob ihm angemessene Grenzen gesetzt, aber auch seine eigenen respektiert werden, ob es vielleicht gar keine Grenzen oder ein ewiges Hin und Her gibt. Jedenfalls sind diese Erfahrungen für den späteren Umgang mit den eigenen Grenzen und denen anderer sehr wichtig: Ein funktionierendes Grenzsystem ist wie ein symbolischer Zaun. Es schützt Sie davor, dass ein anderer Mensch in Ihre Sphäre eindringt. Gleichzeitig können Sie dank eines intakten Grenzsystems die Grenzen des anderen wahrnehmen und respektieren.

# Der Mann in Schräglage

Eine der schlimmsten Grenzverletzungen ist männliche Gewalt gegen Frauen. Erst in den letzten Jahren wurde öffentlich, dass Gewalt nicht nur ein Symptom zerrütteter Familienverhältnisse, sondern allgegenwärtiges Phänomen mit vielen Gesichtern ist.

Der Geräuschalltag mit Klaus, 35 Jahre alt, Werkstättenleiter: Die Faust saust auf den Tisch, die Tür wird so heftig zugeschmettert, dass Verputzteilchen rieseln. Das Klirren einer Flasche, die er aus Wut auf den Steinboden knallt. Tränen der Lebensgefährtin.

Das Leben mit Ullrich, 43 Jahre alt, Mediziner: ordinäre Flüche, verletzende Worte, Beschimpfungen, sexuelle Beleidigungen. Heimliche Tränen. Wenigstens die sollen die Kinder nicht bemerken.

Die Ehe mit Peter, 51 Jahre alt, Kaufmann: Seine Augen funkeln, seine Mundwinkel zucken, sein Atem riecht nach Alkohol. Peters Frau weiß: Noch ein Wort, und er schlägt zu. Sie redet trotzdem weiter. Sein Arm holt aus, packt sie an den Schultern, drängt, stößt sie zurück. Ihre Tränen will er nicht sehen.

Gewalt ist nicht gleich Gewalt. Direkte Übergriffe gegen den Körper und das Zerstören von (Lieblings-)Gegenständen ist physische Gewalt. Weniger sichtbar, aber nicht weniger schmerzlich ist psychische Gewalt durch Beschimpfungen, Drohungen oder Einschränkungen, wie zum Beispiel Kontaktverbote („Wehe, du rufst wieder deine Freundinnen an!"). Jede sexuelle Handlung, die sich gegen den Willen eines Opfers richtet oder seine Unwissenheit ausnützt, ist sexuelle Gewalt.

Gewalt hat viele Gesichter. Wer mit einem gewalttätigen Menschen lebt, lernt nicht nur eines fürchten. Meist vermischen sich die Übergriffe. Eine von vier in Europa lebenden

Frauen ist von Gewalt durch einen aktuellen oder ehemaligen Partner betroffen. Gewalt ist weder selten noch wirklich schichtspezifisch. Gleich, ob Rechtsanwalt oder Arbeiter – Täter gibt es überall, vor allem im verwandtschaftlichen Nahbereich.

Gewalt ist auch keine Zeiterscheinung. Relativ neu allerdings ist die umfassende Auseinandersetzung mit den Hintergründen des Problems der Männergewalt: Die Einführung von Frauenhäusern, das Gewaltschutzgesetz von 1997 und besonders die Medienberichterstattungen holten das Thema „Gewalt gegen Frauen" aus der Tabuzone. Eine pauschale Erklärung für das Phänomen Gewalt gibt es nicht. Gewalt kann aus gesellschaftlichen und/oder individuell-seelischen Gründen, aus Suchtproblemen, Machtkonflikten, bestimmten Lebensumständen und durch missverstandene Rollenbilder entstehen. Bei über 90 Prozent der Fälle, die von den österreichischen „Interventionsstellen gegen Gewalt in der Familie" registriert sind, sind die Täter männlich.

Was sind das für Männer, die Frauen schlagen, demütigen, seelisch verletzen? Zum einen liegen die historischen Wurzeln in der jahrhundertelangen Minderbewertung und Rechtlosigkeit der Frauen. Der Mann der Vergangenheit hatte als Familienoberhaupt das Züchtigungsrecht über Ehefrau und Kinder. Zum anderen bekam die Frage des „Mannseins" eine neue, aktuelle Problematik.

Gewalttätige Männer hatten oft Väter, die ihnen zu wenig oder gar keine richtunggebende, positive Männlichkeit vermitteln konnten. Die Folge ist häufig eine brüchige männliche Identität, die mit einem „Kraftakt" stabilisiert werden soll. „Diskussionen beendete mein Vater handgreiflich", erinnert sich Peter. „Meinen Vater habe ich kaum gesehen", sagt Ullrich. Klaus entschuldigt seine Wutausbrüche mit seinem „Temperament". Tatsächlich wurde er in einer Familie groß, in der Toben und Schreien an der Tagesordnung standen. Er übernahm nicht nur die positiven Eigenschaften der Eltern, sondern auch deren Affektausbrüche. Ein verhängnisvolles „Erbe“.

Aus Selbstschutz wird nicht nur die Empfindsamkeit gegenüber den aggressiven Ausbrüchen eines Partners abgeschaltet, sondern alle Empfindungen für ihn. Unkontrolliertes Brüllen, verletzende Worte und Kraftausdrücke sind kein Kavaliersdelikt. Aggressionen können die partnerschaftliche Liebe töten und Seelenmord an Kindern sein. Um glückliche und liebesfähige Erwachsene zu werden, brauchen Kinder ein warmherziges und respektvolles Zuhause. Eine bessere Gewaltprävention gibt es nicht.

Einen Seelenmord begehen auch Eltern, die ihren Kindern einen Rollentausch zumuten, sie parentalisieren – also das Kind zum Elternteil machen – und mit Problemen belasten, die auf der Mann-Frau-Ebene gelöst werden sollten.

Das Paar als Täter kennen Sie aus der Literatur (zum Beispiel Macbeth und Lady Macbeth) und aus dem Film – zum Beispiel Bonnie und Clyde. Diese berühmt-berüchtigten Paare sind als machtgierige, ekstatische Killer ein Begriff. Von denen rede ich aber nicht. Ich will Sie auf unauffällige Täterpaare aufmerksam machen. Bei ihnen gibt es keine körperliche Gewalt, aber es gibt seelische Übergriffe, die sich als Liebe tarnen.

Seit Jahren dümpelt die Beziehung von Ella und Florian mehr schlecht als recht dahin. Seelische Nähe und Begehren sind vorbei. Ella hält sich bei Oliver, ihrem vergötterten „Sohnemann“, für die Zärtlichkeit schadlos, die sie von Florian nicht mehr bekommt. Ihm ist es nicht unrecht, dass Oliver Ellas Ersatzpartner wurde. Wenigstens kann er tun, was ihm „schmeckt“. Wenn Oliver mit seiner Mama im Doppelbett spät nachts Filme ansehen darf, ist er glücklich: „Ohne Papa haben wir es viel schöner“, meint er in aller Unschuld. Ella und Florian sind ein Täterpaar, denn sie riskieren, dass aus Oliver das typische „Muttersöhnchen“ wird: ein Mann, der innerlich an die Mama gebunden bleibt, selbst wenn er mit ihr dauernd streitet. Die Liebesbeziehungen eines Muttersöhnchens scheitern oft, weil er innerlich nicht frei ist. Olivers Partnerin wird eine Zeitlang um ihn kämpfen, dann aufgeben und sich womöglich ihrerseits enttäuscht dem eigenen Kind zuwenden.

Wenn Probleme, die auf der Mann-Frau-Ebene gelöst werden sollten, auf die Eltern-Kind-Ebene verschoben werden, ist Gefahr in Verzug. Vera und Tobias haben einander als Liebespaar aus den Augen verloren. Jeder buhlt alleine um die Gunst der kleinen Sophie. Sie verhält sich wie eine verführerische Lolita, die mit kokettem Gehabe den frustrierten Papa bei Laune halten will. Diese Vermittlerrolle überfordert und überhöht das Mädchen. Sophie wird von den Eltern eine Funktion zugemutet, die ihrem Kindsein nicht entspricht. Mit der Verpflichtung, die schlechte Beziehung zu stabilisieren, nehmen Vera und Tobias ihrer Tochter die gesunde Kraft, die sie bräuchte, um ihre kindliche Gefühlsbindung zu Mutter und Vater rechtzeitig aufzulösen und in eine Erwachsenenbindung umzuwandeln.

Paare werden dort zu Tätern, wo sie scheitern. Thomas und Rita schafften es nie, miteinander wertschätzend zu kommunizieren. Tochter und Sohn wurden schon als Kinder Zeugen der elterlichen Schreiduelle. Aus Angst vor eskalierenden Konflikten weicht die inzwischen erwachsene Tochter in einer Liebesbeziehung jeder Konfrontation aus. Dadurch fühlt sie sich grundsätzlich nie verstanden und sucht Trost in schnell wechselnden Affären. Die Beziehungen von Ritas und Thomas' Sohn zerbrechen allesamt daran, dass seine jeweiligen Partnerinnen seine cholerischen Ausbrüche nicht aushalten. Auch er ist ein Opfer, denn er hat es früher gelernt, dass Differenzen lautstark ausgetragen werden.

Heftig streitende oder entfremdete Paare, die ihre Sehnsüchte isoliert auf ein Kind richten, werden ungewollt zu Tätern, deren Opfer ihrerseits wieder Täter werden. Misslingende Kommunikation ist leider generationsübergreifend.

Schlechte Erfahrungen mit Männern sind nicht selten ein Grund dafür, dass eine Frau ihrem Sohn den Vater vorenthält. Stefanie ist überzeugt: „Männer sind überflüssig." Was sagt sie da? Männer sind sogar sehr wichtig für heranwachsende Söhne. Eine Mutter kann noch so perfekt sein, kann ihrem Sohn jedoch nicht alles geben. Auch eine Frau kann für ihren Mann nicht alles sein. Männer brauchen Männer. Das zu akzeptieren ist oft nicht leicht für die Frauen von heute. Aber vielleicht hilft ja ein Plädoyer. Dieses Plädoyer:

Männer brauchen Männer, weil schon in Urzeiten die Jagdbande gemeinsam hinter dem Wild her war. Der Zusammenhalt der Männer war notwendig für die Jagd und den Kampf gegen Feinde, also zum Überleben. Ein Mann, der nicht mit den anderen kooperierte, war nicht lebenstauglich. Männer brauchen Männer, weil diese Beziehung die Grundmauern ihrer männlichen Identität ausmacht. Ein Sohn braucht die Beziehung zu einer stärkeren Vaterfigur. Diese stürmische Auseinandersetzung endet gut, wenn der Junge den mächtigeren Vater (oder einen Mann, der dessen Rolle übernommen hat) anerkennen kann: „Aber später werde ich genauso stark/tüchtig/mutig sein." Der Vater wiederum sollte eines Tages seinerseits den unterlegenen Sohn als gleichrangig anerkennen: „Yes, you can!" Durch dieses wechselseitige Geschehen entsteht das, was Frauen später als „männliche Energie" spüren, suchen und erotisch finden.

Aber was, wenn es keine starke Vaterfigur zur Identitätsentwicklung gibt? Wenn ein Bub keine oder zu wenig männliche Energie spürt? Häufig entsteht durch dieses Defizit eine unsichere Geschlechtsidentität – eine „Vaterwunde". Ängste vor sexuellem Versagen und Unterlegenheitsgefühle anderen Männern gegenüber sind typisch dafür.

Um eine Vaterwunde zu versorgen, suchen Männer oft verstärkt Anschluss an andere Männer. Aber manche werden regelrecht „verbissen", weil sie doch irgendwie anders als die meisten der Gruppe sind. Der 24-jährige Thomas ist einer davon. Er ist zwar athletisch und attraktiv, hat aber trotzdem Angst, kein „richtiger" Mann zu sein. Über seine scheiternden Frauengeschichten kann Thomas offen reden.

Für die nagenden Zweifel an seiner Männlichkeit und den Schmerz, bei Männern nicht beliebt zu sein, findet er keine ehrlichen Worte.

Thomas versucht unbewusst, in Männerrunden maskuline Kraft zu tanken. Andere Männer mit einer Vaterwunde erwarten sich Trost von Frauen; die jedoch vermissen bei diesen Partnern die männliche Energie und verlieren bald das Interesse oder die Geduld. Der verbreitete Mangel an männlicher Energie wird von der Mode übrigens gerne aufgegriffen. Fliegerhosen, Military-Look oder Rangerjacken sollen die männliche Energie signalisieren, die vielen Männern fehlt.

Die Beziehung mit einem Mann, der zu wenig männliche Energie gespürt hat, ist schwierig, manchmal sogar unerträglich. Sophie hat sich so einen Partner, wie Leo es ist, nicht verdient. Leo entwertet sie: „Was darf man sich schon von einem kleinen Dummerchen erwarten!?" Er nutzt sie egoistisch aus. „Sophie, mach mir dies. Sophie, ich brauche jenes", „Sophie, mach was gegen meinen Husten", Sophie, schalte den Fernseher aus, ich muss Ruhe haben." Aber wehe, wenn Sophie ihrerseits einmal einen Wunsch hat: „Keine Zeit!"

Als sie Grippe hatte, bat sie Leo, einzukaufen. Er vergaß darauf und klagte abends, dass er nichts Richtiges zu essen habe. Am nächsten Tag schleppte sich Sophie mit Fieber zum Supermarkt und ersuchte Leo, den Einkauf zu verstauen. Nichts geschah. Den Tee bereitete sich Sophie mit zitternden Händen selbst zu. Zweimal versuchte Sophie, aus dieser einseitigen Beziehung auszusteigen. Leo drehte durch: „Ich kann ohne dich nicht leben!" Stimmt das wirklich? Ja, es stimmt. Trotzdem ist „Liebe" dafür nicht die passende Erklärung.

Ich erzähle Ihnen Leos Geschichte, die auch die Geschichte von einem Hans, Patrick oder Markus sein könnte. Immer geht es um einen kleinen Buben, dessen Vater aus irgendwelchen Gründen fern ist. Leos Mutter bemühte sich umso mehr, dem kleinen Sohn alle Bedürfnisse zu erfüllen. Nur eines konnte sie ihm beim besten Willen nicht geben – männliche Energie. Leo lernte seine Lektion: Ich selber habe nicht die Kraft, für mein Wohlbefinden oder gar für das einer Frau zu sorgen. Mein Befinden ist von einer Frau abhängig. Nur eine Frau ist die Quelle aller Lust, Ruhe und Geborgenheit. Sie ist mein Gefühlsdepot, meine Basis.

Eigentlich müsste Leo seiner Sophie dankbar sein und all das wertschätzen, was sie für ihn tut. Aber Leo kann sich nicht eingestehen, dass er eine Frau braucht, die sich ständig mit seinem Wohlbefinden befasst. Diese unbewusste Abhängigkeit macht ihm Angst. Jetzt wissen Sie, warum Leo hart, nicht zärtlich und sogar aggressiv ist. Er wehrt sich gegen seine Abhängigkeitsgefühle und bestraft Sophie mit unbewusstem Hass: Wenn er sie entwertet, muss er seine Abhängigkeit vor ihr nicht anerkennen. Je toleranter Sophie ist, desto abhängiger wird Leo, desto mehr muss er seine Abhängigkeit mit Kälte und Rohheit abwehren.

Jetzt erwarte ich einen Einwand: „Aber auch kleine Mädchen leben heute oft ohne einen anwesenden Vater. Auch kleine Mädchen werden mütterlich versorgt." Richtig. Aber das Mädchen hat selbst einen weiblichen Körper, der die Quelle von Nahrung und Sicherheit ist. Für ein männliches Wesen liegt der glücks- und lustspendende Lebensquell außerhalb seines Körpers. Das verstärkt die Abhängigkeit von der Basis. Außerdem „verschiebt" das Mädchen eines Tages seine emotionalen Bedürfnisse von der Mutter auf einen Mann. Der kleine Bub ist nicht gezwungen, Liebesgefühle zu verlagern. Er bleibt der Basis „Frau" treu. Oft kann er ohne Basis nicht mehr existieren.

Die Sterberate geschiedener Männer ist drei Mal so hoch wie die geschiedener Frauen und um ein Drittel häufiger, als es die Altersstatistik erwarten ließe. Diese Zahlen entsprechen in etwa jenen Todesfällen, zu denen es bei einem unbehandelten Drogenentzug käme.

Auch für Töchter spielen Väter eine große Rolle: Wenn

ein Vater für ein kleines Mädchen emotional unerreichbar war, kann sie als erwachsene Frau ein Opfer für einen „Bad Boy" werden. Ronnie ist nicht reich, nicht außergewöhnlich gebildet, nicht besonders attraktiv. Aber die Frauen fliegen auf ihn. Manchmal punktet er mit Temperament oder Humor, manchmal mit Melancholie oder Selbstironie. Den größten Erfolg hat er, wenn er das Gegenteil von dem ist, wonach sich eine Frau eigentlich sehnt.

Claudia sehnt sich nach Sicherheit, aber es passiert ihr immer wieder ein Mann wie Ronnie. Er taucht tagelang ab und geht auch emotional immer wieder auf Distanz. Wenn er mit ihr zu einem Fest mit Freunden kommen soll, windet er sich: „Schauen wir mal." Seit einem Jahr wünscht sich Claudia vergeblich regelmäßige Anrufe von Ronnie. Claudia leidet: „Warum fragt er nicht kurz: Wie geht's?" Weil Ronnie ein Bad Boy ist, ein böser Bub. Er tut und lässt, was er will, auch wenn es deswegen Tränen gibt. Böse Buben sind gnadenlos egoistisch und leben nur im Hier und Jetzt. Langweilig ist es nicht mit ihnen, aber schmerzlich.

Auch Friedrich ist ein Bad Boy. Untreu, unberechenbar, raffiniert. Als er mit Johanna schlafen wollte, betatschte er sie nicht, er sah ihr nur fest in die Augen und flüsterte: „Sex mit dir muss eine Offenbarung sein." Nachdem er die Offenbarung erlebt hatte, war sein Handy meist ausgeschaltet. Trotzdem konnte er Johanna dazu bewegen, auf ihre Kosten nach Hamburg zu fliegen, wo er beruflich war. Anstatt eines leidenschaftlichen Wiedersehens erwartete sie ein Trommelfeuer an Kritik. Nichts passte Friedrich. Weder ihre Frisur noch ihr Gepäck. Als sie mit ihren Nerven am Ende war, pflückte er Gänseblümchen und legte sie auf ihre Augenlider. Am Tag darauf meldete sich auf seinem Handy eine Frau. Nachts um zwei Uhr rief er Johanna an und flüsterte Liebesworte.

Warum kriegen böse Buben Frauen immer wieder dran? Oft fühlt sich eine Frau minderwertig, weil für sie der Vater unerreichbar war oder sie die Mutter emotional zu kurz hielt.

Bei einem bösen Buben will sie sich beweisen: „Ich krieg ja doch, was ich brauche." Kurzfristig ermöglicht ein Bad Boy diese Ich-Stärkung: „Wenn mich dieser schwer erreichbare Mann begehrt, muss ich doch liebenswert sein!" Letztlich bekommt sie aber wieder nicht, was ihr fehlt: Anerkennung, Liebe, Wertschätzung, Wärme. Bad Boys bedienen schmerzliche Kinderwunden. Deshalb glaubt so manche Frau, dass es sich um Liebe handelt, wenn sie leidet.

Aus einem Bad Boy einen Good Boy machen zu wollen, ist verlorene Liebesmüh. Auch wenn er sich auf Ehe und Kind einlässt, scheitert das Umerziehungsprogramm meist. Aber kaum sind bei ihr die Wunden verheilt, kündigt sich schon die nächste aussichtlose Geschichte an. „Diesmal wird es gut enden", flüstert die verletzte Seele und will endlich Ruhe finden. Ein verhängnisvoller Wiederholungszwang treibt diese Frauen dazu, sich immer wieder in eine Schräglage zu bringen, immer mehr Kraft einzubüßen – und immer ungeeigneter für einen bösen Buben zu werden. Böse Buben brauchen starke Frauen. Je unabhängiger eine Frau ist und je realistischer sie die Gefühlskapazität ihres Goldjungen einschätzt, desto eher kann er zu einem verantwortungsbewussten Mann reifen.

Was immer Bad Boys vorzuwerfen ist, eines muss man ihnen oft lassen: So wie auch Ronnie strahlen sie etwas Besonderes aus. Wenn eine einzelne Eigenschaft alle anderen überstrahlt, wird die Wahrnehmung verfälscht und ein „Halo-Effekt" kommt zustande. „Halo" kommt aus dem Griechischen, beschreibt den Effekt eines Lichthofes und wird für das Phänomen des „Überstrahlens" verwendet. Eine hervorstechende Eigenschaft überstrahlt alle anderen und führt zu einer diesbezüglichen Einschätzung. Ein Fremder wird dann gar nicht mehr behutsam erforscht. Es genügt ein grelles, helles Ausstrahlungsdetail, um zu einer Meinung zu kommen: „Das ist ein tiefgründiger Mann", „Der ist lebensfroh", „Diese Frau ist sinnlich, jene mütterlich." So, jetzt haben wir die Theorie hinter uns. Nun zur Praxis.

Anna mit ihrem goldblonden Haar wirkt so unschuldig und rein wie ein Engel. Haben Sie eine Ahnung! Anna hat es faustdick hinter den Ohren. Sie ist hemmungslos in ihrer Sexualität, berechnend und intrigant im Charakter. Ihre Engelslocken verursachen den Halo-Effekt – sie überstrahlen alles. Annas Partner fallen auf ihre „saubere" Ausstrahlung herein. Sie schenken ihren Lügen Glauben, leihen ihr Geld, das sie nie zurückbekommen und unterstellen Annas Kritikern Neid oder Bösartigkeit.

Auch Thomas profitiert vom Halo-Effekt. Er rennt bei nahezu jedem Mädchen offene Türen ein. Thomas ist zwar kein Schönling, aber sein ernster, fester Blick ist ungemein wohltuend und signalisiert Klugheit und emotionale Sicherheit. In Wirklichkeit ist Thomas ungebildet, unzuverlässig und bindungsunwillig. Aber sein Halo-Effekt blendet die Frauen. Selbst wenn er Vereinbarungen nicht hält und eine Partnerin im Stich lässt, sobald sie ihn brauchen würde, haben die geblendeten Frauen Erklärungen und Entschuldigungen für ihn: „Er hat Stress", „Er braucht länger, bis er Gefühle zulassen kann." Nix da. Thomas ist dumm und egoistisch. Aber der Halo-Effekt – sein festes Vertrauen erweckendes „Gschau" – wirkt bei den Frauen lange nach.

Bei meinem letzten Psychologiekongress hörte ich, dass der Halo-Effekt auch bei Fortsetzungsfilmen wirksam ist: Macht die erste Folge Eindruck, wird die Wahrnehmung der Fortsetzungen positiv verfälscht. Sogar die sachlichen Antworten in einem Fragebogen werden vom Halo-Effekt beeinflusst. Einzelne Fragen überstrahlen die anderen. Sie lösen Gefühle und Gedanken aus, die Wirkungen auf die Antwort der nächsten Frage haben.

Die Welt der Show und medialen Scheinwelt lebt vom Halo-Effekt. Die oft unerklärlich starke Wirkung von Stars und Prominenten ist buchstäblich „Blendwerk": Vermutlich ist die sanfte Blauäugige eine herrschsüchtige „Bissgurn" und der souveräne Held nicht der Mann, an dessen Schulter Sie sich im Ernstfall lehnen könnten, sondern ein jämmerliches Weichei. Alles der Halo-Effekt. Ein helles Licht überstrahlt alles und macht blind, was so viel heißt wie blöd.

Ein böses Erwachen gibt es auch, wenn man entdeckt, dass der Mann an der Seite kein Prinz, sondern ein Frosch ist. Das wäre nicht weiter schlimm, würden nicht viele Frauen versuchen, aus dem Frosch einen Prinzen zu machen. Da ist zum Beispiel Viktor. Er macht Schulden, ruft Sofia skrupellos um drei Uhr nachts an und flirtet schamlos mit ihrer Freundin. Sofia bemüht sich, einerseits großzügig zu sein, andererseits Viktor zu mehr Rücksicht zu bewegen. Aber Viktor bleibt, was er ist – ein unzuverlässiger Egozentriker.

Ein anderer Frosch ist Thomas. Er weiß nicht, wie man sich zu welchem Anlass anzieht, hat keine Manieren, wird im Beruf von Kollegen rechts und links überholt und tut nichts für seine Gesundheit. Stefanie wollte ihm beibringen, dass ein Mann beim Sex die Socken ausziehen und die Armbanduhr ablegen muss. Sie machte für Thomas Fortbildungskurse ausfindig und wollte mit ihm Kleidung einkaufen. Thomas winkte ab. „Wozu das Theater?"

Sofia und Stefanie fragen sich, ob sie ihre Frösche nicht fachgerecht und lange genug geküsst haben. Vielleicht sollte ich Viktor gegenüber mehr Geduld haben und toleranter sein, fragt sich Sofia. Oder ihm mit Humor begegnen? Stefanie überlegt, ob sie zu viel von Thomas verlangt. Vielleicht war sie zu autoritär? Oder zu kleinlich?

Frauen zweifeln nicht an den Fröschen, sondern an sich selbst. Der Frosch wurde nicht ausreichend geküsst, also sind sie selber schuld an ihrem Unglück. Falls einem Frosch die Knutscherei zu viel wird und er davonhüpft, weil er gar nicht verwandelt werden will, sucht sich die Verlassene meist einen anderen, den sie erlösen kann. Manchmal wird ein Frosch vorübergehend zum Prinzen. Aber sobald die Verliebtheit vorbei ist, wird der Prinz erneut zum Frosch. Wieder glaubt die Frau, dass nicht er versagt hat, sondern sie. Also verdoppelt sie ihre Anstrengung und sucht verstärkt nach dem Zauberwort einer anhaltenden Wandlung.

Was treibt diese Frauen an? Warum finden so viele Verlierer, Nullen, Neurotiker und sogar Gewalttätige immer wieder Frauen, die für sie durchs Feuer gehen? Die jeweiligen Frösche sind meist weder besonders attraktiv noch besonders gut im Bett und auch keine Genies. Sie haben das Glück, dass sich Frauen wertlos fühlen. Viele Mädchen werden nicht so wie kleine Buben um ihrer selbst willen geliebt, sondern für etwas – für ihr Bravsein oder ihre Hilfsbereitschaft. Das diffuse Gefühl der Wertlosigkeit treibt so manche Frau zur Liaison mit einem Frosch: Wenn sie seine Wandlung zum Frosch schafft, dann muss sie entgegen früherer Erfahrungen doch etwas Einmaliges sein.

Falls auch Sie eine fatale Neigung zu Fröschen haben, sollten Sie daran denken, dass nicht alle Frösche verwandelt werden wollen und die Verwandlungsfähigen eine echte Prinzessin brauchen. Werden Sie erst stark und unabhängig, dann kriegen Sie auch einen Frosch, in dem wirklich ein Prinz steckt.

Wenn ich Frauen dazu ermutige, unabhängig und stark zu sein, ist mir bewusst, dass diese Medaille zwei Seiten hat: Schwache Weibchen haben bei Männern nämlich oft mehr Erfolg. Alexander hat Sophie verlassen. Sophie! Diese tolle Powerfrau, die bravourös alles mit links schafft. Und für wen hat Alexander das getan? Für Martina, eine echte Null, ein Schwachstrom-Weibchen. Während Sophie erkennt, warum das Kellerabteil feucht war, wie ein Schnäppchenflug nach New York zu ergattern oder im neuen Computerprogramm ein zerstörtes Dokument wiederherzustellen ist, lässt sich Martina von Alexander den Alltag organisieren. Martina, so sagen die Freunde, käme vermutlich nicht einmal zu einem Termin beim Frauenarzt, würde ihr Alexander nicht auch das abnehmen.

Sophie konnte in eine Rolle schlüpfen wie in ein Gewand. Technikerin, Sekretärin, Geliebte, sie hatte alles im Griff. Und trotzdem: In der Zeit mit Sophie war Alexander ständig schlecht gelaunt und gereizt. Sophie rackerte bis zur Selbstzerstörung, Alexander zerstörte. Sophie hat er gequält, Martina hat ihn gezähmt. Das ist doch eigentümlich, oder? Was hat Martina, was Sophie nicht hat? Hat sie Alexander sexuell in der Hand? Beherrscht sie ausgebuffte Sextechniken? Martinas Geheimnis ist auf drei Worte zu reduzieren: Sie braucht Alexander. Genauer gesagt – sie tut so, als würde sie ihn brauchen. Und genau das braucht Alexander.

Die Abhängigkeit der Frau vom Mann in kleinen Notsituationen ist ein Tabuthema. Wir leben in einer Zeit, in der es für viele Durchschnittspaare – Gott sei Dank – keine wirkliche Notsituation gibt, in der ein Mann gebraucht wird. In der Romantik war das noch anders. Da sorgten alltägliche Zwischenfälle für ein kleines Rettungsszenario. Ein harmloser Sturz vom Pferd, eine kurze Ohnmacht, ein bisschen Armut. Schon war ein starker Mann da, der dem kleinen Fräulein behilflich war. Einem Happy End mit dem Retter in der Not stand nichts mehr im Weg.

Heute wird angesichts der starken Frau, die alles kann, mehr weiß und womöglich mehr Beziehungsintelligenz hat als er, so mancher Mann ganz klein und stumm. Er versteht nicht, wie er diesen vulkanischen Kräften und seinem zunehmenden Bedürfnis nach dem Gebrauchtwerden Herr werden kann. Die Powerfrau hebt die Welt aus den Angeln und erklärt ihm noch dazu, wie man wirklich eine Frau befriedigt. Er hat das Gefühl, dass es mit ihm nur noch bergab geht. Zu dem Gefühl der Schwäche gesellt sich bängliche Gehorsamkeit: „Ja, Mama, ich werde in den Ferien lesen." Dann kommt Schwachstrom-Martina daher und bringt ihn aus der Schräglage wieder ins Gleichgewicht. Er wird gebraucht! Er ist wichtig, notwendig, der Größte. Was will man(n) mehr?

Soziologen konstatieren, dass die Männer in einer „Gratifikationskrise" stecken. Seit Jahrzehnten wechseln sie die Rollen wie wir Frauen die Rocklängen. Erst gaben sie den Macho, dann den Softie, daraufhin den einsamen Wolf, schließlich den Metrosexuellen. Keiner taugte uns. Der

Macho war zu männlich, der Softie zu weich, der einsame Wolf zu unerreichbar, der Metrosexuelle zu feminin. Diese mangelnde Anerkennung schwächt das starke Geschlecht: Ängste, Depressionen, Erektionsprobleme und vorzeitiger Samenerguss nehmen rasant zu.

„Dauernd ändern sich die Spielregeln", klagt Dominik, ein scheinbar cooler Typ. Am Arbeitsmarkt kriegt Dominik für seinen Einsatz Gratifikationen in Form von Geld oder Privilegien. Privat hungert er nach Anerkennung. „Ich weiß nie, woran ich bei einer Frau bin", gesteht er. „Was braucht sie? Ist sie zufrieden?" An Dominik nagt eine „Belohnungsenttäuschung". Diese negative Emotion ist mit erhöhten Stresshormonen und Entzündungswerten verbunden. Belohnungsenttäuschungen machen also erwiesenermaßen krank. Umgekehrt wies ein Medizinsoziologe nach, dass Oscar-Preisträger im Durchschnitt 18 Monate länger leben als Schauspieler, die nur für den Oscar nominiert waren.

Liebende brauchen keinen Oscar. Sie können auch auf unmittelbare Anerkennung verzichten, wenn sie wissen, dass sie später etwas für ihren Verzicht bekommen, etwa ein gemeinsames Wochenende. Dieser „Belohnungsaufschub" gelingt nicht, wenn kein rechtes Zutrauen in einen Partner da ist. Dominik vertraut Frauen nicht. „Man macht es ja doch keiner recht." Was also will er? „Sofortige Belohnung", gibt Dominik zu: Ermutigungen, Gesten der Zufriedenheit, liebevolle Worte, sobald es intim wird.

Auch Frauen bräuchten mehr Gratifikationen. Bei Frauen äußert sich die Gratifikationskrise in anhaltender Lustlosigkeit. Lena, blühende 29 Jahre alt, lobt ihre jeweiligen Partner nicht, bekommt jedoch selbst auch keine wertschätzenden Worte. „Alles ist selbstverständlich", sagt sie, „da vergeht einem die Lust auf Sex."

Wir alle tun uns mit Lob und erst recht mit sexuellem Lob schwer. Wie lobt man? Was lobt man? Ganz einfach: All das, was ein Freund, die Mutter oder ein Kollege nicht loben könnte – Lustseufzer, Körperdüfte, Berührungen. Sie können intimes Lob auf Zettel schreiben, per SMS schicken oder Sie sagen rundheraus, was Ihnen gut tut oder Sie erregt. Egal. Jede Gratifikation ist mehr als ein Schutzfaktor für den Körper. Sexuelle Anerkennung ermöglicht es auch, sich mit den liebenden Augen der Partnerin oder des Partners zu sehen, das sexuelle Ich zu stärken oder überhaupt erst zu entwickeln. Auch wenn der Chef, die Eltern oder die beste Freundin Gratifikationen im Übermaß geben: Dass Ihr sexuelles Ich wunderbar ist, kann nur einer bestätigen – der Liebespartner.

Zwei entscheidende historische Veränderungen machen es nicht nur schwierig für Männer, zu der ersehnten weiblichen Anerkennung zu kommen, sie prägen auch die Sexualität der Gegenwart: die Pille und die Frauenbewegung. Vorzeitiger Samenerguss, erektile Dysfunktion, die Größe des Penis – alles Männerprobleme, die erst durch die Frauenbewegung öffentlich und kritisch thematisiert wurden.

Für die Frauen von heute sind die gesellschaftlichen Veränderungen ein Vorteil. Sie konnten eine souveräne Sexualität entwickeln, vergleichen, bewerten und feststellen, was sie in puncto Sex wollen und brauchen. Während weibliche Orgasmusprobleme seit den 1970er-Jahren mehr und mehr zurückgehen, verliert der Mann Privilegien; gleichzeitig steigt seine Angst vor dem Versagen. Rund ein Drittel der Männer fürchtet, den Ansprüchen der modernen Frauen nicht genügen zu können.

Samstagnacht in der Disco. Stefan, 24 Jahre, fragt eine Blondine, ob sie Lust auf einen Cocktail hat. „Klar“, sagt sie, „auf dich aber auch.“ Das ist Stefan zu schnell, er verlässt die Disco alleine. Es hätte auch anders kommen können: Vom ersten Augenkontakt bis zum ersten sexuellen Kontakt muss ein Mann mit 150 Möglichkeiten der Zurückweisung rechnen.

Der 44-jährige Paul ist geschieden, auf Partnersuche und hat Potenzprobleme. Er beobachtet schon beim Schmusen, ob er eine Erektion bekommt. Dem Teufelskreis der Selbstbeobachtung wird Paul nicht so schnell entkommen.

Konrad, 51 Jahre alt, ist beruflich überfordert. Die Konkurrenz ist groß, er muss immer härter zu sich sein. Obwohl er unter Atemnot und Angstgefühlen leidet, arbeitet er mehr als bisher, kommuniziert jedoch noch weniger. Mehr als ein Viertel der europäischen Bevölkerung leidet an Angststörungen, Depressionen, Sinnlosigkeitskrisen, Burn-out. Männer sind im Vormarsch.

Auch Frauen sind durch Beruf und Familie überfordert. Aber sie können aus Beziehungen Energie schöpfen, gehen öfter zum Arzt als Männer, ernähren sich gesünder und tauschen sich über medizinische Innovationen und Vorsorge aus. In einer Männerrunde wird nicht darüber gesprochen, wie Hoden abgetastet werden sollten. Der Männerforscher Alan White bringt es auf den Punkt: „Woher weiß ein Junge, wie er zu einem ‚richtigen' Mann heranwachsen soll? Er unterlässt am besten alles, was Mädchen machen." Also auch Kommunikation, Vorsorge, Signale der Hilfsbedürftigkeit und Schwäche. Die Folgen sind Herz- und Atembeschwerden, Hörsturz, Panik, Magenleiden.

Der „Fehlzeiten-Report" 2007 zeigt, dass Frauen zwar öfter, Männer jedoch länger krank sind, weil sie zu spät zum Arzt gehen. Alle sechs Minuten stirbt in der EU ein Mann an Prostatakrebs. Um das 50. Lebensjahr sterben Männer häufiger als Frauen, die laut Statistik auch sechs Jahre älter werden als Männer.

Männerforscher sprechen vom Mann als „Verlierer der Moderne". Kriminelle, Unterstandslose und Einsame, fast alles Männer. Was überfordert den Mann der Gegenwart? Der gnadenlose Konkurrenzdruck unserer Leistungsgesellschaft, die Pille, die den längst fälligen Aufstieg und die sexuelle Befreiung der Frauen ermöglichte, eine Sozialisierung durch starke, alleinerziehende Mütter, abwesende Identität stiftende Väter und eine Frauenbewegung, die die Sexualität der Männer kritisch thematisierte.

Rund ein Drittel der Männer hat Angst vor sexuellem Versagen, leidet an erektiler Dysfunktion und mangelndem Selbstbewusstsein. Kein anderer Körperteil wird so oft vermessen wie der Penis. Identitätsprobleme, berufliche und sexuelle Konkurrenz, Sinnfragen, Angst vor Frauen und Sex sowie ein ungesundes Leben schwächen Männer sexuell, seelisch und gesundheitlich. Erektionsschwierigkeiten sind oft die ersten Anzeichen einer psychosomatischen Krise.

Alexander, 56 Jahre, ist müde. Eigentlich wollte er an diesem Abend früher nach Hause kommen. Jetzt ist es doch wieder 21 Uhr geworden. Michaela hat chinesisch gekocht und wartet seit zwei Stunden. Sie lässt schon seit Tagen durchblicken, dass sie nicht nur mit ihm essen, sondern auch schlafen will. Alexander will und darf sie nicht enttäuschen.

Nach einer zermürbenden Scheidung und einem schmerzlichen Kampf um die Kinder ist sein Leben endlich wieder im Lot. Mit der Ex-Frau und den Kindern gibt es Frieden, Alexander hat ein neues Liebesglück gefunden. Michaela ist erst 41, eine hoch bezahlte Software-Spezialistin, schick, sportlich, ein Männertraum. Trotz ihres Zwölfstundentages joggt Michaela täglich. Auch bei Regen, auch bei Minusgraden. Alexander beneidet sie um ihre Disziplin und Fitness. Er ist unsportlich geworden, isst, raucht und trinkt zu viel. Den Wohlstandsbauch kriegt er nicht mehr weg.

Mit seiner grauen Mähne und seinen Lachfältchen sieht Alexander trotzdem blendend aus. Michaela sagt ihm oft, wie jugendlich und vital er wirkt. Wozu sollte er ihr gestehen, wie er sich wirklich fühlt: Überfordert auf der ganzen Linie. Seit einem Jahr hat er Erektionsprobleme. Die sexuelle Schere zwischen ihm und Michaela klafft immer weiter auseinander. Ihr Appetit auf Sex nimmt zu, seiner ab. Ohne die kleine Potenzpille läuft gar nichts mehr. Michaelas Bitten, sich doch einmal durchchecken zu lassen, winkt er augenzwinkernd ab: „Ich brauch nur einen kleinen Wellnessurlaub."

Aber Alexander merkt auch beruflich, dass seine „draufhauende“ Vitalität nachlässt. Die Konkurrenz ist groß, er muss immer mehr Leistung bringen, immer mehr einstecken, immer härter zu sich selbst sein. Es passiert immer öfter, dass er sich jüngeren Männern nicht nur beruflich, sondern auch als Mann unterlegen fühlt.

Ein Abend wie heute nagt an seinem Selbstbewusstsein. Alexander hat seine Potenzpille geschluckt und zur Entspannung ein paar Gläschen getrunken. Bisher hatte ihn Michaelas Lust auf Sex immer angesteckt, diesmal funktioniert es nicht. Sie tröstet ihn: „Mach dir nichts draus.“ Er macht sich aber etwas draus. Am nächsten Abend will er ihr und sich selbst beweisen, dass es doch geht. Er hat zwar nicht wirklich Lust auf Sex, aber Michaela ist schön, verführerisch und jederzeit bereit. Schon beim Schmusen beobachtet Alexander, ob er eine Erektion bekommt. Es klappt wieder nicht. Jetzt hat ihn auch noch der Angstkreislauf fest im Griff – Angst und Lust sind inkompatibel. Je verkrampfter er sich beobachtet, desto weniger rührt sich bei ihm.

Anstatt eines Wellnessurlaubs organisiert Michaela einen Gesundheitscheck für Alexander. Die Ergebnisse sind alarmierend. Brüchige Gefäße, verstopfte Arterien, erhöhtes Cholesterin, Übergewicht, hoher Blutdruck. „So sehen Befunde vor einem Herzinfarkt aus“, sagt der Arzt. Heute ist Alexander wieder topfit. Er macht mehr Bewegung, isst mittags Salat anstatt Junkfood, der Bauchspeck ist geschrumpft, der Testosteronspiegel normal. Alexander könnte seinem streikenden Liebesorgan dankbar sein.

Durch manche Übereinstimmungen der Penis-Schwellkörper mit den Herzgefäßen ist ein alarmierender Rückschluss zulässig: „Artherosklerotische Veränderungen der Schwellkörper können auch artherosklerotische Veränderungen der Herzgefäße bedeuten.“ Als „Antenne des Herzens“ signalisiert der erektionsunwillige Penis also einen möglichen Herzinfarkt.

Das Thema der erektilen Dysfunktion (ED) betrifft in Österreich rund eine Million Männer. Tabuisiert wird es nicht mehr, aber unterschätzt und verniedlicht. Die segensreichen Wirkungen der „Potenzpillen“ (Viagra, Cialis, Levitra) vernebeln die gesundheitlichen Gefahren, die mit einer Potenzschwäche verbunden sein können. Nichts gegen das Doping für einen schwächelnden Liebesdiener, aber ohne zu prüfen, ob hinter der Erektionsschwäche nicht eine systemische Gefäßerkrankung steckt, sollte die Potenzpille nicht genommen werden.

Auf allen Symposien und Kongressen, die ich in letzter Zeit besuchte, warnten Österreichs Urologen: Ein Mann mit einer ausgeprägten erektilen Dysfunktion hat ein um 65 Prozent erhöhtes Risiko, innerhalb der nächsten zehn Jahre einen Herzinfarkt zu bekommen. Das Risiko für einen Schlaganfall ist um 43 Prozent höher. Auch wenn es nicht um organische, sondern um seelische Probleme geht, ist der Penis als Antenne des Herzens ernst zu nehmen: Wenn Liebe fehlt oder unbewusste Ängste wirken, weist der geknickte Penis auf die Seelennot hin.

Das Mädchen ist schön, jung und nackt. Lorenz, 38 Jahre, musste sich nicht anstrengen, um die blonde Schönheit in sein schickes Dachappartement mitzunehmen. Er ist erfolgreich, charmant, ein bisschen wie George Clooney. Aber jetzt hat Lorenz Angst. Die Kehle ist wie zugeschnürt. Luft! Auf dem Weg ins Bad hat er das Gefühl, als ginge er auf Watte. In seinem Kopf hämmert es: „Ich schaffe es nicht. Ich bring es nicht.“ Das Mädchen schäkert: „Baden wir gemeinsam?“ Lorenz bittet um Gnade: „Heute nicht. Ich muss noch mal ins Büro.“ Was das Mädchen sagt, hört er schon nicht mehr. Endlich ist er wieder allein. Er ist erleichtert und verzweifelt zugleich. Warum spürt er nur noch Angst, wenn es soweit ist? Warum hat er keine Lust auf Sex? Sehnsucht hat Lorenz nur nach seinem Schreibtisch.

Arbeitswut wird gesellschaftlich belohnt. Der Verdienst erhöht sich, der gestresste Mann wird als Erfolgstyp bewundert. Auch Lorenz machte Karriere. Aber Freude, Genuss und Vergnügen gab es in seinem Leben nicht. Schließlich spürte er gar nicht mehr, wie schlecht es ihm ging. Im Gegenteil, er hatte das Gefühl, beruflich noch mehr aus sich herausholen, noch mehr, noch attraktivere Mädchen abschleppen zu müssen. Je aktiver er wurde, desto rapider ging es mit seiner sexuellen Lust bergab. Auch die heißesten Pornos, High Heels oder Strapse ließen ihn kalt. Als er wieder einmal ein Mädchen nach Hause geschickt hatte, fand er am nächsten Morgen ein Kärtchen hinter den Scheibenwischern seines Sportwagens: „Gib Gas, Schlappschwanz!"

Nun suchte Lorenz einen Arzt auf, um sich Medikamente für mehr Spaß am Sex verordnen zu lassen. Der Arzt motivierte ihn zu einer Verhaltenstherapie. Erst jetzt erkannte Lorenz, was ihm schon sein trotziger Penis signalisiert hatte – er hatte nicht nur alle Anzeichen eines Burn-outs und einer verborgenen Depression; vor allem hatte er Angst vor Frauen. Jede einzelne erschien ihm so cool und souverän, aber auch kritisch. Mit wem wird sie ihn vergleichen? Ist der unbekannte Rivale stärker gebaut? Potenter? Raffinierter?

Auch wenn (oder gerade weil) der Mann von heute mehr denn je Geld für Mode, Kosmetika und Schönheitsoperationen ausgibt, ist er eine brüchige Figur. Wie bereits erwähnt: Frauen sind zwar häufiger, Männer aber länger krank, weil sie zu spät zum Arzt gehen. Workaholics sind zum überwiegenden Teil Männer. Im Kampf um Erfolg und Ansehen – und damit um die Frauen – gehen sie oft bis an die Selbstzerstörung.

Seit 30 Jahren hecheln Männer ihrer Identität hinterher. Es gab den Softie, den Macho, den einsamen Wolf, den geschminkten Metrosexuellen und den muskulösen Helden. Der männliche Körper soll „M-Ness" ausstrahlen: Maskulinität, Fitness, Disziplin und Mut. Muskulöses Charisma und echtes „Mannstum" werden auch modisch inszeniert. „Mann" zeigt sich im Jeep, im Military-Look und Ranger-Outfit.

„Sei ein Mann!" wird zwar nicht mehr offen gefordert, doch mehr denn je gilt: Männlichkeit muss man sich verdienen. Frauen schenken Leben, ihnen gebührt grundsätzlich Respekt, meint der Männerforscher Alan White. Aber in Notsituationen heißt es auch heute noch: „Frauen und Kinder zuerst."

Psychologen und Männerärzte erklärten den modernen Mann zwar zum Krisengebiet, aber es gibt Hoffnung. In dem Wunsch, Frauen zu gefallen und zu befriedigen, tun Männer endlich, was Frauen schon lange tun: Sie leben gesünder, stellen sich ihren Ängsten und horchen mehr auf ihre Gefühle. Die Zeit ist gekommen, in der Männer auch die Sprache ihres Penis verstehen und schätzen lernen. Schließlich ist er oft klüger als der Kopf.

Kaum fällt das Dreibuchstabenwörtchen „Sex", verändert sich die Gesprächsatmosphäre. Manche reagieren mit Erstarrung, einige mit Witzen, andere betont lässig. Gleich, ob Frau, Mann, homo-, bi- oder transsexuell, gleichgültig, ob jemand viel, wenig oder nie Sex hat – Sexualität betrifft jeden. Man besitzt Sexualität nicht wie eine Eigenschaft, zum Beispiel Pünktlichkeit. Jeder Mensch ist „sexuell", weil er von seinem Geschlecht geprägt und von Natur aus „triebhaft" ist: Eine aus dem Inneren wirkende, treibende Kraft, die ohne bewussten Willen entsteht, aktiviert durch äußere Reize – zum Beispiel durch den Anblick von Catherine Zeta-Jones, George Clooney oder durch bloße Fantasien – einen sexuellen Impuls. Instinktgesteuerte Tiere können nicht durch Fantasien sexuell stimuliert werden.

Das Triebhafte der Sexualität zwingt Sie aber nicht dazu, sich mit dem oder der Nächstbesten zu paaren. Im Gegensatz zum instinktgesteuerten Tier, das auf sexuelle Regungen nur mit angeborenen Verhaltensweisen, also „instinktiv" reagiert, haben Menschen mehrere sexuelle Betätigungsmöglichkeiten. Es hängt von der individuellen Entwicklungsgeschichte ab, ob eine sexuelle Triebregung zur Selbstbefriedigung, zur Kontaktaufnahme mit einem begehrten Wesen, zu einem bezahlten Geschlechtsverkehr oder zu einem erotischen Gedicht führt. Gleich, was Sie tun, Sie werden dazu „getrieben“, etwas zu unternehmen, damit es zu einer Spannungsminderung kommt. Wie der Selbsterhaltungstrieb, zu dem der Nahrungstrieb gehört, bestimmt auch der Sexualtrieb das allgemeine Verhalten. Hunger und Liebe sind das Kraftwerk des Lebens.

Es ist gleichgültig, ob Sexualität befriedigt oder unbefriedigt ist, sie ist nicht nur ein Motor des menschlichen Verhaltens, sondern auch der Antrieb zu Kultur. In grauer Vorzeit vergewaltigte der Ur-Mann eine körperlich schwächere Frau. Heute beherrscht ein Mann seinen Trieb, obwohl er körperlich immer noch stärker als eine Frau ist. Vermutlich war es die Angst vor der Rache eines mächtigeren oder kräftigeren Rivalen, die den Ur-Mann dazu veranlasste, auf Vergewaltigungen zu verzichten und seine Triebbefriedigung bestimmten Gesetzen zu unterwerfen.

Diese „Triebmodellierung“ dauerte viele Jahrtausende und führte zu moralischen Normen und Gewissensbildungen, die heute unser Zusammenleben regeln. Zwischen der derben Vergewaltigung und einem Triebaufschub, der sich in einem vertrauensvollen Dialog, lukastischen Abendessen, zärtlichen Vorspiel und in Verführungsritualen äußert, liegen unsere Kultur und die Entwicklung des Motivationssystems im Gehirn.

Die lustvollen Gefühle der Sexualfunktion erhöhen Leistung, Kreativität, Hormonproduktion und Gesundheit. Diese Vitalität verstärkt die Sexualsignale eines Menschen. Darauf reagieren Frauen und Männer ihrerseits mit gesteigertem sexuellen Interesse. So läuft das Kraftwerk Sexualität quasi selbsterhaltend. Lustgefühle, Orgasmus, sexuelle Signalwirkungen – vielleicht alles nur Tricks der Natur, denn Wohltuendes wird wiederholt. Häufiger Sex wiederum optimiert die Vermehrungschancen und den Fortbestand der Spezies.

Sorgen darum müssen wir uns jedenfalls nicht machen. Laut WHO kommt es auf unserem Planeten täglich zu schätzungsweise 100 Millionen Sexualakten. Noch nie gab es so viel Sex wie heute – in den Medien, im Internet und im Kopf. Welche bizarren Vergnügungen sind noch nicht beschrieben? Wie oft, wann und wo sollte kopuliert werden? Was ist zu viel? Was zu wenig?

Übermäßige sexuelle Triebhemmung kann zu destruktiven Verhaltensweisen und seelischen Erkrankungen führen. Aber eine gewisse Triebeinschränkung ist die Voraussetzung für den Bestand menschlicher Kultur. Würden wir unsere sexuellen Bedürfnisse jederzeit und uneingeschränkt ausleben und alle Triebenergien zur Gänze in hemmungslosen sexuellen Aktivitäten verpulvern, gäbe es keine Kultur. Viele große Künstler und Wissenschafter waren ihr Leben lang oder zumindest phasenweise sexuell unbefriedigte Menschen, die ihre Triebenergie in Kunst oder Wissenschaft investierten. Letztendlich sind es die ungelebten Triebe, die zu Fortschritt und zu kulturellen und wissenschaftlichen Leistungen führen.

Im „Kraftwerk Sexualität" heißt ein wesentliches Programm „Sublimierung", was so viel wie „Triebverfeinerung, Triebveredelung" bedeutet. Zum Beispiel kann Exhibitionismus (Lust am Zeigen) durch Triebverfeinerung Schauspielkunst oder ungezügelte voyeuristische Veranlagung (Lust am Schauen) Erfolge als Fotograf, Maler oder Röntgenologe schaffen. Eine allzu leichte Triebbefriedigung und das Vermeiden jedes Triebaufschubes erzeugen Gefühle der Leere, Sinnlosigkeit, Langeweile, Beziehungslosigkeit und Depression – wunschloses Unglück.

# Die Sexualität in Schräglage

Internetsex ist nicht nur die leichteste Triebbefriedigung, er ist zugleich eine der größten Gefahren, eine Beziehung oder eine Persönlichkeitsstruktur in Schräglage zu bringen.
Es ist knapp vor Mitternacht. Lukas, 39 Jahre, sitzt vor seinem Laptop. Tina ist schon im Bett. „Kommst du endlich?", fragt sie gereizt. „Bin gleich da", sagt er beruhigend. Sie weiß, dass er nicht gleich da sein wird. Er weiß, dass er jetzt Pornoseiten im Internet öffnen und sich dabei befriedigen wird. Amüsiert sich Lukas nur ein bisschen? Sucht er nach elf Jahren Ehe einen kleinen Nervenkitzel? Ist er einer der 70.000 internetsexsüchtigen Österreicher? Oder gehört er zu den rund 100.000 Usern, die gefährdet sind, dem Sex im Netz ins Netz zu gehen?

Lukas rührt Tina nicht mehr an. Obwohl Tina attraktiv, vital, sexy und liebenswürdig ist. Dasselbe gilt für Lukas. Er ist ein aktiver, sinnlicher Mann Ende dreißig und er liebt Tina. Sie ihn sowieso. Sogar von Heirat und Kindern ist die Rede. Aber was soll das? Seit mehr als einem Jahr gibt es zwischen den beiden so gut wie keinen Sex. Sendepause. Darüber geredet wird nicht. Nur einmal fragte Tina behutsam nach, warum Lukas nicht mehr mit ihr schlafen will. „Ich liebe dich", beruhigte er sie. „Du bist eine tolle Frau. Aber ich habe Stress. Mein Sex ist auf Null." Tina bohrte nicht weiter. „Ich weiß, dass Lukas fast jede Nacht beim Computer sitzt, sich aus dem Internet Pornos runterlädt und sich befriedigt", sagt sie. Aber wie soll sie mit diesem schmerzlichen Wissen umgehen? Muss sie als coole, junge Frau über Lukas' Gewohnheit hinwegsehen? Soll sie offen ansprechen, was sie entdeckt hat? Über ihre damit verbundenen Ängste reden? Ihre Zweifel an einer gemeinsamen Zukunft ausdrücken?

Ich könnte Ihnen von Tina und Lukas noch viel erzählen. Von ihren langen Gesprächen, die schließlich doch stattfanden und zu nichts führten. Von Lukas' Versuchen, seine Leidenschaft zu verbergen, indem er von nun an länger in der Firma blieb und seine Pornos im versperrten Büro ansah. Machen wir es kurz: Für Tina und Lukas gibt es eigentlich nur eine Lösung. Lukas müsste mit seinen einsamen Internetsitzungen ein für allemal Schluss machen. Leicht ist das nicht, aber notwendig.

Erstens: Wenn sich Lukas fast täglich mithilfe von Pornos aus dem Internet befriedigt, erreicht er gar nicht die notwendige Testosteronschwelle, die ihn zu vertrauten, sexuellen Freuden bewegen könnte. Zweitens: Das Suchtpotenzial ist nicht zu leugnen. Lukas' Bedürfnis nach Internetsex wird mit der Zeit nicht kleiner, sondern immer größer werden. Drittens: Blümchensex wird Lukas nicht mehr lange interessieren. Er wird immer stärkere Reize suchen. Vielleicht SM-Sex, vielleicht fetischistische, perverse Themen. Wer weiß schon, welche verborgenen, verdrängten sexuellen Triebkräfte in einem stecken. Und wehe, wenn sie losgelassen werden.

Viertens: Die hochgepumpten männlichen Geschlechtsteile der Pornodarsteller werden in Lukas unangemessene Selbstzweifel wecken und womöglich seine Potenz beeinträchtigen. Fünftens: Was Lukas im Netz an Frauenkörpern zu sehen bekommt, ist auch kein Vorteil für die häusliche Variante der Erotik. Bei den aufgeblasenen Brüsten, gestrafften Bäuchen und kosmetisch geschnipselten Schamlippen geht es nicht um sinnliche Körperfreuden, sondern um Warenästhetik, die falsche Maßstäbe schafft. Sechstens: Noch leidet Tina ergeben unter Lukas' Lustlosigkeit. Aber sie fühlt sich sexuell vernachlässigt, ihr fehlt das aktive Begehren ihres Partners. Ein Dritter bekommt da leicht Chancen. Ohne gefühlte Verbindung zur Welt der Sexualität können wir nicht glücklich werden. Daran sollten zigtausende Männer denken, bevor sie alleine die On-Taste ihres Computers drücken.

Der „Sex im Netz" bringt nicht nur Beziehungen in Schräglage, er hat auch ein hohes Suchtpotenzial. Bei der

Alkoholsucht ist Alkohol das Suchtmittel, Internetsexsucht ist wie auch das Glücksspiel eine nichtstoffliche Verhaltenssucht, die durch hormonelle Einwirkungen das „Belohnungszentrum“ im Gehirn aktiviert. Wie groß ist die Gefahr, die das World Wide Web mit etwa einer Milliarde Sexseiten darstellt? Auf den Punkt gebracht: sehr groß.

Pornografie im Internet ist ein grenzenloser Markt. Es gibt ständig neues „Material“, immer gewagtere Bilder. Anonymität und Zensurfreiheit machten das Internet zu einem Spiegel geheimer Begierden. 90 Millionen Seiten mit Hardcore und 50 Millionen mit Sadomaso- und Bondage-Inhalten sprechen eine deutliche Sprache: Hier geht es nicht vorrangig um Kuschelsex, sondern um Gewalt, Macht und um all jene sexuellen Spielarten, die im Alltag tabuisiert werden.

Der Sex im Netz bietet jedem etwas: Pornografie zum Masturbieren, Chats zum Flirten und zur Orgasmuskommunikation, sexuelle Selbstdarstellung durch Webcams und Partnersuche. Eine amerikanische Onlinestudie mit 15.000 Befragten zeigt, dass homosexuelle und bisexuelle User vom „schnellen Date“ öfter Gebrauch machen als Heterosexuelle.

In Österreich gibt es circa zwei Millionen Internetuser. Ein Drittel davon praktiziert Cybersex. 80 Prozent sind Männer, 20 Prozent Frauen. Die US-Untersuchung nennt sogar 41 Prozent Frauen. Erwiesen ist, dass Männer Pornografie und Frauen – typisch für das „Sprachwesen“ der Frau – Chatten bevorzugen. Beim Chatten zählt das getippte Wort. „Es ist sehr aufregend, sich wechselseitig zum Orgasmus zu tippen“, sagt Anna, 39 Jahre alt. Sie chattet unter einem „Nickname“, einem Spitznamen. Ein Chatpartner, der ihr in seiner Ausdrucksweise nicht passt, wird einfach weggeklickt. Auch ihr passierte das schon: „Aber es ist nicht so kränkend wie eine echte Zurückweisung.“

Marie-Therese, 43 Jahre und verheiratet, flirtete drei Jahre lang mit verschiedenen Männern im Chat. Seit Kurzem hat sie eine heimliche, innige „Cyberaffäre“ mit einem Mann, von dem sie nicht weiß, ob er überhaupt ein Mann ist und so aussieht, wie er sich beschreibt. „Ich will ihn gar nicht persönlich kennenlernen", erklärt sie. „Aber wir sind uns sehr nahe." Marie-Therese chattet durchschnittlich zehn bis fünfzehn Minuten am Tag mit ihrem Seelenfreund. „Er weiß mehr von mir als mein Mann", bekennt sie.

Jugendliche sind oft rund um die Uhr online. Onlinesucht und Sexsucht können sich verhängnisvoll mischen. „Aufwachen und mich melden ist eins", gesteht der 19-jährige Thommy. „Und wenn ich nach Hause komme, klicke ich auch sofort jemanden an." Es ist ein schönes Gefühl für Thommy, „dass immer einer wartet". Das Netz ist sein Zuhause. Geborgenheit in Zeiten des Internets.

Christian, 31 Jahre, sucht im Internet nur Pornografie. Schon 1993, kurz nachdem das WWW im April zur allgemeinen Nutzung freigegeben worden war, hing Christian im Netz. 14 Jahre war er damals. Heute verbringt er pro Woche 19 bis 30 Stunden vor dem Computer und „zieht sich immer ärgere Hardcorepornos rein".

Sobald vier von zehn international gültigen Suchtkriterien zutreffen (zum Beispiel zeitliche und inhaltliche „Dosissteigerung", Gefährdung von Beziehungen und Arbeit, Rückzug, mehrfach gescheiterte Abstinenzversuche), ist von Sucht die Rede. Auch Christian kann sich noch nicht aus der destruktiven Suchtschraube befreien. Nachdem er den Laptop auch in den Urlaub mitgenommen, sich heimlich am WC Pornos angeschaut hatte und mit seiner Freundin Tanja gar keinen oder nur bizarren Sex haben wollte, trennte sie sich von ihm. Kurz darauf verlor er seinen Job, weil er am Arbeitsplatz beim Masturbieren vor dem Computer erwischt worden war. Erst jetzt konnte ihn eine mögliche neue Partnerin zu einer Therapie bewegen.

Frauen internetsexabhängiger Männer leiden unter der verstärkten Körperkritik des Partners, seinem sexuellen Desinteresse an Realsex und unter dem Druck, ungewollte Sexpraktiken bieten zu müssen. „Erst wollte er mich rasieren, dann hat er an meinen Schamlippen herumgenörgelt“, erzählt die 53-jährige Katharina. „Seit Kurzem schläft er im Bügelzimmer. Da verbringt er die halbe Nacht vor dem Computer.“

Die Gefahr, den Internetsex-Konsum nicht kontrollieren zu können, besteht vor allem bei Menschen mit einer „Click-and-Go-Mentalität“. Sie haben Angst vor Ablehnung, flüchten vor der Realität, wehren Unlustgefühle durch Sexualisierung ab und können mit eigenen Sehnsüchten und Ängsten nicht in Kontakt kommen.

Abgesehen von den Paaren, die sich beim Sex mithilfe von Videokameras zuschauen lassen, wird Internetsex selten gemeinsam konsumiert. Christa, 44 Jahre, entdeckte zufällig, dass sich ihr Mann Sexvideos anschaute, und machte es ihm heimlich nach. „Mich erregen diese Filme auch“, sagt Christa. „Er weiß, dass ich dasselbe mache wie er. Aber wir schämen uns, es miteinander zu tun.“

Die Verführungsmacht des Cybersex ist groß: Die eigene Lust wird gespiegelt, man konzentriert sich ohne Rücksicht auf die Bedürfnisse eines Gegenübers auf seinen bevorzugten Reiz, spürt unbewusste Wünsche auf, fühlt sich sicher, enthemmt, mächtig und gelangt bequem und sofort zur gewünschten Befriedigung. Danach kommt allerdings der emotionale Absturz: Scham, Depression, Leere, Ekel und Selbstverachtung, wenn der Kontrollverlust bewusst wird.

Scham ist ein Schlüsselwort der Internetsex-Problematik. Aus Scham wird der zwanghafte Umgang mit dem Cybersex geleugnet und damit der Sog der Sucht verstärkt. Um Internetsexsucht zu beenden, sind Einsicht, Abstinenz und meist auch therapeutische Unterstützung notwendig. Eine Internetflatrate oder Arbeit am Computer sind für einen Süchtigen so, als hätte ein Alkoholiker eine Weinzuleitung in der Küche installiert. Werden eventuelle Begleitstörungen – Selbstunsicherheit, Depression, Kommunikations- oder Problemlöseschwächen und vor allem Beziehungsprobleme – therapeutisch bearbeitet, kann die

Internetsexsucht überwunden werden. Die beste Droge ist immer noch der Mensch ...

Wenn auf 50 Millionen Seiten im Internet immer wieder der Code BDSM auftaucht, fragt man nach den Hintergründen. Das Kürzel verwirrt Laien, beschäftigt die Fachliteratur, geistert durch Magazine und Internet und schürt die Fantasie. Der Code setzt sich aus den Anfangsbuchstaben der englischen Begriffe „Bondage & Discipline" (Fesselung und Disziplin), „Dominance & Submission" (Dominanz und Unterwerfung), „Sadism & Masochism" zusammen. Was bedeuten BDSM und Sado-Maso? Sind das Störungen? Gefährliche Vorstufen zu Verbrechen? Bizarre Lustformen?

Seit Mitte der 1990er-Jahre zählen im Internet die SM-Foren zu den am häufigsten angeklickten Seiten. Der Markt ist mit raffinierten Gegenständen überschwemmt, die zur BDSM-Subkultur gehören. SM-Partys und „Sessions" boomen. Eine ästhetisierte SM-Subkultur explodiert, Medien und Kunst reagieren darauf. Madonna griff das Thema ebenso auf wie Grace Jones. Motive des BDSM werden immer öfter in Marketingkampagnen eingesetzt. Plakatmotive der Zigarettenmarke „Camel" und „West" und der Jeansmarke „Diesel" haben BDSM zum Inhalt, die Automarke „Mini" macht sie sich zunutze und sogar ein Dübelhersteller nutzt das SM-Sujet.

Auch die Filmindustrie greift BDSM-Inhalte auf. Der deutsche Film „Verfolgt" wurde mit dem Prädikat „Besonders wertvoll" und dem „Goldenen Leopard" ausgezeichnet. Der Schwarz-Weiß-Film erzählt die leidenschaftliche SM-Beziehung eines jungen Mannes mit seiner Bewährungshelferin. Zwei Menschen, keine SM-Profis, erkunden miteinander die Grenze zwischen Lust und Schmerz. Trotz oder gerade wegen der vielfältigen Auftritte und Ausprägungen der BDSM-Welt wurde die Verwirrung nicht kleiner. Was also ist hier wirklich los?

Sadomasochismus oder SM ist ein Sammelbegriff für viele sexuelle Vorlieben. Fessel- und Schlagspiele gehören ebenso dazu wie Rollenspiele, zum Beispiel Erzieherin und Schüler. Alle Variationen haben auf irgendeine erotische Weise mit Macht und Ohnmacht und Schmerz und Hingabe zu tun. Drei Kriterien sind für alle SM-Spielarten charakteristisch: Sicherheit, gesunder Menschenverstand und unbedingte Freiwilligkeit. Sadomasochisten sind über die pathologisierenden, aus dem Jahr 1886 von dem Psychiater Krafft-Ebing stammenden Begriffe „Sadismus“ und „Masochismus“ nicht glücklich. Sie selber sprechen über „aktive“ oder „passive“ Partner, je nachdem, wer welche Rolle innehat. Mal ist es diese, dann die andere.

In der SM-Kultur finden sich Herrinnen und Sklaven, die deren Befehlen gehorchen, „Pädagogen“, denen es um reine Demutsübungen geht, Bondageanhänger, die auf kunstvolle Fesselungen stehen, Flagellanten, die im Zuschlagen virtuos sind, „Mediziner“, die mit medizinischen Instrumenten arbeiten, „Inquisitoren“ in martialischen Verkleidungen, Zofen, Knechte, Kerkermeister und, und, und. SM-Veranstaltungen sind streng geregelt. Willkür gibt es nicht. Fesselungen und Peitschungen, Käfig, Pranger oder Strafmasken sind nicht unkontrolliert im Spiel. Dass immer von „Spiel“ die Rede ist, unterstreicht und beweist die SM-Gesetze der Freiwilligkeit und Gewaltablehnung.

„SMler“, Menschen, die ihre Lust am Unterwerfen oder am Leiden gestehen, werden schnell zur Zielscheibe von Ressentiments. Ihre größten Probleme sind daher das Eingeständnis und „Coming-out“ einer SM-Neigung. Vor allem in Partnerschaften mit „Vanillas“, das sind Menschen, die keinerlei BDSM-Neigungen haben, ist die Entdeckung der eigenen Vorliebe mit Problemen verbunden. Viele SMler schämen sich für ihre Veranlagung, lagern sie daher aus ihrer Beziehung aus und führen ein belastendes Doppelleben. Auch Verleugnen und Abwehren von SM-Wünschen und das Festklammern am „Vanilla-Liebesstil“ sind problematisch: Unzufriedenheit, Stress, sexuelle Probleme und die Angst vor dem Alleinsein sind die Folgen.

Nicht nur den neugierigen Beobachter, auch die betroffenen SMler beschäftigt die Frage, wie man zu dem wird, was man ist. Misshandlungen in der Kindheit, eine überstrenge Erziehung zu Zucht, Ordnung und Unterordnung werden als mögliche Ursachen vermutet. Viele benützen die Angebote der Szene, um mit symbolischen Inszenierungen, zum Beispiel mit Hygieneritualen, jene frühen Konflikte zu bewältigen, die durch eine zu harte Reinlichkeitserziehung entstehen können. In der Fachliteratur wimmelt es nur so von sadomasochistischen Erlebnisformen, die auf die „Schwarze Pädagogik" zurückzuführen sind. Eliteschulen mit ihren Erziehungsmethoden auf „Biegen und Brechen" brachten angeblich besonders viele masochistische Männer hervor.

Erfahrungen mit der „Schwarzen Pädagogik" sind allerdings nicht der alleinige Grund für SM-Neigungen. Manche wollen nur Affekte dramatisch erfahren oder Grenzen kennenlernen. Viele SMler wollen durch exzessive erotische Erlebnisse aus einer erstarrten inneren Welt erlöst werden oder aus einem allzu normierten Leben ausbrechen. Auch einschlägige frühe Erlebnisse, vielleicht eine gewisse Grundneigung oder ein zufälliger Kontakt zum Sadomasochismus, werden als Entstehungsmöglichkeiten angenommen. Eine definitive Behauptung aufzustellen wagt heute kaum jemand. Daher wird „Masochismus" oder „Sadismus" seit 1994 nur noch dann als „Störung der Sexualpräferenz" diagnostiziert, wenn der Betroffene gar nicht anders als durch diese Praktiken sexuelle Befriedigung erleben kann. Typisch für die Störung ist dann die zunehmende Frequenz bei einer abnehmenden Befriedigung.

Sadomasochismus ist nicht nur ein Phänomen des sexuell übersättigten dritten Jahrtausends. Die Welt war und ist voll mit Lusterlebnissen des Ertragens und Zufügens von Schmerz. Die Geschichte vom Struwwelpeter gilt als Paradebeispiel elterlichen Sadismus. Folterungen, der „Kadavergehorsam" des Militärs, der Marterpfahl und die gut besuchten öffentlichen Hinrichtungen der Vergangenheit sind nur einige Beispiele von vielen Schmerz-Lust-Phänomenen.

Die Mehrheit der Autoren geht davon aus, dass etwa 25 Prozent der Menschen regelmäßig Sexualpraktiken ausüben, die mit der Lust an Schmerzen beziehungsweise mit Macht und Ohnmacht zu tun haben. Gelegentliche sadomasochistische Fantasien haben sogar fast 40 Prozent der Bevölkerung. Alltagssadismen sind noch mehr verbreitet. So manche „gut gemeinte" harte Erziehungsmaßnahme ist verdeckter Sadismus. Der kreuzbrave Mann, der vehement die Todesstrafe fordert, kann ein verkappter Sadomasochist sein. Die „große Liebende", die sich alles gefallen lässt, ist oft eine Masochistin. Viele „gnadenlose" Moralisten leben ihren Sadismus aus.

Seit die medialen Kommunikationsmittel den Einstieg in die bizarre Welt der Schmerzlust erleichtern, explodiert die Szene. Ein Mausklick genügt, und schon öffnet sich eine Welt, in der sich Liebe auf Hiebe reimt und Sex nicht „normal" praktiziert wird. Von all den abgenützten Sexwörtern klingt „abnormal" am alarmierendsten. Die Empfindlichkeit, die damit auch noch in einer Zeit der Informationsflut und Offenheit verbunden ist, kann ich mir nur so erklären: Das Wörtchen trifft mitten in die Seele.

Ich könnte die ganze Seite mit Fragen füllen, die sich um das Thema „normal und abnormal" drehen. „Ist es normal, dass ich beim Sex schwarze Reizwäsche anziehen soll?", „Das ist doch abnormal, wie fest ich sie anpacken muss!" Eine zweite Seite könnte ich mit den Urteilen zu diesem heiklen Sexerleben füllen: „Du bist ein Voyeur!", „Er ist ein Sadist", „Sie ist eine Exhibitionistin." Hören Sie die mitschwingende Verunsicherung und Alarmiertheit?

Vermutlich fallen Ihnen Anzeigen ein, in denen es um bizarre Angebote der „Gummierotik", der „Züchtigung" oder „Unterwerfung" ging. Die Themen stoßen Sie ab, gleichzeitig fühlen Sie sich auch seltsam angezogen. Sie sind verunsichert: „Vielleicht bin ich auch ein bisschen abnormal?" Da

Sie keinen Telefonjoker haben, den Sie um eine klare Antwort bitten könnten, verdrängen Sie die ganze Sache. Ich kann Sie verstehen. Aber versuchen wir, ein bisschen Klarheit zu schaffen.

Mit Normen wird man nicht geboren. Normen werden durch die Umwelt erworben, in der man lebt. Obwohl der Begriff der „Norm" nur ein besonders häufiges Vorkommen bezeichnet, wird es mit „gesund" gleichgesetzt. Kein Wunder, dass sich jeder Mensch – oft gegen seine individuelle Anlage – um ein normgerechtes Verhalten bemüht. Wer will schon als „krank" gelten? Der Wunsch, nur ja nicht anders als die anderen zu sein, verbunden mit der Angst, „abnormal" zu sein, entsteht durch das Bedürfnis nach sexueller Kommunikation. Wer sein Sexualverhalten an Kollektivnormen orientieren kann, wird nicht ins Out gekickt.

Thomas will fast täglich Sex, Charlotte ist ein Mal im Monat mehr als genug. Wer von beiden ist normal? Beide sind es. Zu hoffen ist nur, dass die zwei sich nicht ineinander verlieben.

Gehen wir in die nächste Fragerunde: Warum ist für den einen guter Sex der ohne Umwege, während der andere aufwendiges Beiwerk braucht? Antonia will mit Gewalt genommen werden, obwohl sie zu dem, was ihr ein Partner abringen soll, sowieso bereit ist. Wenn sich für Richard eine Frau nicht als Krankenschwester zurechtmacht und ihn in strengem Ton auffordert sich auszuziehen, läuft bei ihm nichts. Dem einen genügt der nackte Körper einer Frau, um bis zum Orgasmus erregt zu werden, der andere braucht ein bizarres Drehbuch, um maximale Lust zu empfinden. Wo ist da der Sinn?

Bei SM-Spielen wird vielleicht eine früh erlebte Machtlosigkeit in Macht verwandelt. Ängste werden damit in Schach gehalten, Gefühlsspannungen wie Feindseligkeit oder Rache abgebaut. Ein passiv erlittenes Schicksal kann neu und mit einem positiven Ausgang inszeniert werden. Aber, und das sage ich vor allem jenen, die glauben, dass sie den intensiven sexuellen Kick nie erleben werden, weil sie normalen und vermeintlich banalen Sex haben: Wenn wirklich extreme sexuelle Inszenierungen die Voraussetzung zu sexueller Lust sind, gehen sie über das rein Sexuelle hinaus; komplizierte Rituale sind fast immer kurzfristige, sexualisierte Konfliktlösungen.

Andererseits: Fast jeder hat schon einmal den Liebespartner fester angepackt oder sich etwas Ausgefallenes beim Sex angezogen. Das ist ein Spiel, mehr nicht. Man ist neugierig, aber nicht abhängig, weil dahinter nicht die Konfrontation mit dem emotionalen Ballast der Vergangenheit steht.

Um das systematische Ausblenden emotionalen Ballastes geht es beim „Casual Dating“. Die unverbindlichen, über das Internet organisierten Sexabenteuer sind angeblich der Zukunftstrend. Klick. Doppelklick. Klick, klick, klick, und schon sind Sie unterwegs zu einem „Casual Date“, zu Sex ohne Verpflichtung. „Casual Dating“ (= lässige, lockere Verabredung) wird zurzeit als Königsweg zu unverbindlichem Sex hochgejubelt. Sie klicken sich in ein „Dating Portal“, eine Kontaktvermittlung, ein und lernen einen neuen Partner kennen. Einige E-Mails gehen hin und her, dann verabredet man sich ohne viel Tamtam zu unverbindlichem Sex. Es geht nicht um Gefühle, nicht um Fragen oder Regeln einer Beziehung. Es geht nur um sexuelle Befriedigung.

Mithilfe von „Casual Dates“ sollen Frauen und Männer erotische Fantasien ausleben, etwas anderes als das Gewohnte probieren, sich nicht bemühen müssen, nur Spaß erleben. Klappt das? „Jein.“ Datingportale boomen zwar, aber die „Stammkunden“ sind vorwiegend Männer. Frauen sind nicht lange dabei. Aus meiner Praxis weiß ich, dass die meisten nach ein paar Erfahrungen ein Salto rückwärts machen und ihre „Casual Dates“ wieder einstellen.

Sara war fest entschlossen, „Sex und nichts als Sex“ zu wollen. „Ich bin wirtschaftlich unabhängig“, sagte sie sich. „Ich habe zwei Ehen hinter mir und erwarte mir keine großen Gefühle mehr.“ Also warum nicht ein Casual Date probieren? Klick, Doppelklick, Treffen mit Hannes. Sara kannte die Regeln und wusste, dass der Sexgefährte nicht anrufen wird. Sie wartete trotzdem darauf. „Da war so ein bitterer Nachgeschmack", erinnert sich Sara, „dass ich es nicht wiederholt habe."

Andrea war anfänglich begeistert, wie schnell und unkompliziert sie sexhungrige Männer kennenlernte. Doch schon beim zweiten Date konnte sie sich nicht erklären, warum sich für sie durch einen einzigen One-Night-Stand ein langweiliger Frosch in einen herrlichen Prinzen verwandelt hatte: Der Mann, der ihr „gerade gut genug für ein Casual Date" war, erschien ihr am nächsten Tag „zum Verlieben interessant". Dass er sich nicht um sie bemühte, tat weh. Alles wie gehabt.

Der verrückte Tanz des Bindungshormons Oxytocin ist zumindest bei Frauen nicht so leicht wegzuklicken. Forscher der Universität San Francisco untersuchten das Oxytocinniveau von Frauen zwischen 23 und 35 Jahren vor und nach dem ersten Sex mit einem Partner. „Danach" war der Oxytocinspiegel im Blut deutlich höher als vorher.

Dass Oxytocin Wehen auslöst, die Milchbildung fördert und in einer Frau geradezu irrationale Liebesgefühle erzeugt, die sie zu einem Rundumeinsatz für ihr Baby bereit machen, weiß man seit einigen Jahren. Auch die Männer profitieren von diesem Trick der Natur: So manche Frau verliebt sich nach dem ersten Sex nicht deshalb in ihren Gefährten, weil er so toll im Bett ist, sondern weil der erhöhte Oxytocinspiegel emotionale Veränderungen ausgelöst hat. Die männlichen Sexualhormone schwächen die Oxytocinwirkung offensichtlich um einiges ab und entwickeln daher nicht so schnell Liebesgefühle.

Frauen klicken nur im Notfall; die „Klick-and-Go-Mentalität" ist wie die Prostitution eher Männersache. Aber die Welt der Prostitution hat sich verändert. Der verliebte Kavalier, das „Champagnisieren" und heitere Flirten mit lebenslustigen Mädchen in kuscheligen Separees sind Geschichte.

Prostituierte aus dem Ausland und Geschlechtskrankheiten sind auf dem Vormarsch.

Katinka ist 22 und naturblond. Sie hat überlange rote Nägel, trägt Körbchengröße C und studiert Sprachen. Ihr Studium finanziert sie sich durch die stundenweise Arbeit in einem kleinen Massageinstitut. In Wirklichkeit heißt Katinka Olga. Sie ist 30 und kommt aus einem Vorort von Sofia. Olga alias Katinka ist nicht naturblond, sondern brünett, ihre Nägel sind aufgeklebt und der BH aufgepolstert. Sie studiert nicht Sprachen und das Massageinstitut ist eine Wohnung, in der eine Handvoll Mädchen aus Rumänien, der Ukraine und Polen als illegale Prostituierte arbeitet. Freier für die Wohnungsprostitution finden sie über das Internet und Anzeigen, in denen sie ihre Mobilnummer angeben.

Katinka wird nicht mehr lange in dem „Massageinstitut" arbeiten. Wie ihre Freundin Elena wird sie sich einem Escortservice zur Verfügung stellen. Katinka hofft, durch eine Begleitagentur bessere Verdienstmöglichkeiten zu bekommen. Die Enttäuschung ist vorprogrammiert. Nach Ermittlungen des Österreichischen Bundeskriminalamts machen nicht die Mädchen, sondern die Begleitagenturen lukrative Geschäfte, indem sie sich Kontrollen und Steuerabgaben trickreich entziehen.

Im schrägen Geschäft mit der Liebe sind Prostituierte aus dem Ausland auf dem Vormarsch. Oberst Helmut Greiner, Pressesprecher des Bundeskriminalamts, bestätigt eine von der EU mitfinanzierte Studie, der zufolge zwei Drittel der Prostituierten Ausländerinnen sind.

Rodica, die sich Rody nennt, ist ein zierliches Mädchen aus Bacau, einer Stadt an der Ostseite der Ostkarpaten. Rody erzählt, dass sie an der Universität George Bacau Sportwissenschaften studierte. Sie organisierte sich mithilfe ihrer Familie und auf Grund eines Scheinengagements selbst ihre Anreise nach Wien. Vom ersten Tag an arbeitete Rody nicht als Tänzerin, sondern als Prostituierte. Das versprochene große Geld verdient sie nicht. Von dem, was ihr nach

Abgabe an ihren Agenten bleibt, hält sie ihre Familie und sich selbst über Wasser.

Rodica, Katinka, Elena und all die anderen werden nicht nur von ihren „Agenten“ unter Druck gesetzt, sondern auch von ihren Kunden. Wie die meisten anderen illegalen Prostituierten können sie dem gnadenlosen Wettbewerb unter den illegalen Sexarbeiterinnen nur standhalten, wenn sie ihre Freier ohne Kondom „lassen“. Der buchstäblich schutzlose Verkehr bedeutet eine gesundheitliche Gefährdung für die Mädchen, die Freier und deren offizielle Partnerinnen. Die Folgen sind fatal: Geschlechtskrankheiten wie Gonorrhoe und Syphilis haben sich zwischen den Jahren 2000 und 2008 mehr als verdoppelt.

Die Hauptumsatzgebiete sind Massageinstitute, Kabinensexlokale, Rotlichtetablissements, Saunaclubs, in denen aufgeblasene Events wie Sambanights oder Malibu-Beach-Partys stattfinden, vereinzelt Nobelbordelle und sogenannte „Laufhäuser“: Mädchen mieten sich Zimmer in Häusern, bringen ein aussagekräftiges Foto an der Tür an oder öffnen diese einfach. Ohne Eintrittskosten und Konsumzwang „läuft“ der Kunde durch das Haus und trifft seine Wahl. Mit dem historischen Separeecharme haben diese neuen Unterkünfte nichts zu tun. In den Laufhäusern sucht sich der Kunde ein Mädchen aus, dann geht es ohne Konsumation und Schäkern unverzüglich zur Sache, indem der Freier zu einem Mädchen ins Zimmer geht.

Aus der Sicht internationaler Forscher ist der Wunsch, im Milieu käuflicher Liebe Abwechslung, neue Erfahrungen, Bestätigung und Befriedigung zu finden, nicht pathologisch. Allerdings kommt eine Untersuchung der University of Nottingham zu dem Schluss, dass es Freiern zunehmend darum geht, durch käuflichen Sex Kontrolle über eine Frau zu gewinnen. „Sexuelle Leichenschänder“ nennt die Soziologin Julia O’Conell diese Männer, denn es handle sich um Freier, die sich an „sozial toten Frauen vergehen“.

Faktum ist, dass in Österreich 70 bis 80 Prozent der Prostituierten aus den neuen EU-Staaten Rumänien, Ungarn, Tschechien und der Slowakei kommen. Den Traum von einem besseren Leben bezahlen die Mädchen und Frauen mit Diskriminierung, Unterdrückung, Gesundheit und Ausbeutung. Rund 80 Prozent sind gezwungen, ihr Geld an nebulose Organisationen oder Zuhälter abzugeben, die sich Agenten oder Eventveranstalter nennen.

Glaubt man den Prostituierten, steckt in jedem Mann ein Freier. Glaubt man den Männern, machen es immer nur die anderen. Glaubt man der Statistik, haben zwei von drei Männern Erfahrungen mit bezahlten Liebesdiensten. Nicht nur der kontaktarme Mr. Nobody kauft sich Sex für Geld. Auch Nobelpreisträger wie Ernest Hemingway und Musikgenies wie Johannes Brahms taten es. Hochrangige Politiker wie der britische Premierminister John Profumo sowieso und attraktive Stars wie Hugh Grant auch. Aktuellen Umfragen zufolge ist Hugh Grant „Everbody's Darling" – der Traummann junger Mädchen und reifer Frauen. Trotzdem ließ er sich von einer Prostituierten am Sunset Boulevard, der Sündenmeile von Los Angeles, im Auto verwöhnen. Ein Liebesdienst, den er von vielen Frauen auch kostenlos haben hätte können. Vermutlich auch von seiner damaligen Gefährtin, der bildschönen Liz Hurley.

Italiens Ministerpräsident Silvio Berlusconi beschäftigte monatelang die Presse mit seinen „Bunga-Bunga-Festen", in deren Mittelpunkt die 17-jährige „Ruby" stand. In Italien ist Prostitution illegal, aber wen kümmert das. Die Edelprostituierte Ruby Rubacuori (Herzensräuberin) wurde dem Regierungschef von einem Escortservice zur Teilnahme an Sexpartys vermittelt und dafür mit teuren Geschenken und Bargeld entlohnt.

Überall auf der Welt suchen Männer käuflichen Sex. Allein im Raum Wien wird die Zahl der täglichen Prostituiertenkontakte auf rund 15.000 geschätzt. In Österreich verzeichnet die Branche, in der die Liebe nach Minuten bezahlt wird, jährlich einen Mindestumsatz von etwa einer Milliarde Euro. Bei unseren deutschen Nachbarn kommen Prostituierte auf einen geschätzten Umsatz von 15 Milliarden Euro.

Seit den 1960er-Jahren sind die Hemmschwellen gegenüber vor- und außerehelichem Sex gebrochen. Sex wird nicht mehr tabuisiert und Frauen dürfen ohne Angst vor sozialer Ächtung sexuelle Erfahrungen machen. Warum sind Männer dennoch an käuflicher Liebe so interessiert? Dafür gibt es zwar viele Motive, aber keines wird von den Männern offen eingestanden. Frauen bekennen sich zu ihrer Profession. Anders als die Sexarbeiterinnen stehen Männer nicht zu ihrer Passion. Das Geschäft mit der Liebe blüht, doch es blüht im Schatten. Vielleicht, weil die Motive dafür oft aus den dunklen Anteilen der Persönlichkeit kommen.

„Ungehemmt sein kann ich grundsätzlich nur bei einer Prostituierten", sagt zum Beispiel der 48-jährige Geschäftsmann Theo. Er ist regelmäßiger Gast in einem Bordell. „Das Licht, die Geräuschkulisse, die ganze Atmosphäre – mich törnt das alles unheimlich an", gesteht Theo. Was er nicht sagt, weil es ihm vielleicht gar nicht bewusst ist: Auch die Entlohnung der Liebesdienste bedeutet Erregung. Theo braucht nicht nur den Thrill, kurzfristig mit gesellschaftlichen Tabus und biblischen Verboten zu brechen. Er braucht auch die Erniedrigung, für sexuelle Gunst bezahlen zu müssen. Der Kunde ist zwar König, was die Erfüllung seiner Wünsche anlangt; aber letztlich schaut die kassierende Prostituierte auf ihn herab. Nicht zufällig wird ein Freier im Wiener Prostituiertenmilieu verächtlich „Gogl" genannt.

Die Frage, was Männer aller Altersklassen und sozialer Schichten immer wieder ins Rotlichtmilieu treibt, beschäftigt inzwischen internationale Universitäten. Von der Humboldt-Universität kommt eine Studie, in der als Motiv für käuflichen Sex die Identitätsfrage eines Mannes angenommen wird. Für diesen Freiertyp zählt die Bestätigung seiner sexuellen und auch menschlichen Qualitäten mehr als die Befriedigung eines außergewöhnlichen sexuellen Wunsches.

Aus der Sicht schwedischer Forscher seien Freier grundsätzlich psychisch gestörte und daher behandlungsbedürftige Männer – eine Meinung, die von den meisten deutschen Wissenschaftern zurückgewiesen wird. Dass die Leidenschaft fürs Sexgewerbe Schwierigkeiten in bestehenden Beziehungen oder finanzielle Probleme verursachen kann, ist klar. Aber grundsätzlich sei der Wunsch, im Milieu käuflicher Liebe Abwechslung, neue Erfahrungen, Bestätigung und Befriedigung zu finden, nicht pathologisch.

Eine Bremer Studie zeichnet sogar ein durchaus freundliches Bild der Freunde des ältesten Gewerbes der Welt. Ein Freier sei meist ein Romantiker, der glaubt, dass die Prostituierte wirklich so sinnlich, verliebt oder teilnahmsvoll ist, wie er sie erlebt. Andere Kunden wiederum sichern mit ihren Besuchen in Bordells oder mit über das Internet hergestellten Kontakten ihre Ehe ab. „Ich bin seit 26 Jahren verheiratet", sagt Peter, „da sehnt man sich nach sexueller Abwechslung. Aber warum soll ich mit einer Geliebten meine Ehe riskieren? Ich zahle für Sex wie für eine Ware. Erwartungen und Forderungen darf eine Frau nicht haben." Diese konsumistische Haltung orten auch die Wissenschafter Skandinaviens sowie die Soziologen mehrerer US-Universitäten. Viele sehen dahinter allerdings den Wunsch, mit der Einstellung „Wer zahlt, schafft an" die alten Machtverhältnisse wiederherzustellen.

Im Gegensatz zu den US-Studien, die dem Gunstgewerbe keine rosige Zukunft, ja sogar ein Aussterben voraussagen, sind die europäischen Stimmen positiv. Prostitution wird vermutlich nicht untergehen. Schließlich bekommen Männer unter diesen Bedingungen das, was sie wollen. Manche Männer bekommen allerdings nie genug – sie sind schamkrank ... Der Ausdruck „Schamkrankheit" wird auch für die Sexsucht verwendet. Schamkrank? Sexsüchtig? Wie hängt das eine mit dem anderen zusammen? Lassen Sie mich ein bisschen ausholen und Ihnen eine Geschichte erzählen.

Georg gilt als Sexprotz und „Weiberer". Er ist ständig

hinter einer Frau her, hat aber mit keiner eine „richtige" Beziehung. Carla hätte viel darum gegeben, Georg auch emotional zu spüren. Aber Gefühle, in Beziehung treten und Herzenswärme sind für Georg Fremdworte. Er will nur eins: Sex, Sex, Sex. Auf Anhieb ist Georgs Sucht nicht erkennbar. Manche Frauen sind von seiner Unersättlichkeit sogar beeindruckt. Doch dann spüren sie seine Gefühle der Leere und Getriebenheit. Sie merken, dass sie austauschbar sind und Georg nie wirklich befriedigt ist: Je mehr Sex er hat, desto bedürftiger wird er. Selbst nach stundenlangem, schweißtreibendem Sex und ausgefallenen Techniken ist Georg nicht gesättigt. Sogar nach einem Höhepunkt ist er noch von einer unklaren, düsteren Gier besessen. Kaum klingt der Orgasmus aus, sucht Georg schon nach der nächsten Lustquelle, auch wenn er körperlich gar nicht mehr fähig zu einem Verkehr ist. So verliebt Carla in Georg auch war, wünschte sie sich schon bald weniger Gier und mehr Zärtlichkeit, weniger Exzess und mehr Nähe. Als Carla entdeckte, dass sich Georg auch nach einem gemeinsamen Liebesakt Pornos ansah und dabei masturbierte, machte sie Schluss mit ihm.

Georg ist kein Sexprotz, er ist ein Schamkranker. Mit seiner maßlosen sexuellen Aktivität will er seine innere Leere füllen, seine Anspannung senken und eine unbewusste Scham betäuben. Wie bei vielen Sexsüchtigen ist die Wurzel seiner Sucht ein überhöhtes und daher unerreichbares Selbstideal. Schon Georgs Eltern stellten überhöhte Anforderungen an ihn. Später will er selbst diesen unrealistischen Maßstäben genügen. Obwohl klar ist, dass Georg scheitern muss, nagt wegen seines vermeintlichen Versagens eine tiefe Scham an ihm. Nur in den Augenblicken sexueller Aktivität spürt er sie nicht, umso heftiger jedoch überflutet sie ihn danach. Also sucht er gierig nach der nächsten Sexbetätigung. Die wirkt zwar für einen Moment angst- und schambefreiend, führt aber durch die ständige Erneuerung der Scham immer tiefer in die Sexsuchtspirale.

Grundsätzlich kann alles, was Genuss bereitet, süchtig

machen. Sex hat zwar ein hohes Suchtpotenzial, aber um sexsüchtig zu werden, ist ein Zusammenspiel von seelischen, sozialen und biologischen Faktoren notwendig. Im Augenblick des „Rausches" werden die entbehrten Gefühle von Selbstwert, Ganzheit und Lebendigkeit empfunden. Das ist der Stoff, aus dem die wahre Sehnsucht des Sexsüchtigen besteht. Solange die nicht erkannt wird, ist Befriedigung im Sinne von Frieden finden unmöglich.

Nach Frieden sehnen sich vor allem die sexuellen Randgruppen. Mehr als alle anderen beschäftigen sie Wünsche nach Anerkennung und Einordnung. Der Wunsch nach Vergleichen und Bewerten ist groß. Zur Verfügung stehen nicht nur die Kriterien der Hetero-, Bi- und Homosexualität. Seit einiger Zeit gibt es eine neue Option, das individuelle Sexualverhalten einzustufen: die Asexualität (Nichtgeschlechtlichkeit). Der Ausdruck „asexuell" will in dem Sinne verstanden werden, dass von den Betroffenen nicht der Wunsch gespürt wird, mit einer anderen Person Geschlechtsverkehr zu haben. Zungenküsse werden zumeist als ekelerregend empfunden („Ich fühle mich, als würde jemand versuchen, mein Gesicht aufzuessen"). Das Bedürfnis nach Vereinigung wird zwar intellektuell begriffen, aber körperlich nicht gefühlt.

Angeblich gibt es immer mehr Menschen, die „es" nicht brauchen. Sie tragen T-Shirts mit der Aufschrift „No Sex, please", finden sich in Gemeinschaften und legen Wert auf Medienpräsenz. In der Internetplattform AVEN (Asexual Visibility and Education Network) organisieren sich mittlerweile 1.500 Asexuelle. Sie diskutieren im Chat über ihre Erfahrungen, outen sich und grenzen sich vehement von Menschen ab, die aus moralischen oder politisch-religiösen Motiven enthaltsam sind. Ihr Credo: „Wir sind nicht unglücklich und nicht krank. Wir haben einfach keine Lust auf Sex." Ginge es nach den Asexuellen, sollte ihre Bedürfnislosigkeit als sexuelle Orientierung ebenso anerkannt werden wie die Hetero-, Bi- oder Homosexualität. Überraschend ist dieses Verlangen nicht.

Seit der großen sexuellen Revolution der 1960er-Jahre veränderten sich die Moralvorstellungen und Geschlechtsrollenstereotypien radikal. Für die „Neosexuelle Revolution" der Gegenwart ist typisch, dass sich die Unterschiede zwischen den Geschlechtern und zwischen den sexuellen Orientierungen mehr und mehr auflösen. Es gibt nicht mehr eine nur weibliche oder nur männliche Orientierung, alles ist möglich. Gleichzeitig entwickelte sich eine Geständniskultur, mit der „Neosexualitäten" ins Bewusstsein gerückt werden: „Ich bin bi", „Ich bin schwul", „Ich bin ein Transvestit", „Ich bin transsexuell", „Ich bin intersexuell." Und jetzt: „Ich bin asexuell." Was noch vor fünfzig Jahren verpönt und schambesetzt war, wird heute offen geäußert. Eine pluralistisch sexuelle Welt ohne Diskriminierung wird immer vorstellbarer.

Asexualität ist ein Phänomen, das in der Sexualwissenschaft schon vor einem Vierteljahrhundert (unter anderem von der amerikanischen Sexualforscherin Helen Singer-Kaplan) beschrieben wurde. Liebesgefühle für einen anderen Menschen zu empfinden, aber keinerlei sexuelles Verlangen nach ihm zu spüren (obwohl Selbstbefriedigung und „asexuelle" Zärtlichkeiten manchmal durchaus genossen werden), ist also nichts Neues. Hinreichend erforscht ist dieses Verhalten jedoch noch lange nicht. In dem aktuellen Rummel um die Asexuellen wird übersehen, dass sich der Medienhype auf eine Untersuchung bezieht, die 1994 in Großbritannien durchgeführt wurde. Damals wurden 18.876 Briten nach ihren Sexualgewohnheiten befragt. Ein Prozent kreuzte an: „Ich habe mich noch nie von jemandem sexuell angezogen gefühlt." Eine andere diesbezügliche Untersuchung ist immerhin schon zehn Jahre alt.

„Born without sexual feelings", will der plakative niederländische Slogan der Asexuellen suggerieren. Keinerlei sexuelles Verlangen zu spüren bedeutet jedoch nicht zwangsläufig, asexuell geboren worden zu sein. Es ist zwar denkbar, dass eine hormonelle Disposition und ein konstitutionell bedingter, schwacher Sexualtrieb das Interesse an einer sexuellen Interaktion verhindern. Aber die Art des sexuellen In-der-Welt-Seins ist auch ein Abbild dessen, wie die ersten Bezugspersonen eines Menschen auf seine frühesten Bedürfnisse eingingen und wie diesbezügliche Erfahrungen verarbeitet werden.

Die Annahme, dass die Ablehnung einer sexuellen Interaktion auf eine psychosexuelle Werdens- und Verletzungsgeschichte zurückzuführen ist, scheint eher gerechtfertigt. Manche Menschen haben schon als Kind gelernt, sexuelle Bedürfnisse und Wünsche so radikal abzuwehren und zu unterdrücken, dass sie gar nicht mehr gespürt werden. Es ist auch möglich, dass Asexualität die individuelle Antwort auf eine kollektive Sexualisierung und erotische Inflation sein könnte. Letztlich ist auch ein Zusammenwirken all dieser Faktoren denkbar.

Nach mehr als 50 Jahren Sexualforschung und Sozialempirie gibt es heute zumindest Orientierung gebende Vorstellungen über die große, „normale" Spielbreite des Sexualinteresses. Es ist „normal", dass ein Mensch ein starkes sexuelles Bedürfnis hat und sich vier Mal wöchentlich Geschlechtsverkehr wünscht. Es ist aber auch „normal", wenn jemand nur ein Mal im Monat oder Vierteljahr das Verlangen nach Sex hat. Und es ist „normal", dass es immer wieder Phasen gibt – Trauer, Krankheit, Angst, Ablehnung, jede Art von Stress –, in denen kein sexuelles Verlangen besteht.

Asexuell zu sein ist dann unproblematisch, wenn kein Leidensdruck beim Betroffenen besteht und der Partner oder die Partnerin genauso empfindet. Zwei Menschen, die nichts Sexuell-Genitales voneinander wollen und nichts vermissen, können durchaus in einer liebevollen und erfüllten Beziehung leben. Schwierig wird Asexualität, wenn in puncto sexueller Wünsche eine Schräglage besteht: Der eine will, der andere nicht.

Tatsache ist: Es gab und gibt seit jeher Menschen, die niemals sexuelles Verlangen spürten. Es sind aber so wenige, dass wir uns wegen des Fortbestandes unserer Spezies keine grauen Haare wachsen lassen müssen. Vor allem aber sollte es nicht darum gehen, ständig nach Zeichen einer sexuellen Gestörtheit zu fahnden. Solange man nicht die Freiheitsrechte anderer Menschen verletzt und die eigene sexuelle Vorliebe die Lebensverpflichtungen nicht übermäßig einschränkt, sollte es möglich sein, auf die gesellschaftlich übliche sexuelle Ausdrucksform zu verzichten.

Asexuell zu sein verursacht nicht zwangsläufig seelischen Leidensdruck. Transsexualität hingegen bedeutet fast immer großes Leid. Biologische Frauen fühlen sich als Männer, biologische Männer als Frauen. Die Öffentlichkeit weiß nicht viel über transidente oder Transgendermenschen. Die bruchstückhaften Informationen stammen aus dem Rotlichtmilieu und aus voyeuristischen Reportagen. Mit diesem schrägen Blick auf einen dramatischen seelischen Konflikt und eine unerträgliche soziale Situation soll in Zukunft Schluss sein. Mediziner, Psychologen und Soziologen streben eine Optimierung der Behandlungen, humane verwaltungstechnische Lösungen und eine verständnisvolle soziale Integration dieser Menschen an.

Verständnis haben Transsexuelle bitter nötig: Das Gefühl, im falschen Körper geboren zu sein, zerreißt die Seele, die soziale Situation ist unendlich schwierig. Transsexualität wird diagnostiziert, wenn eine Frau oder ein Mann mindestens zwei Jahre lang wie ein Mensch des anderen Geschlechts lebt, die entsprechende Anerkennung findet und das ursprüngliche Geschlecht an das Wunschgeschlecht hormonell und operativ angleichen lassen will. Inzwischen geht man mit dem Wunsch nach operativer Angleichung als Kriterium für Transsexualität behutsamer um. Manchen Betroffenen gelingt es, sich als zwittriges Wesen zu begreifen.

Andrea verzichtet auf die geschlechtsangleichende Operation. Sie fand zu einer Symbiose ihres Seins von männlichem Körper und weiblicher Seele. Die 46-Jährige kleidet sich als Frau und empfindet wie eine Frau. „Ich nehme meinen Körper als Einheit von weiblich und männlich an", sagt sie. An ihr Leben als Mann denkt Andrea mit Schrecken: „Ich habe schon mit vier Jahren gespürt, dass sich die Natur einen schrecklichen Irrtum geleistet hat." Der Weg zur weiblichen Identität dauerte Jahrzehnte und kostete Kraft und Gesundheit. Andrea, damals noch Tobias, heiratete früh und zeugte ein Kind. Die Seele spielte nicht mehr mit, als das Kind das Elternhaus verließ: Panikattacken, Tinnitus, Selbstmordgedanken. Als sie sich dazu durchrang, als transidenter Mensch zu leben, wandte sich ihre Frau nicht ab. Noch heute leben beide in einer erfüllenden Beziehung. Das Kind akzeptiert das weibliche Erscheinungsbild ihres biologischen Vaters.

Die meisten Transsexuellen wollen ihre „unpassenden Geschlechtsmerkmale" loswerden und den Wandel von einem Geschlecht zum anderen konsequent vollziehen. Das Problem der Transsexualität betrifft etwa ein bis zwei Prozent der Gesamtbevölkerung. Die hohe Dunkelziffer lässt aber eher auf einen realen Anteil von drei bis fünf Prozent schließen.

Die Ursache der Geschlechtsidentitätsstörung steht nicht fest. Von abgewehrter Homosexualität ist die Rede und von einem Syndrom einer gestörten Geschlechtsrollenfindung. Nicht nur das unbeantwortete Warum, auch die Diskriminierung durch die Umwelt, durch Freunde, Kollegen, ja sogar durch die Familie, ist eine schwere Bürde. Trotzdem ist der Wunsch, endlich die oder der zu sein, als die oder der man sich fühlt, oft so groß, dass alle Widrigkeiten auf sich genommen werden.

Zwei Möglichkeiten stehen offen: Die geschlechtsangleichende Operation mit der damit verbundenen Personenstandsänderung oder die Annahme eines geschlechtsneutralen Vornamens (Alex, Michi, Chris). Voraussetzung ist die Bescheinigung eines Psychologen oder einer Psychotherapeutin, der oder die die transsexuelle Erscheinung der Person X bestätigt. Da auf amtlichen Papieren das angeborene Geschlecht ersichtlich wird, kommt es bei dieser Lösung nicht selten zu peinlichen Erklärungsnotständen.

Manchen transidenten Menschen genügt diese „kleine Lösung". Die Mehrheit nimmt die Belastung einer verstümmelnden, geschlechtsangleichenden Operation auf sich. Dazu gehören eine Hormonbehandlung, 50 Stunden Psychotherapie, Gutachten des gerichtsmedizinischen Instituts und der „Alltagstest". Dieser Test verlangt, dass ein Jahr lang das neue Geschlecht real gelebt wird. In der Praxis ist der Alltagstest meist schwierig; wie denn auch nicht, wenn der bekannte Bankbeamte plötzlich mit Perücke und Lippenstift am Schalter sitzen oder der Schlosserlehrling als Mädchen akzeptiert werden soll? Problematisch ist auch die Konsequenz der geschlechtsangleichenden Operation – etwa die gesetzlich notwendige Scheidung, da ja nun beispielsweise zwei Frauen miteinander verheiratet wären. Auf Kongressen werden auch Stimmen darüber laut, dass so manche „in eine Operation getrieben" werden, weil die ersehnte Personenstandsänderung nur mit der Operation möglich ist.

Obwohl die geschlechtsangleichenden Operationen den Körper verstümmeln, werden sie von der überwiegenden Mehrheit der Betroffenen als Befreiung erlebt. Bei der Mann-zu-Frau-Operation werden dem männlichen Körper durch hohe Hormongaben weibliche Formen abgerungen. In vielen Sitzungen werden unerwünschte Haare entfernt, aus Penis und Hoden eine Vagina gestaltet. Komplikationen sind nahezu unvermeidbar. Die Frau-zu-Mann-Operation greift noch brutaler ein: Die Gebärmutter und die Brüste werden entfernt. Aus Teilen des Unterarmes oder Unterschenkels wird ein „Penoid" geformt. Da dieses Penoid nicht erektionsfähig ist, wird gegebenenfalls eine Penisprothese eingebaut. Nicht wenige operierte Frauen nehmen auch Stimmbandverkürzungen, Kehlkopfverkleinerungen, Nasenplastiken und Gesichtsliftings auf sich.

Der Traum, eine „richtige" Frau oder ein „richtiger" Mann zu sein, bleibt dennoch ein Mythos: Die sozialen Verstrickungen der Vergangenheit lassen sich nicht abschütteln, die amputierten Brüste oder das künstlich aufgebaute, dysfunktionale Penoid machen noch lange keine biologisch eindeutige Frau, keinen biologisch eindeutigen Mann. Es bedeutet nicht den Himmel auf Erden, wenn die betroffenen Frauen und Männer endlich in dem ersehnten Körper leben. Aber es ist auch nicht mehr die Hölle, durch die sie – wie auch viele Intersexuelle – vorher gegangen sind.

Wenn ein Kind geboren wird, lautet eine der ersten Fragen: „Bub oder Mädchen?" In einem von 1.000 Fällen gibt es keine eindeutige Antwort. Das Baby hat weibliche und männliche Geschlechtsorgane – ein kleiner Mensch zwischen den Geschlechtern. Was heute mit dem Begriff „Intersexualität" beschrieben wird, im Volksmund „Zwitter" genannt, in der Antike als „Hermaphroditismus" verehrt, später ausgestoßen und im vergangenen Jahrhundert auf Jahrmärkten ausgestellt wurde, ist eines der letzten Tabus: Zweigeschlechtlichkeit.

Bis zur sechsten Woche ist der Fötus ein Zwitter. Dann differenziert sich der Embryo durch hormonelle Impulse als männlich oder weiblich. Auf dem Weg zur Frau oder zum Mann kann es Pannen geben. Die Folge zu vieler oder zu weniger Chromosomen, einer Enzym- oder Hormonstörung, kann Intersexualität sein. Dabei sind die äußeren oder inneren Geschlechtsteile fehlgebildet oder sie fehlen überhaupt. Nahezu 20 Diagnosen sind möglich. Im Gegensatz zu Transsexuellen, die nur das Gefühl haben, durch einen Irrtum der Natur im falschen Körper zu leben, hat Intersexualität medizinische Ursachen, zum Beispiel eine teilweise Androgenresistenz.

Jennifer ist 34 Jahre, hat XY-Chromosomen und ist daher genetisch männlich. Aber ihre Körperzellen sind resistent gegen das männliche Hormon Androgen. Dadurch entwickelte sich ihr Körper nicht männlich. Jennifer sieht zwar aus wie eine Frau, hat aber weder Gebärmutter noch Eileiter, sondern eine verkümmerte Scheide. Sie hatte Hodenanlagen, die ihr als Baby operativ entfernt wurden und eine Klitoris, die verkleinert wurde. Als junges Mädchen schluckte sie Hormone, später wurde ihr operativ eine „richtige" Scheide geformt. Trotz aller „Umbauversuche" hatte sie immer das Gefühl, keine richtige Frau zu sein. Jennifers Leben ist wie das der meisten Intersexuellen ein Drama seelischer Verunsicherung, fragwürdiger Eingriffe und Geheimhaltung. Wie viele andere auch erfuhr Jennifer erst als erwachsene Frau, wer sie ist und dass es auch andere Intersexuelle gibt.

Noch vor zehn Jahren wurde in Fachkreisen das Thema Intersexualität totgeschwiegen. Behandelnde Ärzte hatten keinen Zugriff auf andere Fälle und mussten daher in Eigenregie handeln. Gesellschaftlichem Druck sind sie noch heute ausgeliefert. Seit Mitte des 20. Jahrhunderts muss eine gesetzliche Geschlechtszuweisung erfolgen. Bei Zweifeln ist ein Kind in das Geburtenbuch mit jenem Geschlecht einzutragen, auf das seine körperlichen Merkmale am ehesten hinweisen. Bei späteren Zweifeln folgte man der zynischen Devise, dass es leichter ist, „ein Loch zu graben, als einen Mast aufzustellen". Die meisten intersexuellen Kinder wurden zu Mädchen „umgebaut", weil diese Maßnahme billiger und einfacher ist.

Die Soziologin Ulla Fröhling sprach mit vielen Betroffenen und legte das Ausmaß persönlicher Tragödien und gesellschaftlicher Hilflosigkeit offen. Mittlerweile fördert die Deutsche Forschungsgemeinschaft Intersexualität und Untersuchungen und Diskussionsforen für Betroffene und Fachleute werden errichtet. Aber das Wissen um ein derart heikles Thema verbreitet sich nur langsam und die Diagnose einer Intersexualität ist schwierig.

Prof. Dr. Olaf Hiort, der Sprecher des Projekts „Intersexualität. Vom Gen zur Geschlechtsidentität", erklärt, dass es bei einem vierjährigen Mädchen mit männlichem Chromosomensatz zehn Minuten dauert, bis sich Schatten der winzigen Gebärmutter im Ultraschall zeigen. Von diesem Befund bis zur endgültigen Diagnose sind noch Wochen intensiver genetischer Forschungen notwendig. Schließlich gibt es viele unterschiedliche Formen der Intersexualiät.

Johannes wurde als Kind geschlagen, weil er sich immer wieder die Jeans vom Leib riss und die Kleider seiner Schwester anzog. Seine Mitschüler verspotten ihn als „schwules Weichei". Nach Jahrzehnten der Hormoneinnahme, die ihn zu einem richtigen Mann machen sollen, aber nur Haarausfall, Akne und ein Doppelleben bewirkten, versucht Johannes tagsüber im Beruf „seinen Mann zu stehen", abends geistert er in Frauenkleidern herum. Johannes glaubt transsexuell zu sein und will sich auf eine geschlechtsanpassende Operation einlassen. Die Kollegen mobben ihn, die Eltern, die einen Sohn wollen, wenden sich ab. Johannes begeht einen Selbstmordversuch. Im Krankenhaus stellen die Ärzte durch einen Zufall fest, dass der lebensmüde Mann ein Intersexueller ist. „Johanna" ist zwar keine richtige Frau, aber sie muss auch kein Mann sein. Sie ist ein intersexueller Mensch.

Eine neue Untersuchung der John-Hopkins-Universität zeigt, dass sich von 16 umoperierten Menschen nur fünf mit ihrem chirurgisch und gesellschaftlich manipulierten Geschlecht wohlfühlen. Vielleicht führen diese Erkenntnisse dazu, dass Menschen, die als Intersexuelle geboren werden, auch als Intersexuelle leben dürfen. In Indien ist diese Haltung keine Vision, sondern Realität: Etwa 200.000 Menschen – die Hirjas – leben ohne jede Heimlichtuerei zwischen den Geschlechtern. Transsexuelle, Intersexuelle, Transvestiten und Kastraten arbeiten zwar oft im Rotlichtmilieu, werden jedoch als „drittes Geschlecht" respektiert.

Hier Frau, da Mann – die Vorstellung, dass man Geschlechtszuweisungen chirurgisch vornehmen kann, ist ebenso eine Fiktion wie die Zweigeschlechtlichkeit unserer Gesellschaft. Auch nach der sexuellen Aufklärung wird die männliche Homosexualität noch immer tabuisiert. Dies gilt umso mehr für die westlichen Industrienationen. Bei 49 Völkern (Ford und Beach) gilt homosexuelles Verhalten als normal. Österreich zählt zu jenen Kulturen, in denen eine homosexuelle Neigung nach wie vor mit Vorurteilen begegnet wird. Homosexuelle werden oft als schwach, weibisch, unecht, unausgeglichen, haltlos und schwülstig hingestellt. Vor allem in der Unterschicht, aber nicht nur dort, wird der Ausdruck „Warmer“ als Schimpfwort benutzt.

Während sich über die Ursachen weiblicher und männlicher Homosexualität Hormonforscher, Psychologen und Genetiker bis heute nicht einig sind, ist die These einer angeborenen Bisexualität unumstritten. Sie besagt, dass es in jedem Menschen – in einem unterschiedlichen Mischungsverhältnis – homosexuelle und heterosexuelle Regungen gibt. Immerhin ist ein Embryo zumindest in den ersten Wochen sowohl weiblich als auch männlich angelegt, also „bi“. Erst dann prägt sich diese undifferenzierte Geschlechtsanlage durch hormonelle Einflüsse entweder auf „weiblich“ oder „männlich“ aus.

Durch die kulturelle Prägung werden allerdings bei den meisten Menschen die gleichgeschlechtlichen Neigungen verdrängt. Manche Bisexualitätsforscher wie Charlotte Wolf meinen sogar, dass eine einzige ausgeprägte Neigung, also zum Beispiel zur Homosexualität oder zur Andersgeschlechtlichkeit, eine Verarmung der ursprünglichen Bisexualität darstellt. Die angeborene bisexuelle Neigung bleibt in den meisten Fällen in Form bisexueller Fantasien, die vor allem bei der Selbstbefriedigung aktualisiert werden, bestehen.

Es gibt allerdings noch eine Eifersuchtssituation, die auf verdrängte bisexuelle Neigungen schließen lassen. Nora entdeckt, dass Tobias mit Patrizia eine Affäre hatte. Sie rast vor Eifersucht und beharrt in stundenlangen Auseinandersetzungen auf detaillierten Schilderungen des sexuellen Aktes. Stöhnte sie laut? Hatte sie einen schönen Busen? War sie rasiert? Tobias ist reuig, will in Zukunft treu sein und über die Ursachen seines Seitensprunges reden. Aber Nora will nur technische und anatomische Details erfahren. Wenn sich die Eifersucht ausschließlich auf genaueste sexuelle Beschreibungen fokussiert, enthält die leidvolle Situation auch eine homoerotische Komponente: „Er hat mit ihr geschlafen, ich nicht."

Noch etwas muss einmal gesagt werden: So manche Frau, die ihrem Mann gegenüber sexuell völlig desinteressiert, gleichzeitig aber rasend eifersüchtig auf seine Sexpartnerin ist, kommt im Falle eines Kennenlernens hervorragend mit der Geliebten aus. Man macht Urlaube zu dritt, feiert gemeinsam Feste und geht vereint ins Theater. Es gibt zwar keine homosexuellen Praktiken, aber mit großer Wahrscheinlichkeit eine unterschwellige homoerotische Komponente. Sie ist auch in Florians Geschichte aufzuspüren. Florian wurde von Lucia betrogen. Das schmerzt, nagt am Selbstbewusstsein, macht ängstlich, wütend und traurig. Kein Wunder, dass Florians Gedanken ständig um Lucias Seitensprung mit diesem Mathias kreisten.

In den Sitzungen mit Florian fiel mir auf, wie viel Raum er seinem Rivalen gab. Einmal bemerkte ich gegen Ende einer Stunde: „Sie haben 55 Minuten nur über Mathias gesprochen." Florian fühlte in dieser Situation nicht nur als Mann, sondern auch mit seinen weiblichen Anteilen. Bewusst beneidete er Mathias um Lucia, unbewusst aber auch Lucia um Mathias. In seiner Eifersucht auf Mathias nahm Florian den Rivalen als Mann wahr, den Lucia liebte. Niemand zweifelte daran, dass er ihn dafür hasste. Aber in diesem Hass steckte auch ein Hauch homosexueller Anziehung. Daran ist übrigens auch zu denken, wenn ein Mann seine Partnerin dazu drängt, in einem Swingerclub mit einem anderen Sex zu haben. Ich weiß, das alles ist starker Tobak. Neu ist das Phänomen allerdings nicht. In der Fachliteratur ist bei konfliktreichen Konstellationen ganz lapidar von einer „Gemeinschaft der Penisse" die Rede.

Weibliche Homosexualität wird und wurde von jeher gesellschaftlich weniger geächtet. Im Gegensatz zu der Bisexualität der Männer wird die weibliche Bisexualität von beiden Geschlechtern eher akzeptiert und sogar als erotisch anregend empfunden. Im Zuge emanzipatorischer Aktivitäten wird lesbische Liebe nicht selten symbolisch als Unabhängigkeit vom Mann praktiziert.

Powergirl trifft Powergirl. Gleich, ob auf der Bühne der New Yorker City Hall oder im Fotostudio – Frau demonstriert Erotik unter Frauen. Madonnas Lippen versinken hingebungsvoll in denen von Britney Spears, Simone Kahn knutscht mit Busenfreundin Silke Fink und Alexandra Kamp küsst das Model Christina. Was läuft da eigentlich? Sind die sexy Frauen des Showbusiness allesamt bisexuell oder lesbisch? Oder geht es ihnen nur um eine neue, kapriziöse Variante erotischer Selbstdarstellung? Was aufs Erste wie hohles Showspektakel wirkt, kann auch eine tiefere Bedeutung haben.

Die biografische Leitlinie einer Frau, sich Familie und Mann unterzuordnen, wurde von den Galionsfiguren des Feminismus längst gebrochen. Jahrzehntelang konfrontierten sie die Männer damit, dass sich Frauen gegen Unterdrückung wehren, dass sie eigene sexuelle Bedürfnisse haben, ihren Kindern Logarithmentafeln erklären und perfekt mit dem Computer umgehen können. Aber diese kämpferischen Frauen sind müde geworden. Vorbei sind die Zeiten einer Germaine Greer mit ihren Hasstiraden auf die Männer. Vorbei die plakativen Parolen von Gloria Steinem, Betty Friedan und Alice Schwarzer. Die Töchter der Frauenbewegung von gestern sprechen eine andere Sprache – sie küssen einander. Öffentlich. Ungeniert. Lustvoll.

Stellvertretend für die neue, selbstbewusste Frauengeneration demonstrieren Stars und Sternchen, dass die Frauen von heute nicht mehr bereit sind, sich ohne Aufmucken in die herkömmlichen Geschlechtsrollenerwartungen zu fügen. Wenn es nicht pure Koketterie mit dem Zeitgeist ist, die zu einer öffentlichen Knutscherei führt, können darin auch Botschaften von gesellschaftspolitischer Brisanz enthalten sein: „Wir identifizieren uns nicht mehr mit einer Geschlechtsrolle, die uns von Männern verordnet worden ist. Wir wollen eigenverantwortlich leben und unseren Gefühlen vertrauen. Wir wollen eigene Bedürfnisse zulassen. Wir suchen Halt beieinander gegen eine Welt, die immer noch von Männern dominiert wird. Wir schließen uns zu einer Gegenwelt zusammen, deren Werte genauso wertvoll wie die der Männer sind. Wir sind stolz auf unsere ganzheitliche Erotik."

Natürlich weckt die körperliche Intimität zweier sexy Frauen weniger Gedanken an die Anliegen der Frauenbewegung als lüsterne Fantasien: Paare mittleren Alters putschen vielleicht ihre Libido auf, indem sie das lesbische Liebesspiel verfolgen. Männer identifizieren sich unbewusst mit Supermännern wie James Bond und glauben, sie könnten zwei Frauen gleichzeitig befriedigen. Auch die Neigung zu sexuellen Allegorien wird durch die erotische Begegnung zweier Frauen geschürt. Frauen fühlen sich angesichts zweier zärtlicher Frauen seltsam berührt.

Es fällt Frauen nicht schwer, einander zu umarmen, zärtlich zu berühren und zu liebkosen. Diese Hinwendung zur Frau darf nicht pauschal als Abwendung vom Mann definiert und womöglich subtil entwertet werden. Ein Hauch von Bisexualität, der mehr oder weniger stark verdrängt wird, steckt in jedem Menschen.

Frauen durften als kleine Mädchen lieb miteinander sein, Gefühlen und Liebkosungsimpulsen nachgeben. Kleine Mädchen müssen Zärtlichkeit füreinander nicht ihrer weiblichen Identität wegen unterdrücken. Im Gegenteil, das wohlige, weiche, einander Zugewandtsein wird als Teil ihrer Identität gesehen. Das macht einen erotischen Umgang untereinander leichter. Bei Jungen ist es anders: Sie sollen sich von dem abgrenzen, was als weiblich gilt. Um ihre männliche Identität entfalten zu können, müssen sie erst einmal ihre Abhängigkeit vom mütterlich Weichen überwinden. Dann allerdings wird ein heranwachsender Mann ein Leben lang in seinem Verlangen nach dem weiblichen Körper unterstützt.

Das heranwachsende Mädchen allerdings soll sich umorientieren und sein Begehren auf den männlichen Körper richten. Trotzdem zieht es viele Frauen ganz im Geheimen ein Leben lang auch zu Frauen hin. In den Armen einer Frau erfüllt sich auch für Frauen oft die verborgene Sehnsucht nach dem weiblichen Körper. Schließlich war der Körper der Mutter auch für ein kleines Mädchen die erste Quelle des Wohlbehagens und der Lust.

Erotik unter Frauen ist also weder schräg noch neu. Seit den Zeiten der großen Lyrikerin des alten Hellas, Sappho von Lesbos, haben Frauen sich an Frauen erfreut. Neu ist nur die mögliche Verknüpfung lesbischer Liebe mit Gesellschaftspolitik, von Sexualität mit Emanzipation und von persönlicher Neigung mit politischem Weltbild. Neu ist vor allem der Trend der Öffentlichmachung. Ich bin sicher, dass auch früher schon Frauen Frauen küssten, allerdings gab es noch keine mediale Vermarktung dieser pikanten Situation.

Kussszenen zwischen heterosexuellen Frauen können ein bizarres Signal für den Weg der Frauen zu mehr Macht sein. Es ist aber auch möglich, dass zwei hippe Girls ohne jede gesellschaftspolitische Ambition nur „Up to Date" sein wollen. Homosexuelle Neigungen zu haben ist nämlich in. Sie gelten zurzeit als Beweis für künstlerische Qualitäten, schöpferische Gaben und Stilbewusstsein. In manchen Kreisen wird sogar eine Gesellschaft mit einem Schwulen oder einer Lady Bi aufmunitioniert; zumindest brüstet man sich damit, dass ein guter Freund oder eine gute Freundin schwul oder bi ist.

So gesehen gerät nicht die Homosexualität in Schräglage, sondern die Heterosexualität. Die Modeschöpfer John Galliano, Jean-Paul Gaultier und Paul Smith lassen neuerdings einen schicken jungen Mann in Damenkleidern über die Pariser und New Yorker Laufstege defilieren. Der 19-jährige Andrej Pejic führte sogar Brautmonde vor und diktiert ein kurvenloses Schönheitsideal, das die Durchschnittsfrau ohne massive Fettabsaugungen, „Fett-weg-Spritzen" und Reduktionsoperationen an den typisch weiblichen Körperzonen nie erfüllen kann. Hier wird nicht Homo- oder Bisexualität, sondern Weiblichkeit diskriminiert.

Auch wenn in jedem zweiten Krimi eine Kommissarin im Mittelpunkt steht, verschwindet das Weibliche immer mehr aus unserer Welt. Frauen, die im Laufschritt, einen Revolver im Anschlag und muskulös bis in die Fingerspitzen, furchtlos einen Verbrecher jagen, entsprechen nicht der Realität. So sieht nicht das Bild der Weiblichkeit aus – das ist ein Testosteron gesteuertes Mannsbild.

Nicht nur unter diesem Fokus zeigt sich die Welt der Liebe in Schräglage. Auch die bisherigen Normen für Schönheit, Fruchtbarkeit und Generationsfragen sind nicht mehr in Balance. Ich denke an all die reifen Frauen, die jahrelang viel Geld dafür ausgeben, um kein Kind zu bekommen, und dann noch mehr Geld investieren, um doch noch ein Kind zu kriegen. Ich denke an die Frauen, die so wie Gianna Nannini als Mittfünfzigerin oder die Rumänin Adriana Iliescu als Mittsechzigerin erstmals Mutter werden, und an die Männer, die mit 80 Jahren mit einer 24-jährigen noch einmal durchstarten wollen.

Auf einer Tagung hörte ich diesen bösen Witz: Fragt eine Mittsiebzigerin ihren gleichaltrigen Partner: „Sag mal, weißt du eigentlich, wohin wir unser Kind gelegt haben?" Das ist bitter und geschmacklos, enthält aber einen wahren Kern. Abgesehen von medizinischen Faktoren gibt es eine Menge Probleme, die durch das Überbrücken gleich zweier Generationen zu erwarten sind.

Zu große Generationensprünge hier, verschwindende Generationenunterschiede da – als schön gilt, was den weiblichen, vorpubertären Körper charakterisiert: keine Kurven, keine Körperbehaarung. Glatt sein ist modern. Es kann das Signal sexuellen Selbstbewusstseins, aber auch das Zeichen einer Infantilisierung und ein neuer Zwang zu irrationalen Schönheitsnormen sein.

Kennen Sie das Rubens-Bild „Das Pelzchen"? Es zeigt Rubens' zweite Frau Helene, wie sie mit einem Pelz ihre Körpermitte bedeckt. Das kokette Verhüllen lenkt das Interesse erst recht auf ein lockiges Venusdreieck, das Rubens ebenso verherrlicht wie die weibliche Körperfülle. Er gab dem Bild sogar ausnahmsweise selbst einen Namen: „Das Pelzchen", was sonst? Alle anderen Bilder bekamen ihre Namen erst Jahrhunderte später von Kunsthändlern.

Was würde Rubens sagen, wüsste er vom radikalen Wandel seines Schönheitsideals? Schamhaar ist out, Meister! Glatt zu sein gehört heute zum modischen Diktat. Eine Umfrage der Uni Leipzig zeigt, dass sich mehr als 80 Prozent aller jungen Frauen und die Hälfte der jungen Männer zur Intimrasur bekennen. In der Jugendzeitschrift „Bravo" präsentieren sich nahezu alle Mädchen und Jungen ohne Schamhaar. Victoria Beckham forderte in einem Zeitungsinterview, dass ab 18 die Intimrasur Pflicht sein sollte.

Ehrlich gesagt weiß ich nicht, was ich von dieser radikalen Aufräumarbeit halten soll. Einerseits kann ich nachvollziehen, dass eine glatte Scham ein besseres Körperbewusstsein und eine emanzipiertere Sexualität bewirken kann. Haarlosigkeit bedeutet Zugänglichkeit zu einer lange tabuisierten Körperzone. Anderseits ist mit dem modischen Glattheitsdiktat einem neuen Zwang zu pervertierten Schönheitsnormen Tür und Tor geöffnet. Geschlechtsmerkmale, die sich nicht mehr hinter einem Lustwäldchen verbergen, werden gnadenlos gerichtet: zu ungleich, zu dünn, zu flattrig. Nicht zufällig entwickelte sich das Ideal des haarlosen Schritts mit dem dramatisch steigenden Pornokonsum der Jugendlichen. Die unreifen Mädchen und Jungen bekommen durch die Pornos nicht nur das absurde Bild einer Sexualität, in der alles möglich und von Gefühlen und Zärtlichkeit abgespalten ist. Sie bekommen auch ein verfremdetes optisches Bild der Sexualorgane.

Die Designvagina ist angesagt: ein glatter Venushügel mit Eigenfett aufgepolstert, eine chirurgisch modellierte Schamlippen- und Klitoriszone. Nahezu alle professionellen Pornomodelle präsentieren einen durch Intimchirurgie veränderten

Genitallook. Was für ein Irrsinn, wenn diese Perversion zum Maßstab wird, dem Frauen nacheifern und den Männer erwarten! Intimchirurgie ist ein boomender Wirtschaftszweig. Heuer wurde bereits ein Drittel mehr Schamlippenverkleinerungen durchgeführt als im Vorjahr; gar nicht erst zu reden vom reißenden Absatz der Haarentfernungsgeräte und -mittel, denen turbulente Venuslocken zum Opfer fallen.

Eine ratlose Mutter erzählte mir unlängst, dass ihre 13-jährige Tochter auch an den „Hundstagen" nicht ins öffentliche Bad geht und sich zuhause verkriecht. Sie schämt sich für ihre sprießenden Schamhaare, die sie (noch) nicht entfernt, aber durch die sie sich uncool und unappetitlich fühlt.

Clara ist 43, eine attraktive Frau, nach der sich die Männer ebenso umdrehen wie nach Franziska, ihrer 15-jährigen Tochter. Beide tragen bauchnabelfreie Röcke, Kleidergröße 36. Beide haben schulterlanges, blondes Haar, beide sind „glatt". Sie könnten Schwestern sein. Erst recht in den Momenten an späten Sonntagmorgen, wenn Clara der Tochter und dem gleichaltrigen Freund das Frühstück ins Kinderzimmer ans Bett serviert: Müsli, Birnensaft, Dinkelbrot – er mag gesunde Kost, Clara besorgt sie extra für ihn. Franziskas Vater gefällt das nicht, aber seit der Scheidung genießt er sein Singleleben und hat daher leicht reden. Aber Franziska hört sowieso nicht auf elterlichen Rat, den sucht sie eher bei den Großeltern – wenn die nicht gerade in Spanien golfen sind.

Ist es gut, wenn es zwischen den Generationen keine Unterschiede mehr gibt? Ist es ein Vorteil, wenn gar keine Widerstände mehr zu überwinden sind? Die Pro-Argumente nehme ich vorweg: keine Unterdrückung, mehr Vertrauen, mehr Selbstbewusstsein, emanzipierte weibliche Biografien, bessere Gesundheit durch weniger Abtreibungen und Ausbeutung. Alles schwer erkämpft, alles richtig. Aber auch bei Erfolgsgeschichten gibt es Contra-Argumente. Erstens: Generationenunterschiede sind sinnvoll und notwendig für eine psychosexuelle Entwicklung ohne Brüche. Zweitens: Widerstände sind ein wesentliches Kernelement der Erotik. Nicht ohne Grund errichteten Menschen überall und zu allen Zeiten konventionelle Schranken, wenn die natürlichen Hindernisse, die einer Befriedigung im Wege standen, nicht ausreichten. Erstens und zweitens ergibt drittens: Vermutlich ist die grassierende Lustlosigkeit der jüngeren Menschen damit in Verbindung zu bringen. Oder, poetischer formuliert und zum langsamen Lesen, mit den Worten Zygmunt Baumans: „Verlangen verlangt nicht nach Befriedigung. Im Gegenteil. Verlangen verlangt Verlangen.“

# Auf der Suche nach dem sexuellen Ich

Wenn von sexuellem Verlangen die Rede ist, ist der Hinweis auf Selbstverwirklichung nicht weit. „Du musst dich sexuell selbst verwirklichen“, das sagt man so leicht. Was ist damit gemeint? Bedeutet es, mit jedem dahergelaufenen Typen ins Bett zu gehen? Soll man gefährliche Sexspiele ausprobieren, bis man vielleicht auf eine Variante stößt, die noch nie da gewesene Lust bereitet? Heißt es, sich nicht an ein Treueversprechen gebunden fühlen zu müssen? All das hat mit sexueller Selbstverwirklichung so viel zu tun wie ein Suppenwürfel mit einer Rinderherde. Tatsächlich ist mit sexueller Selbstverwirklichung gemeint, dass ein Liebender sein wirkliches sexuelles Fühlen dem Partner gegenüber ausdrückt, abstimmt und verwirklicht.

Das ist schwierig. Eine Umfrage der Uni Göttingen unter 51.000 Frauen und Männern offenbarte diesbezüglich eine unerwartete Schräglage: Mehr als ein Drittel der Männer und mehr als die Hälfte der Frauen haben unausgesprochene sexuelle Wünsche. Sie würden jedoch vom jeweils anderen großteils erfüllt werden, wüsste sie oder er überhaupt davon. Doch was, wenn sich der andere von einem Sexwunsch abgestoßen fühlt? Wenn eine bestimmte sexuelle Erlebnisform auf den Partner lächerlich wirkt, ihn ängstigt oder langweilt? Die Furcht, sein sexuelles Ich zu zeigen und damit abgewiesen zu werden, ist groß.

Theoretisch wissen Frauen, dass sie beim Sex nur das bekommen, wonach sie ausdrücklich verlangen. Praktisch erleben sie, dass Männer Schwierigkeiten damit haben. Ängstliche Männer kleben mit ihren Gedanken an einem einzelnen praktischen Tipp und verlieren den Kontakt zum Ganzen. Womöglich beenden sie die verunsichernde Situation mit einem ungewollten, vorzeitigen Samenerguss. Auf manche Männer wirkt eine direkte Bitte wie ein böser Befehl, der ihn zum Scheitern bringen soll. Nur für selbstbewusste Liebhaber sind Wünsche, die zur sexuellen Selbstverwirklichung einer Geliebten beitragen, eine antörnende, erotische Verlockung.

Im Großen und Ganzen haben es Männer jedoch mit der sexuellen Selbstverwirklichung etwas leichter als Frauen. Ein Mann, der die Bedingungen seines sexuellen Erlebens nicht halbwegs herstellt, hat Erektionsprobleme. Übrigens ist das ohnehin ein sehr verbreiteter Grund für Potenzschwächen: Sex im Dunkeln, obwohl der Wunsch nach optischen Reizen besteht. Stummes Tun, obwohl das Bedürfnis nach Seufzen, Stöhnen oder „Dirty Words“ da wäre. Unter solchen Bedingungen zu versagen ist keine Störung, sondern eine angemessene Reaktion.

Am häufigsten endet sexuelle Selbstverwirklichung damit, dass sich ein Pärchen beim Sex auf den kleinsten gemeinsamen Nenner einigt. Das verhindert zwar Angst, aber da man auch nie die Hitze echter Befriedigung erlebt, überlegt man, ob man für den Lustverzicht auch genügend zurückbekommt. Das ist der Boden, auf dem es entweder zu Seitensprüngen kommt oder Sex falsch praktiziert wird. Aus dem Gefühl heraus, an der wahren Befriedigung vorbeizurackern, werden die Bemühungen um Erfüllung immer hektischer. Man handelt sexuell, fühlt jedoch nicht sexuell. Anstatt rasanten Stellungswechsels oder Bewegungen im Zeitraffertempo wäre „Slow down“ sinnvoller. Gleiten statt hetzen. Zeit für Zärtlichkeit.

So manche sexuelle Dysfunktion – vorzeitiger Samenguss, Erektions- und Orgasmusprobleme und zu flache Erregung – sind oft gar keine „echte“ Störung, sondern ein Zeichen mangelnder Gelassenheit. Messungen der Durchblutung, des vaginalen pH-Werts und des Hormonprofils in Ehren – wir sollten uns davor hüten, befriedigenden Sex auf medizinische Fakten zu reduzieren und die Frage der Gelassenheit zu ignorieren. Schauen wir uns das Ganze also in Ruhe an.

Grundsätzlich ist die Neigung zu einem reaktiven,

prompten Verhalten in uns allen evolutionär verankert. In lebensbedrohlichen Situationen kann man sich Gelassenheit einfach nicht leisten. Der langsame Urmensch hätte gegenüber Feinden und wilden Tieren keine Chance. Aber heute müssen wir nicht mehr im Zickzackkurs um unser Leben rennen und schon gar nicht dalli, dalli hinter einem Busch einen Geschlechtsakt vollziehen, weil ein Löwe oder Stammesfremder daherkommen könnte. Wir könnten uns Zeit für den Sex nehmen. Trotzdem weiß jeder, dass Verlangsamung gerade beim Sex schwerfällt. Der Grund ist klar: Handeln senkt Angst und Anspannung.

Wenn Sie in einer größeren Diskussion mit Ihrer Wortmeldung lange abwarten, steigen Anspannung und Angst ins Unerträgliche. Machen Sie als einer der Ersten den Mund auf, ernten Sie mit Ihren Argumenten Aufmerksamkeit. Vielleicht beeinflussen Sie sogar den Verlauf der Diskussion. Auf jeden Fall regeln Sie Ihr Spannungsniveau runter. Unbewusst tun das auch jene Frauen und Männer, die beim Sex zu schnell kommen oder zu hektisch agieren. Sie halten die Spannung schlecht aus und „beenden" den Zustand durch einen vorschnellen Orgasmus.

Die Schnelligkeit, mit der ein sexueller Impuls befriedigt wird, wurde im Speedzeitalter zwar zum geheimen Maß sexueller Befriedigung, aber das Gegenteil gilt – Sinnlichkeit und Verlangsamung gehören zusammen. Wenn Frauen sagen: „Ich brauche Zeit", meinen sie meist: „Ich brauche Verlangsamung." Auch Männer genießen den Lust steigernden Effekt der Verlangsamung. Schließlich brauchen die Nervenenden, die Berührungen ins Gehirn leiten und in Erregung umsetzen, anhaltend konstante Stimulationen. Prostituierte wissen, was sie tun, wenn sie manuelle Techniken in der Slow Version praktizieren. Machen Sie eine Probe und streicheln Sie zuerst schnell und dann langsam über den Handrücken Ihrer Partnerin oder Ihres Partners. Alles klar? Entschleunigung bringt Berührungsbehaglichkeit, flüchtiger Hautkontakt ist nichtssagend.

Seit „Speed“ unseren Alltag bestimmt, wird zumindest beim Sex der Wunsch nach Verlangsamung immer dringlicher. Aber manche erzieherischen Sprüche aus der Kindheit verhindern den Genuss am „Dolce far niente“, am „süßen Nichtstun“. Etwa der Stammbuchspruch „Ohne Fleiß kein Preis“: Er ist nicht nur in Stammbüchern, sondern auch in Hirnen festgeschrieben. Die meisten von uns schätzen Fleiß hoch ein. Auch Studien bestätigten: Fleiß schlägt Begabung.

Einer der größten Werbeslogan-Erfolge waren drei eindringliche kleine Wörtchen der Sportfirma Nike: „Just do it!“ Mach es einfach! Jetzt! Das klingt verführerisch und entspricht genau dem, was wir von Kindesbeinen an lernen: „Sei nicht faul!“, „Tu was!“, „Wenn du nichts tust, erreichst du nichts.“ Also rackern wir brav bis zum Umfallen. Im Beruf, beim Sport, sogar während eines Liebesaktes haben wir jede Menge „Beweggründe“. Obwohl es dabei nicht wirklich auf „Action“ ankommt, sind gerade beim Sex viele hyperaktiv.

Clara will ihrem Körper durch besondere Anstrengung Strahlkraft geben. Stefan rackert sich im Bett ab, um sein vermeintlich zierliches Geschlechtsorgan auszugleichen. Er wechselt rasant die Stellungen und ist flink wie ein Wiesel. Vielleicht begeistern seine schweißtreibenden Paarungsakte seinen Fitnesstrainer, seine Geliebte hält nicht viel davon. Warum soll sie doppelt verknotet herumturnen, wenn sie auch bequem liegen und in dieser Stellung optimal genießen und schmusen könnte? Wozu ein atemloses Tempo mitmachen, wenn es doch die Langsamkeit ist, die das Gespür für kleinste Nuancen im Körpererleben weckt und den Lustaufbau bis zum Orgasmus steigert?

Auch Sybille verwechselt Passivität mit Schlaffheit. Ihr fällt das Dienen leichter, als sich bedienen zu lassen. Da ist es nur logisch, dass sie im Bett hochaktiv ist. Entweder bewegt sie sich dauernd oder sie macht an ihrem Freund herum. Oben, unten, vorne, hinten, Sybilles Hände sind überall. Sybille handelt sexuell, fühlt allerdings nicht sexuell. Ihr hektisches Tun richtet sich sogar gegen ihre eigenen Empfindungen. Könnte sie denen folgen, würde sie „mit sich machen lassen“ und die Wonnen einer Sexurlauberin genießen.

Wenn den passiv Genießenden Trägheit unterstellt wird, schmerzt das gleich zweimal. Erstens ist es falsch und zweitens wird das „teuflische Laster“ nicht ganz zu Unrecht als Wurzel allen Übels gesehen. Trägheit ist emotionale Schlaffheit: tiefe Gleichgültigkeit, Desinteresse an allem Lebendigen. Ein träger Mensch ist für einen liebenden Partner emotional nicht zu spüren. Der Sex mit ihm hat etwas Trostloses. Auch wenn er technisch gut und ein Höhepunkt möglich ist. Neben einem trägen Gefährten fühlen Sie sich auch dann einsam, wenn er in Bewegung ist. Trägheit vergiftet nämlich den wichtigsten Muskel – das Herz.

Aber angeblich wird sich in 40 Jahren sowieso nicht mehr die Frage stellen, ob das Wesen, das man gerade im Auge hat, ein Herz hat oder nicht. David Levy, der britische Experte für künstliche Intelligenz, prognostiziert, dass wir in naher Zukunft Roboter, die kaum noch von Menschen zu unterscheiden sein werden, lieben und sogar heiraten werden.

Stellen Sie sich vor, Sie hören Liebesseufzer und spähen durch ein Schlüsselloch in ein Schlafzimmer. Sie sehen einen Mann auf einer Frau liegen. Ihr blondes Haar fließt über das Kissen, ein schwarzer BH entblößt eine schöne Brust. Ihre schlanken Arme umschlingen zärtlich den Rücken des Mannes. Eine alltägliche Sexszene und doch eine andere: Die Frau ist eine Sex Doll, ein weiblicher Liebesroboter. Derzeitiger Anschaffungspreis: circa 6.000 Euro.

Hightech im Doppelbett – eine Science-Fiction-Szene? „Jein.“ Tatsache ist, dass unsere Lebenswelt technisiert ist und wir es kaum mehr merken. Brillen, Haftschalen, Hörgeräte und andere hoch entwickelte „Prothesen“ waren der Anfang einer rasanten technologischen Entwicklung. Heute hören wir mit „Radio-Ohren“ bis in entfernte Galaxien, Industrieroboter ersetzen Manpower, mit Kommunikationstechnologie überwinden wir Zeit und Raum. Spezialmatratzen übermitteln Atmung, Herzfrequenz und andere wichtige Daten eines Heimpatienten an ein medizinisches Zentrum. In Fernsehgeräte sind virtuelle Butler integriert, die Korrespondenzen und Bankgeschäfte erledigen.

Androiden – künstliche Menschen – arbeiten im Haushalt, in Japan streicheln Roboter Bettlägerige. „Technische Assistenzsysteme“ entlasten nicht nur Verwandte, Pflege- und Krankenpersonal. Putzige Robotertierchen stillen das Kontaktbedürfnis einsamer Menschen; sie lassen sich streicheln, äußern Schlafgeräusche und Laute des Wohlbehagens. Tests, die mit ihnen und Demenzkranken gemacht wurden, zeigten durchwegs positive Ergebnisse: Die Robotierchen hoben Stimmung und Aktivität der Patienten.

Bis jetzt war zumindest der Sex ein zutiefst menschliches Erleben. Lustschauer, Berührungsbehaglichkeit und Erregungsseufzer gelten als intimes Privileg der Liebenden. Angeblich gehört die Idylle in ein paar Jahrzehnten der Vergangenheit an, denn „technische Assistenzsysteme“ hielten bereits Einzug ins Schlafzimmer. Schon heute stöhnen im Doppelbett computergesteuerte Sex Dolls, die via Internet bestellt werden können. In Südkorea gibt es Bordelle, die mit lebensecht aussehenden Sexpuppen betrieben werden.

Humanoide Roboterpartner sind täuschend echt aussehende Figuren, die durch Heizsysteme sogar Körperwärme ausstrahlen. Sie sind lebensgroß und mit hautfreundlichem Silikon verkleidet. Die Frauen wiegen knapp 50 kg und haben, wie könnte es anders sein, Modelmaße von 84/57/88. Sie stillen das Kontaktbedürfnis Einsamer. Die Werbetexte versprechen ein ganz natürliches Gefühl, bewegliche Finger, sinnliche Lippen, anmutige Bewegungsabläufe und Erregungssignale bis hin zum täuschend echten Orgasmus- und Ejakulationsgeschehen – und das alles mit computergesteuerten, künstlichen Menschen, die konfliktfrei, anspruchslos und ohne Spuren einer Alterung sind.

Zu dieser Horrorvision passt eine Meldung, der zufolge

sich Spermien auch künstlich erzeugen lassen. Wozu braucht man dann noch Männer? Macht die Reproduktionstechnologie, die von der Eisprungsteuerung bis zur künstlichen Befruchtung reicht, einen Liveliebesakt nicht überflüssig? Bange Fragen, eine klare Antwort: Nein. Zum Glück widersetzt sich die Vorstellung eines computerisierten Liebeslebens unserem vehementen Wunsch zu lieben und geliebt zu werden. Natürlich kann ein Mensch auf einen Sexroboter, der ihm Gutes tut, genauso positiv reagieren wie auf jede andere nützliche Maschine. Auch Computer und Autos haben Namen. Von echter Liebe kann hier aber nie die Rede sein.

Die Sehnsucht nach tiefen Beziehungen ist der eigentliche Motor unseres Lebens. Wir handeln zwar oft selber schon mechanisch, aber wir sind menschliche Wesen, die von dem abhängig sind, was noch so raffinierte Liebesroboter nie geben werden können: Wertschätzung, Anerkennung, Einfühlung, Zärtlichkeit und Liebe.

Die Aussicht auf liebende Roboter ist Utopie. Die Vision, das Liebesglück unserer Nachkommen beeinflussen zu können, ist jedoch bereits Realität. Bis vor einigen Jahren waren Wissenschafter überzeugt: Unsere Gene sind unser Schicksal. Ob Sie alt werden oder jung sterben, ob Sie übergewichtig oder schlank, ob Ihre Kinder aktiv oder träge, glücklich oder depressiv, musikalisch oder unmusikalisch sind – verantwortlich sind die „Bausteine" des Lebens, das Erbgut, die Gene. Nach bisherigem Wissen galt der Grundsatz, dass sich erworbene Eigenschaften nicht vererben lassen. Vererbt werden nur die Gene. Auch wenn Sie sich gesund ernähren und fleißig Klavier üben, wird Ihr Sohn dieselben „Schweinsohren" haben wie Opa und die Tochter wird dasselbe Übergewicht haben wie Oma, „weil das eben in der Familie liegt".

Dieses Wissen gilt als überholt. Nach dem Stand der heutigen Forschungen können wir dank der Umwelteinflüsse ungeheure Macht über unsere Gene bekommen. Obwohl nicht die Gene als solche verändert werden, kann ein gesunder Lebensstil deren Programm überlisten und die genetisch vorgesehene Lebensdauer verlängern. Mehr noch: Nachhaltige Lifestyle-Maßnahmen können auch das Genprogramm unserer Nachkommen und deren Lebenserwartung verlängern. Diese revolutionären Erkenntnisse lassen Wissenschafter weltweit jubeln: „100 ist das neue 80!“ Gesicherte statistische Zahlen sprechen dafür, dass sich der Menschheitstraum eines langen Lebens bei guter Gesundheit erfüllen wird.

Ausschlaggebend dafür ist die „Epigenetik“ (= „Über“- oder „Neben“-Genetik). Epigenetik umfasst all das, was durch den Lebensstil mit den Genen gemacht wird. Was passiert dabei? Vereinfacht ausgedrückt bilden sich an den Genen „Schalter“, die ein Gen aktivieren oder blockieren. Der Biologe Peter Spork („Der zweite Code“) vergleicht den Menschen mit einem Computer. Die Gene sind die Hardware des Computers, aber die Software entscheidet, ob mit dem Computer ein Spiel gespielt, Buchhaltung gemacht oder gezeichnet wird. Unsere Gesundheit, ja sogar unsere Liebesbeziehungen hängen nicht nur von den vererbten Genen ab, sondern auch von den erworbenen „Genschaltern“. Sie regulieren mit, ob zum Beispiel Krebs bekämpft wird oder die Erkrankung leichtes Spiel hat, weil Krankheitsbekämpfungsgene durch eine ungesunde Lebensweise „ausgeschaltet“ wurden.

Äußere Einflüsse, wie etwa Ernährung, Umweltgifte, emotionaler und beruflicher Stress, Alltagsbedingungen und Vorsorgemedizin, machen die Wirkweise des Genschalters – des epigenetischen Programms – aus. Einen Beweis dafür liefert auch die Zwillingsforschung: Eineiige Zwillinge, die dasselbe Erbgut haben, aber unterschiedlichen Umwelteinflüssen ausgesetzt sind, haben auch eine unterschiedliche Lebenserwartung.

Wie ein Dirigent, der den Instrumenten eines Orchesters Einsatz gibt, entscheidet das epigenetische Programm, welche Gene aktiv sein und welche blockiert werden sollen.

Spork berichtet von Untersuchungen mit starken Rauchern, in deren Mundschleimhaut genetische Veränderungen nachgewiesen werden konnten. Diese Veränderungen blockieren großteils jene Reparaturgene, die Krebszellen vernichten können.

Nach den bisherigen Vererbungstheorien ging man davon aus, dass nur die Gene vererbt werden, die in jeder Zelle gespeichert sind. Die neue Forschungsrichtung der Epigenetik zeigt, dass auch die körperlichen und sogar die seelischen „Erfahrungen", die die Zellen machen, weitergegeben werden. „Liebe lässt sich vererben", plädiert auch Österreichs Hormonpapst Johannes Huber.

Ob Sie haltlos völlern oder sich bewusst ernähren, ob Sie sich ausbeuten oder maßvoll leben, ob Sie Ihr Gehirn trainieren oder denkfaul agieren, ob Sie emotional zugewandt und zärtlich zu Ihrem Kind oder kalt und desinteressiert sind – all das beeinflusst nicht nur Ihre eigene Gesundheit und Ihre Lebenserwartung, sondern auch die Gene Ihrer Kinder und deren Nachkommen. Sie müssen mit den Versäumnissen und Sünden Ihrer Vorfahren, können aber im günstigen Fall auch mit deren Investitionen leben.

Gene können immer moduliert werden, aber in der Schwangerschaft, den ersten Jahren nach der Geburt und in der Pubertät entwickeln sich „Genschalter" besonders leicht. Der Lebensstil einer werdenden Mutter, die positiven oder negativen emotionalen Erfahrungen eines Kleinkindes und Pubertierenden sind nicht gleichgültig. Es liegt also auch in unserer Hand, wie liebes- und bindungsfähig, wie alt und wie gesund unsere Nachkommen sein werden.

Schon heute ist klar, dass die neuen molekularbiologischen Erkenntnisse Einfluss auf die Pharmaindustrie haben und Medikamente zur Umprogrammierung falsch regulierter Gene entwickelt werden. Auch die Gesundheits-, Erziehungs- und Bevölkerungspolitik wird Maßnahmen setzen, um einen schädlichen epigenetischen Code einzelner Zellen umzuprogrammieren.

Auf einem Gebiet haben wir durch das epigenetische Programm in Form von medizinischer Aufklärung, öffentlicher Gesundheit, höherem Lebensstandard, wertvollerer Ernährung und besserer Bildung unsere Gene bereits überlistet: Wir werden immer älter. Bleibt nur noch zu hoffen, dass der epigenetische Trend auch unser Beziehungsverhalten verändert, unsere Bindungen gefühlvoller und unsere Nachkommen glücklicher macht.

*» Eine Welt, die in Schräglage geraten ist, macht Angst. «*

Walter Hoffmann

# „Die Welt steht auf kein' Fall meh

In einem berühmt gewordenen Couplet von 183 Johann Nestroy der aus seiner Sicht bornierten, Menschheit den nahenden Weltuntergang durch einen Kometeneinschlag. Seit den frühesten Kulturen gibt es immer wieder Menschen, die zu wissen glauben, dass „die Welt auf kein' Fall mehr lang" stehen würde. Markante Jahreszahlen, Zeitenwechsel wie die Jahrtausendwende von 1999 auf 2000 oder Daten, die sich vermeintlich aus der Bibel oder anderen heiligen Schriften ableiten lassen, stehen bei Weltuntergangspropheten besonders hoch im Kurs.

Mittlerweile warnen jedoch nicht nur bizarre Sterndeuter, Wahrsager oder Kartenleger vor einem bevorstehenden Super-GAU, sondern auch renommierte Wissenschafter aus den unterschiedlichsten Fachgebieten. Wie Nestroy machen auch sie die Dummheit und hemmungslose Gier des Menschen für die unterschiedlichen Bedrohungsszenarien verantwortlich. Klimaerwärmung, Finanz- und Wirtschaftskrise sowie die bevorstehende Ölkrise gehen alle auf das Konto eines Wesens, das sich vor noch nicht allzu langer Zeit selbst als die „Krönung der Schöpfung" und das „Ebenbild Gottes" pries.

Laut der „Deutschen Meteorologischen Gesellschaft" werden Wetteranomalien als Folge der Erderwärmung in den nächsten Jahrzehnten dramatisch zunehmen. Im selben Zeitraum werden die Meeresspiegel ansteigen und die Küsten überflutet. New York unter Wasser ist kein Science-Fiction-Szenario mehr. Gewaltige Sturmfluten, Unwetter apokalyptischen Ausmaßes und gigantische Überschwemmungen werden zum menschlichen Alltag gehören. Im deutschsprachigen Raum wird sich das Klima in den nächsten Dekaden sogar noch schneller verändern als im globalen Mittel. Weltweit hat der Klimawandel längst begonnen. Die Ouvertüre wird allabendlich in den Nachrichtensendungen übertragen. Die Frage ist heute nur mehr, ob wir den ultimativen Klimakollaps in letzter Minute verhindern können und doch noch mit einem blauen Auge davonkommen.

Aber nicht nur das Klima droht zu kollabieren. Auch das globale Finanzsystem steht kurz vor dem Zusammenbruch. Wirtschaftswissenschafter wie Franz Hörmann von der Wirtschaftsuniversität Wien betrachten unser Geld heute nur mehr als „Spielgeld" und das Finanzsystem als staatlich genehmigtes Pyramidenspiel. Sein Befund: „Die heutige Krise geht von den Banken aus. Banken erfinden im Kreditprozess Geld. Wenn man aber Geld aus Luft erfindet und das, was vorher noch nicht existiert hat, verzinst weitergibt und dinglich absichern lässt, dann ist das, wenn das Geschäftsmodell schiefgeht, in Wahrheit ein Enteignungsmodell. Das ist auch der Hintergrund des Bankgeheimnisses. Banken können überhaupt nicht offenlegen, wo beispielsweise die Zinsen für Sparbücher, Bausparverträge oder Sonstiges herkommen. Denn wenn sie das täten, müssten sie zugeben, dass das alles in Wirklichkeit verkettete Pyramidenspiele sind."[1] Hörmann erwartet den ultimativen Finanzcrash in den nächsten Jahren.

Als wäre das alles noch nicht schlimm genug, droht mit der finalen Ölkrise das nächste Ungemach. Schon 1998 setzten sich die Experten in der vom Geologen Colin J. Campbell gegründeten ASPO (Association for the Study of Peak Oil) mit den Konsequenzen des langsam ausgehenden Rohstoffes Erdöl auseinander. Die Fachleute stimmen darin überein, dass das Ölfördermaximum bereits im Jahre 2006 erreicht wurde. Seither geht es bergab. Folgt man den Schätzungen der Experten, werden die Erdölreserven nicht einmal bis 2050 reichen. Was die Ölunterversorgung für die auf Erdöl basierende Weltwirtschaft bedeutet, liegt auf der Hand. Zuerst wird es zu einer massiven Erhöhung des Ölpreises kommen und in der Folge zu einer weltweiten Inflation. Diese wird die finanzschwachen Entwicklungsländer am stärksten treffen. Pessimisten fürchten, dass am Ende dieser Entwicklung eine globale Weltwirtschaftskrise steht, welche zu Armut, Hungersnot und zu einer Senkung der Geburtenrate führen könnte. Selbst Verteilungskriege rund ums knapper werdende Erdöl werden nicht ausgeschlossen.

Die Globalisierung hat dem Zusammenprall der Kulturen den Weg bereitet. Analog zu tektonischen Spannungen durch Verschiebung der Erdplatten führen auch Interessenskonflikte und großräumige Bewegungen im kulturellen Bereich zu Spannungen, deren Entladung oft genug Unschuldige mit ihrem Leben bezahlen müssen.

Gleichzeitig mit der westlichen Kultur, die sich und den Rest der Menschheit durch ungezügelte Gier und Konsumidiotismus selbst an den Rand des Abgrundes gebracht hat, ist jetzt auch das patriarchalische Weltbild des Islam ins Wanken geraten. Salutschüssen gleich begleitet der Bombenterror des fundamentalistischen Islam seinen eigenen Untergang. Überall in der arabischen Welt erheben sich vor allem junge Menschen gegen Diktatur, Korruption und Tyrannei des Patriarchats. Machen wir uns jedoch keine Illusion: Nicht das Motiv, eine bessere Welt zu schaffen, treibt diese Menschen, sondern der Wunsch nach denselben Konsummöglichkeiten wie im Westen.

Gleich, wie man die Sache dreht und wendet, ob man die Hintergründe der Erderwärmung analysiert, die der bevorstehenden Ölkrise, des Zusammenstoßes des patriarchalischen Weltbildes mit dem Konsumpragmatismus des Westens oder des kippenden Finanzsystems, immer stößt man auf dieselbe Ursache. Es sind der Irrationalismus und die hemmungslose Gier eines triebgesteuerten Wesens mit einer geringen Begabung zur Vernunft, welche die Welt in eine bedrohliche Schräglage versetzt haben.

Doch auch abseits der drohenden globalen Krisen scheint das menschliche Zusammenleben aus dem Gleichgewicht geraten zu sein. Das viel gepriesene Fundament der westlichen Gesellschaft, die „Heile-Welt-Familie“ nach dem Vorbild amerikanischer Spielfilme aus den 1950er-Jahren, bröckelt. Mittlerweile sind „Broken-Home-Familien“ mehr die Regel als die Ausnahme. Schon jede zweite Ehe wird heute geschieden. Damit steigt auch die Zahl der Scheidungswaisen und der Kinder, die vermehrt sich selbst überlassen sind. Hier stellt sich natürlich die Frage, ob die steigende Tendenz zum „Komasaufen“, der hohe Drogenkonsum und die erhöhte Gewaltbereitschaft bei Jugendlichen nicht doch auch etwas mit den veränderten Rahmenbedingungen ihres Sozialisierungsprozesses zu tun haben.

Laut Statistik Austria „ist die Zahl der alleinlebenden Personen gegenüber 1985 um 61 Prozent gestiegen. Jeder Achte (12,8 Prozent) der 15- bis 39-Jährigen lebt heute allein, wobei in dieser Altersgruppe mehr Männer (14,9 Prozent) als Frauen (10,8 Prozent) einen Einpersonenhaushalt bilden.“ Zu diesem bemerkenswerten Ergebnis kommt die Statistik Austria auf Basis der Daten des Mikrozensus für das Jahr 2007[2]. In Berlin ist sogar schon jeder zweite Haushalt ein Singlehaushalt[3], in Wien lebt immerhin ein Drittel der Menschen alleine[4]. Hält dieser Trend an, wird in Zukunft der Großteil der Bevölkerung in Einpersonenhaushalten leben.

Der gesellschaftliche Paradigmenwechsel hat auch vor der Sexualität nicht haltgemacht. War beziehungsloser Sex noch vor wenigen Jahrzehnten für die meisten unvorstellbar, hat sich die Sexualität mittlerweile immer mehr zur industrialisierten Konsumware entwickelt. Mit „Blümchensex“ ist heute kein Staat mehr zu machen. Die übersättigte Konsumgesellschaft verlangt nicht nur im Sport, sondern auch in der Sexualität nach Extremen. Romantische Liebe und Sex sind „out“. „In“ sind beziehungsloser Sex, Blind Dates, am besten in Verbindung mit Gewalt. Die Hardcoreseiten im World Wide Web haben Hochkonjunktur und die Pornobranche verzeichnet Rekordumsätze.

Doch auch die Arbeitswelt gerät zunehmend in Schräglage. Während die Arbeitszufriedenheit kontinuierlich abnimmt, der Arbeitsklima-Index der österreichischen Arbeitskammer auf dem tiefsten Stand seit 2006[5] ist und seine Talfahrt noch nicht beendet hat, explodieren die stressbedingten psychischen und psychosomatischen Erkrankungen, kurz: das Burn-out. Dabei handelt es sich nicht nur um eine Modekrankheit, sondern um die logische Folge einer Entwicklung, die darin besteht, dass aufgrund der Profitgier immer mehr Personal eingespart wird und immer weniger Menschen immer mehr Arbeit verrichten müssen. Wenn der Profit nicht hoch genug ist, müssen eben „Headcounts" eingespart werden. Nachdem die Arbeit nicht weniger wird, steigt der Arbeits- und Zeitdruck bei den verbleibenden Arbeitskräften. Dass unter dem steigenden Druck psychisch belastete Menschen als Erste zusammenbrechen, liegt auf der Hand. Wie das Kaninchen auf die Schlange starren „Spreadsheet-Manager" auf den „Shareholder Value" und vergessen, dass es über den Profit der Aktionäre hinaus auch eine Verantwortung gegenüber den Mitarbeitern und der Gesellschaft gibt.

Sigmund Freud hat sehr treffend festgestellt, dass die Liebes- und Arbeitsfähigkeit grundlegende Parameter für die Gesundheit eines Menschen sind. Was liegt also näher, als diese beiden Bereiche als Indikatoren für die Schräglage in unserer Gesellschaft heranzuziehen.

Ausgerechnet zu einem Zeitpunkt, als sich die Welt von den wirtschaftlichen Folgen des Zweiten Weltkrieges gerade erholt hatte und von einem Wirtschaftswunder die Rede war, erhob sich die westliche Jugend gegen die Herrschaft ihrer Väter. Ausgehend von den Vereinigten Staaten, wo Rassendiskriminierung und Vietnamkrieg Anlass zu Protestkundgebungen gaben, setzte sich die Woge der studentischen Empörung in Westeuropa fort, verhalf dort den Sozialdemokraten in vielen Staaten zur Macht und trug indirekt sogar zum „Frühlingserwachen" in der damals noch kommunistisch unterjochten Tschechoslowakei bei.

Den meisten Aktivisten ging es 1968 nicht nur um die

Umsetzung konkreter politischer Ziele wie die Universitätsreform, die Beendigung des amerikanischen Militärengagements in Südostasien, die Solidarität mit der Dritten Welt oder um die Abrüstung. Mehr noch als um eine politische Revolution handelte es sich bei den Geschehnissen von 1968 und den darauffolgenden Veränderungen um eine Revolution in den gesellschaftlichen Wertvorstellungen. Im Besonderen galt der Kampf der erstarrten bürgerlichen Ordnung, ihrer Kultur und den von ihr kontrollierten Bildungseinrichtungen wie Schulen und Universitäten.

Viele erhofften sich von der Beseitigung engstirniger, autoritärer Normen und Tabus einen Zuwachs an geistiger Offenheit, persönlicher Freiheit und eine Demokratisierung der Gesellschaft. Dort, wo sich „tausendjähriger Mief unter den Talaren gesammelt hatte", sollte endlich frischer Wind wehen. So wurde die in Versteinerung begriffene doppelbödige, etablierte Moral samt der damals bereits vorherrschenden Konsumideologie von der rebellierenden Jugend an den Pranger gestellt. Sie sollte einer ehrlicheren, freieren, antiautoritären Gesellschaft weichen. Diese Erneuerung sollte nicht nur verknöcherte gesellschaftliche Strukturen aufbrechen, sondern auch für zwischenmenschliche Beziehungen bestimmend sein. Der selbstgefälligen Wirtschaftswundergesinnung des „Establishments" wurden unorthodoxe Vorstellungen vom menschlichen Zusammenleben sowie radikale Thesen von der Befreiung des Individuums entgegengehalten.

Da nach Auffassung der 68er nur sexuell freie Menschen wirklich freie Menschen sein konnten, musste als Erstes die menschliche Sexualität aus dem Joch der bürgerlichen Repression befreit werden. Das war der Beginn der „sexuellen Revolution". So schockten Repräsentanten der 68er-Bewegung – Künstler wie Friedensreich Hundertwasser oder Arnulf Rainer – Bürger nicht nur mit Happenings und Wohnkommunen, wo sie angeblich „freie Liebe" praktizierten, sondern auch mit einer offen zur Schau getragenen, neuen, ungezwungeneren Einstellung zur Sexualität. Diese führte zu einem jähen Wandel der Rollenklischees von Mann und Frau.

Humphrey Bogart, der Inbegriff des durch das Leben hart gewordenen, einsamen, sensiblen Helden mit den wässrigen Augen, die doch keine Träne weinen, hatte vorerst ausgedient. Die Blumenkinder von gestern lachten bestenfalls über derart überkommene Männlichkeitsideale. Waghalsige Draufgänger, unerschrockene Einzelkämpfer, coole, harte Typen waren „out". „In" waren junge Männer, die ihre weiblichen Anteile zu entdecken begannen. Viele von ihnen wollten gar keine „richtigen" Männer mehr sein und suchten die Identifikation mit dem weiblichen Geschlecht. Sie ließen sich aus Protest die Haare wachsen, gaben sich betont passiv, weich, friedfertig und sanft. Aggressives Verhalten jeglicher Art war verpönt. Die Hippiegeneration hatte sich der absoluten Gewaltfreiheit verschrieben –„Make love, not war" war weltweit die Formel, mit der die Flower-Power-Generation in die Geschichte einging.

Im Zuge der allgemeinen Veränderungen geriet auch das traditionelle Bild der Frau ins Wanken. Obwohl die große Zeit der Frauenbewegung erst Jahre später einsetzen sollte, war die weibliche Jugend bereits auf der Suche nach einer neuen Identität. Der Sex-Appeal der kühlen Blondine, des männerfressenden Vamps oder des drallen, leicht hysterischen Dummchens wich einer natürlicheren, lebendigeren Form der Weiblichkeit. Die heranwachsenden Frauen entledigten sich nicht nur im wörtlichen, sondern auch im übertragenen Sinn des „steifen Korsetts", das ihnen der bürgerliche Anstand auferlegt hatte.

Zu Recht sahen sie nicht mehr ein, warum für sie in der Liebe andere moralische Richtlinien gelten sollten als für Männer. Warum ihnen Keuschheit auferlegt wurde und sie jungfräulich in die Ehe gehen sollten, während ein Mann erst dann ein „ganzer Kerl" war, wenn er schon vor der Hochzeit etliche Frauen „aufs Kreuz gelegt" hatte. Warum die Verantwortung für Verhütung und Nachkommenschaft ihre Sache, der sexuelle Genuss aber Sache des Mannes sein sollte. Ihre berechtigte Forderung nach sexueller Freiheit unterstrichen die jungen Frauen provokant durch für damalige Begriffe unzüchtige, anstößige Bekleidung.

Unterstützt wurden sie bei ihren Emanzipationsbestrebungen durch die Entwicklung der Antibabypille und die Liberalisierung der Abtreibungsgesetze. Zum ersten Mal lag es ausschließlich in der Hand der Frau, ob sie schwanger werden wollte. Kein Wunder, dass Befürworter des Patriarchats mit Schaum vor dem Mund auf diese gesellschaftlichen Veränderungen reagierten. Bis heute gibt es von konservativen Randgruppen Bestrebungen, diese Entwicklung rückgängig zu machen, damit „die Frau dem Mann (wieder) Untertan sei“ (Eph 5,22 ff).

Während bei den Jungen also die Haare immer länger wurden, trugen die Mädchen ihre Röcke immer kürzer. Die Büstenhalter verschwanden in der Mottenkiste und die Blusen wurden zunehmend durchsichtiger. Miniröcke, Jeans, abgerissene, freizügige Bekleidung, lange Haare, Beat-Musik und Rock 'n' Roll waren jedoch weit mehr als bloß eine Herausforderung der spießigen, bürgerlichen Moral. In der jugendlichen Subkultur entlud sich die gesamte schroffe Ablehnung gegenüber einer einseitig am Konsum orientierten Ellbogengesellschaft, ihrer seichten Kultur und ihren verlogenen Werten

Die Vorreiter der 68er-Bewegung propagierten vehement den Ausstieg aus der bürgerlichen Leistungsgesellschaft und drängten ihre Anhänger dazu, einfach nicht mehr zu funktionieren und die von der herrschenden Klasse geforderten Leistungen – etwa in Schulen oder Universitäten – strikt zu verweigern.

In deutlicher Abgrenzung zur Konsumgesellschaft und sehr zum Ärger des „Establishments“ kreierten die Teens und Twens seinerzeit herausfordernde Schlagworte wie „Bewusstseinserweiterung“, „Selbsterfahrung“ oder „Selbstverwirklichung". Im Gegensatz zur konsumorientierten, nach Geld und Macht strebenden Lebensphilosophie ihrer Väter entdeckte die Jugend eine andere Seinsweise, die auf Innerlichkeit, Gefühl, Gemeinschaftssinn und Selbsterkenntnis beruhte.

Diese neue Einstellung trugen viele Jugendliche offen zur Schau, indem sie sich bewusst schlampig kleideten, auf Luxusgüter verzichteten und – ausgerüstet mit Jeans, Rucksack und Gitarre – wie zeitgemäße Bettelmönche autostoppend und trampend durch die Welt zogen. Für viele Eltern der 68er war es vollkommen unverständlich, warum ihre Kinder unbequeme Nächtigungen auf der Straße, in Parkanlagen oder Bahnhöfen bequemen Aufenthalten in adretten Pensionen – die sie ihnen ohnedies bezahlt hätten – vorzogen.

Allmählich verflogen die stürmischen Gewitterwolken, die in den späten Sechzigerjahren die bürgerliche Ruhe und Ordnung bedroht hatten. Als der Orkan der Jugendrevolution über die heile bürgerliche Welt hinweggefegt war, brach eine neue Ära an. Das, was von der 68er-Bewegung blieb, war ein nachhaltiger Wandel der gesellschaftlichen Wertvorstellungen, der Sexualmoral und der Geschlechterrollen.

Immer mehr Frauen begannen sich aus der traditionell vorgegebenen Frauenrolle zu emanzipieren. Doch auch sonst änderten sich die Lebensziele allmählich. War für junge Leute neben der beruflichen Karriere bislang die Gründung einer Kleinfamilie die einzige Lebensperspektive, ging es von nun an vermehrt um die Auseinandersetzung mit der eigenen Persönlichkeit. Dieser neue Individualismus verfolgte nur ein Ziel, die Selbstverwirklichung. Alles, was die Selbstverwirklichung behinderte, bekam einen negativen Beigeschmack. Mit einem Mal war es nicht mehr schick, sich auf längerfristige Bindungen einzulassen. Wer sich auf einem Selbstverwirklichungstrip befindet, hat meist nur wenig Lust, für Partner oder Kind Verantwortung zu übernehmen. Was zunächst wie ein Befreiungsschlag aus festgefahrenen Klischees aussah, entpuppte sich bald als Schritt in die Egomanie. Kein Wunder, dass die soziale Orientierung der 68er und die von ihnen propagierte Solidarität mit Schwächeren mit dem Aufstieg des Neoliberalismus bald in Vergessenheit gerieten. Von nun an sollte sich der Mensch selbst verwirklichen, auch wenn er es auf Kosten anderer tat. Die Selbstverwirklichungsideologie eignete sich hervorragend zur Rechtfertigung der eigenen Gier. Nun musste man wirklich auf niemanden mehr Rücksicht nehmen außer auf sich selbst und konnte sich dabei sogar noch gut fühlen. Die neuen Ich-AGs hatten bald nur den eigenen Vorteil im Auge. Jeder ist seines Glückes Schmied. Das Glück der anderen spielt dabei nur eine untergeordnete Rolle.

Allmählich schlug das Pendel in die andere Richtung aus. Die ideologische Rechtfertigung des Egoismus „weil ich es mir wert bin" war ein geradezu idealer Nährboden für die neoliberale Wende. „Jeder ist für sich selbst verantwortlich, jeder muss selbst schauen, wo er bleibt"; Eigenverantwortung hieß die neue Devise, die voraussetzte, dass die Menschen unter gleichen Voraussetzungen geboren wurden und allen die gleichen Ressourcen zur Verfügung standen. Nachdem das aber nicht so war, profitierten die sozial Bessergestellten von diesem Rückzug aus der Solidarität, während der Rest immer mehr ins Hintertreffen geriet.

Waren es in den 68ern noch die Sozialberufe, in die junge Leute drängten, standen bis zur Finanzkrise 2007 Broker, Banker und Spekulanten besonders hoch im Kurs. Studienzweige wie Soziologie, Politologie, Psychologie oder Pädagogik waren „out". Die Kinder der 68er studierten Wirtschaft und träumten vom schnellen Geld an der Börse.

Doch die Selbstverwirklichungsmanie hat auch eine Kehrseite. Im selben Maße, wie die Singularisierung in der Gesellschaft fortschritt, wuchsen auch Einsamkeit und Isolation. Mit der raschen Zunahme der Singlehaushalte in den Großstädten – alleine in Berlin oder Frankfurt gibt es mittlerweile schon mehr als fünfzig Prozent Singlehaushalte – explodierten auch die psychischen Erkrankungen. Mehr als zehn Prozent der behandelten Erkrankungen im deutschsprachigen Raum sind psychogener Natur. Die Dunkelziffer ist weit höher, weil viele, denen es psychisch schlecht geht, sich schämen professionelle Hilfe in Anspruch zu nehmen.

Die Ursachen für die Vereinsamung in unserer Gesellschaft sind vielschichtig. Sicher leistete auch die sexuelle Revolution dieser Entwicklung ungewollt Vorschub, da die sexuellen Beziehungen zwischen Mann und Frau durch sie auf eine völlig neue Ebene gestellt wurden. Das bürgerliche Credo vom „Sex erst in der Ehe“ hatte ausgedient. Für eine sexuelle Beziehung war es nun nicht mehr notwendig, dass ein Paar heiratete. Obwohl die neu gewonnene sexuelle Freiheit beiden Geschlechtern zugute kam, profitierte der Mann stärker von dieser Entwicklung.

Abgesehen davon, dass eine Frau beim Befriedigungsakt von der Beschaffenheit des Penis, der Stärke und Dauer der Erektion abhängig ist, kommt ein Mann beim Sex auch dann zum Ziel, wenn ihm sein Sexualobjekt emotional völlig gleichgültig ist. „Ob blond, ob schwarz, ob braun, ich liebe alle Frauen ...“ Der Orgasmus ist bei ihm im Normalfall vorprogrammiert. Umgekehrt ist es für eine Frau viel schwerer, den Höhepunkt zu erreichen, wenn sie den Sexualpartner gefühlsmäßig nicht besetzen kann. Erst recht, wenn es sich dabei um einen One-Night-Stand handelt.

Wie der Biologe Richard Dawkins feststellte, laufen im Tierreich vor allem Weibchen, die es den Männchen „zu leicht machen“, Gefahr, von diesen sexuell ausgebeutet zu werden. „Es (das Weibchen, Anm.) hat tatsächlich einen Trumpf in der Hand: Es kann die Kopulation verweigern. Es ist gefragt, und zwar auf einem Markt, auf dem die Nachfrage größer ist als das Angebot.“[6] Die Macht der Verweigerung wurde bis zur sexuellen Revolution auch bei der menschlichen Gattung von den Frauen sehr erfolgreich eingesetzt, um sich vor sexueller Ausbeutung zu schützen. Heute aber haben zurückhaltende Frauen bei Weitem nicht mehr so gute Karten, weil dem Mann ausreichend Alternativen zur Verfügung stehen. Konnte eine Frau früher mit Zurückhaltung das Interesse eines Mannes an ihr testen, läuft sie mit dieser Strategie nun Gefahr, als sexuell verklemmt zu erscheinen.

Dass Männer von Natur aus polygamer veranlagt sind als Frauen, ist aus evolutionärer Sicht vorteilhaft. Die Gene werden besser gemischt, wenn ein Mann mehrere Frauen schwängert. Wie der legendäre Harem des biblischen Königs Salomo beweist, beanspruchen Männer tatsächlich so viele Frauen wie möglich, sobald sie die Macht dazu haben. Die Einrichtung des Harems hat sich in Gestalt von Bordellen bis heute erhalten. Mit einem Unterschied: Während der Harem von einem einzigen Mann erhalten wird, kommt bei einem Bordell die Gesamtheit aller männlichen Kunden für die Kosten auf. „Was ein Individuum im Idealfall ‚gern hätte' (…), wäre, sich mit so vielen Angehörigen des anderen Geschlechtes zu paaren wie möglich und die Aufzucht der Kinder dann stets dem Partner zu überlassen. Wie wir sehen werden, hat das männliche Geschlecht bei einer Reihe von Arten diesen Zustand erreicht (…)."[7]

Während ein Mann beziehungslosen Sex problemlos genießen kann, sieht die Sache aus der Perspektive der Frau, der in unserer Gesellschaft tatsächlich erfolgreich die Kinderaufzucht aufgehalst wurde, anders aus. Die meisten Frauen brauchen die Sicherheit einer Beziehung, um sich sexuell voll auf ihren Partner einlassen zu können. Für diesen Unterschied gibt es ebenfalls eine biologische Erklärung. In der Regel ist der Kinderwunsch bei der Frau primär und stärker ausgeprägt als beim Mann, dessen Wunsch nach einem Kind oft erst durch die Partnerin geweckt wird.

Nachdem die Frau alleine schon durch die neunmonatige Schwangerschaft und die darauf folgende Stillzeit die Hauptlast bei der Fortpflanzung trägt, ist sie viel stärker davon abhängig, dass sie ihr Partner mit dem Kind nicht im Stich lässt. Da sich der Beitrag des Mannes zur Fortpflanzung auf den Zeugungsakt beschränkt, ist er unabhängiger. Auch wenn es um die Betreuung des Kindes geht, kann sich ein Mann durch die Alimentation relativ bequem von der Verantwortung freikaufen. Es ist sicher kein Zufall, dass mehr als 80 Prozent der Kinder nach einer Scheidung hauptsächlich von der Mutter betreut werden. Nur in ganz seltenen Fällen hat der Vater das alleinige Sorgerecht.

Wenn es um die Lebensziele geht, ticken die Geschlechter höchst unterschiedlich. Während bei Frauen der Kinderwunsch und der Wunsch nach einem befriedigenden Privatleben überwiegen[8] und sogar stärker ausgeprägt sind als der Wunsch nach einer beruflichen Karriere, verhält es sich beim Mann genau umgekehrt. Für ihn ist die berufliche Karriere am wichtigsten. Ein Kind verbindet er mit finanziellen Einschränkungen und geringeren Freizeitmöglichkeiten. Häufig fürchtet er auch um seine Bequemlichkeit. Ein Kind in der Familie genügt doch – und das möchte er sein.

Der Wegfall der sexuellen Tabus und die Bereitwilligkeit der Frau, es dem Mann in der Sexualität leichter zu machen, hat nicht nur ihre Position geschwächt, sondern auch dazu geführt, dass sich Männer heute stärker dem Leben in einer Familie verweigern als früher – mit dem Ergebnis, dass wir immer stärker in Richtung Singlegesellschaft gehen.

Darüber hinaus wurde auch der Primat der genitalen Sexualität zunehmend infrage gestellt. Sexualpraktiken, die bis dahin den Perversionen zugerechnet wurden, standen plötzlich mit der genitalen Sexualität auf einer Stufe. Am auffallendsten an dieser Entwicklung war, dass durch die Idealisierung der sexuellen Handlung das Sexualobjekt immer mehr in den Hintergrund gedrängt wurde. Für einen Menschen, den es erregt, einen anderen zu beherrschen, zu demütigen oder zu quälen, ist das Gegenüber, an dem diese Handlung vollzogen wird, mehr oder weniger bedeutungslos. Es wird austauschbar. Das gilt natürlich nicht nur für den Sadomasochismus, sondern auch für den Exhibitionismus, Voyeurismus, Fetischismus und viele andere Spielarten der narzisstisch geprägten Sexualität.

Diese Trennung zwischen zärtlicher und sinnlicher Liebe,

die Loslösung des sexuellen Aktes von der emotionalen Bedeutung des Objektes, war vielleicht die wichtigste Voraussetzung für die Kommerzialisierung der menschlichen Sexualität überhaupt. Erst dadurch konnte die Sexualität zur Ware werden, die der Pornoindustrie Milliardenumsätze bescherte. Die Enttabuisierung der Sexualität hat dem Menschen nicht nur Vorteile gebracht. Freud hat zu Recht darauf hingewiesen, dass Liebesgefühle eine Folge der Triebsublimierung sind. Eine Gesellschaft, in der die Sublimierung Schritt für Schritt rückgängig gemacht wird, in der selbst die niedrigsten Triebe Idealisierung erfahren, muss zwangsläufig in Schräglage geraten.

Die Geschichte zeigt, dass gesellschaftliche Umbrüche immer von einer Phase der Dekadenz eingeleitet wurden. Das gilt für den Untergang des Römischen Reiches genauso wie für die Französische Revolution oder für Deutschland vor der Machtergreifung der Nazis. Der Wegfall der rigiden Sexualmoral als Ergebnis der sexuellen Revolution hat die Sexualität nicht nur befreit, sondern auch zu ihrer Industrialisierung geführt. Heute kann Sex genauso wie jede andere Ware käuflich erworben und konsumiert werden. Mit der Sexualmoral scheint auch jede andere Form von Moral aus der Gesellschaft verschwunden zu sein. Es gibt heute kaum noch Werte, an denen sich die Menschen in den westlichen Industrienationen orientieren können. Der Moral haftet etwas Antiquiertes, Verzopftes an. In unserer Zeit ist das richtig, was materiellen Vorteil bringt. Die sauren Wiesen, die Korruption und die Vetternwirtschaft, die unter diesen Voraussetzungen blühen, scheinen niemanden ernsthaft zu stören. Wer heute noch Werte wie Fairness, Rücksichtnahme und Solidarität mit Schwächeren einfordert, läuft in dieser dekadenten Welt Gefahr, sich zum Narren zu machen. Es bleibt abzuwarten, ob die vorherrschende Dekadenz tatsächlich der Prolog für eine noch schlimmere Entwicklung ist, oder ob sich die Menschen ihrer Schräglage besinnen und noch rechtzeitig das Ruder herumreißen.

Eine Welt, die in Schräglage geraten ist, macht Angst. Nicht alle sind sich ihrer Angst bewusst und nur wenige sprechen darüber. Statt die Schräglage mit wirkungsvollen Maßnahmen auszugleichen, verschließen wir die Augen und setzen mit naiver Coolness auf Realitätsverleugnung. Statt zu verändern, wird verdrängt. Von führenden Politikern, Wirtschaftsmagnaten bis hin zum kleinen Mann wissen heute alle um die drohenden Gefahren. Die meisten verhalten sich aber so, als ob es diese nicht gäbe. Stattdessen leben wir in einer Fiktion, in der die Authentizität dem Künstlichen, Unechten, Scheinbaren den Platz abgetreten hat. Immer mehr Menschen verwechseln das wirklichkeitsfremde, seichte Zerrbild der Welt aus Werbung, den Soap Operas und Castingshows mit der wirklichen Welt.

Das Leben dort verläuft in sterilen Superlativen. Alles muss irre, cool, wahnsinnig, super, klasse, sensationell, unübertroffen, einzigartig, brandneu und natürlich sofort erreichbar sein. Auf etwas zu warten ist uncool. Das Leben ist ein Hit und die ganze Welt ein Sonderangebot. Haben Sie keine Angst, greifen Sie zu! Der Ausverkauf hat längst begonnen. Nur wer strahlend, schön, jung und dynamisch ist, hat in dieser Welt eine Existenzberechtigung. „Don't worry, be happy!" Was aber am wichtigsten ist: Glück muss käuflich sein. Für jeden Wunsch das passende Produkt.

Nein, Ängste haben in einer coolen Welt, in der das oberste Gebot der Konsum ist, wirklich nichts verloren. So wurde alles, was Angst machen könnte, aus dieser Welt verbannt. Allem voran Alter und Tod. Die Kehrseite des glitzernden Konsumparadieses sind Entfremdung und wunschloses Unglück.

Dass Angst in einer Welt, die auf Konsum aufgebaut ist, nicht vorkommen darf, hat einen Grund: Angst würde Menschen zum Nachdenken veranlassen. Eingefleischte Konsumjunkies könnten durch sie plötzlich wachgerüttelt werden und die Sinnhaftigkeit ihrer Lebensweise infrage stellen. Sie könnten überlegen, ob sich ihr Lebensglück wirklich darin erschöpft, Konsumgüter anzuhäufen, oder ob es über die Befriedigung ihrer simpelsten Bedürfnisse hinaus vielleicht noch etwas gibt, wofür es sich zu leben lohnt. Das Wissen, dass es fünf vor zwölf ist, hindert uns aber nicht daran, weiterhin völlig sinnlose Produkte zu konsumieren und mit unserer Konsumgier die Ressourcen auf unserem Planeten zu zerstören. Selbst vor unserem Nachwuchs machen wir nicht halt, denn nicht nur wir, auch unsere Kinder werden immer fetter und damit kränker. Diabetes lässt grüßen. Ist das wirklich der Sinn des Lebens, nach dem wir vermeintlich alle streben?

Doch auch auf derartig beunruhigende Fragen gibt es sofort die passende Antwort. „Nicht nach den Ursachen forschen, nicht verstehen, nicht verändern, sondern einfach positiv denken." Wenn man nur fest daran glaubt, passiert es auch. Statt der immer bedrohlicher werdenden Schräglage entgegenzuwirken, haben die Menschen im Konsumzeitalter wieder den Glauben entdeckt.

Die Ansicht, dass die Talibanisierung der Welt von finsteren Mullahs aus irgendwelchen entlegenen Winkeln dieser Erde betrieben würde und nur rückständige Dritte-Welt-Staaten dafür anfällig seien, ist falsch. Das Epizentrum dieser neuen, realitätsfernen, fundamentalistischen und wissenschaftsfeindlichen Bewegung befindet sich paradoxerweise in den Vereinigten Staaten, dem rigorosesten Vertreter des Konsumdenkens, und zeigt, dass die USA in ihrer Einstellung zu Realität und Wissenschaft ein gespaltenes Land sind.

Traut man den Umfragen, sind mehr als die Hälfte der Amerikaner wissenschaftliche Analphabeten. Das erstaunt, sind doch die Vereinigten Staaten gleichzeitig weltweit die führende Kraft im Bereich von Wissenschaft und Forschung. Dennoch betrachten laut einer im amerikanischen Wissenschaftsjournal Science (8/2006) zitierten Umfrage mehr als 60 Prozent der Amerikaner Charles Darwins Evolutionstheorie als unbewiesen. Nur in der Türkei ist die Skepsis noch größer. Aus Gründen der Fairness ist jedoch festzuhalten, dass nicht alle in den Vereinigten Staaten ein Leben im neu aufkeimenden religiösen Wahn führen; lediglich deren früherer Präsident G.W. Bush und ziemlich genau die Hälfte ihrer Bevölkerung.

Weltweit ist in der Welt des Konsums der Irrationalismus auf dem Vormarsch. Religiöser Fundamentalismus, New Age, Esoterik, UFO- und Sektenwahn sind mittlerweile zu einer ernsthaften Herausforderung für die aufgeklärte, laizistische Gesellschaft geworden. Wenn der Erwerb geiler neuer Produkte nicht mehr genügt, um die Ängste des Menschen zu betäuben, warum dann nicht wieder bei magischen Weltbildern Zuflucht nehmen?

Als sichtbares Indiz für die bestehende Schräglage blüht überall in der westlichen Welt das Geschäft mit der Seele. Gurus, Therapeuten, Trainer, Coaches, Berater, Familienaufsteller, Kartenleger und Wahrsager, sie alle fühlen sich berufen Menschen das Heil zu bringen. Um eine zu geringe Nachfrage brauchen sie sich nicht zu sorgen – so unseriös können die Heilsversprechen gar nicht sein, dass zahlungswillige Interessenten ausblieben. Viele Heiler, Berater und Coaches geben vor zu wissen, wie man im Leben zu Reichtum und Glückseligkeit gelangen kann. Warum sie ihr grandioses Wissen nicht gleich selbst in die Realität umsetzen und so erfolgreich werden, wie sie es anderen in Aussicht stellen, bleibt ein Rätsel.

Einigermaßen entwaffnend sind auch die geistigen Ergüsse, die aus dieser Szene kommen: „Glück macht froh!", so die gar nicht unfrohe Erkenntnis eines Coaches für Führungskräfte, die er immerhin fünf Millionen Mal aufgelegt hat. Dieser Erfolg wirft nicht nur ein bezeichnendes Licht auf den aktuellen Zustand der breiten Masse, sondern auch auf die psychische Befindlichkeit von Politikern und Führungskräften, die sich von solchen Weisheiten beeindrucken lassen. Wer denkt, dass gerade die Elite unserer Gesellschaft gegenüber einer derart unseriösen und noch dazu hochgradig infantilen Therapie-, Coaching- und Beratungsszene immun ist, wird rasch eines Besseren belehrt.

Wie im Märchen „Des Kaisers neue Kleider“ schneidern Beratungsgurus bis heute ihrer Klientel ungeniert unsichtbare Kleider. Gleichgültig, ob Therapeuten, Coaches oder Trainer für teures Geld Karten legen, Familien aufstellen lassen, Hand auflegen, Pfadfinderspiele spielen oder sie mit psychologischen Plattheiten füttern: Immer noch gibt es unter den Verantwortungsträgern viele, die diese Peinlichkeiten mit sich geschehen lassen und darüber hinaus noch ernst nehmen. Die Zeit schreit förmlich nach einem Kind, das endlich den erlösenden Satz ausspricht: „Die sind ja alle nackt!“

Gemessen an der Schräglage in unserer Kultur drängt sich der Verdacht auf, dass die Betäubung der Angst durch Konsum bei vielen den Verstand außer Kraft gesetzt hat. Mühelos halten magische Weltbilder heute den naturwissenschaftlichen Erkenntnissen stand. Wer sein Heil nicht mehr in der traditionellen Religion findet, sucht es eben bei New Age, in der Esoterik, in religiösen Sekten oder sektenähnlichen, psychotherapeutischen Glaubensgemeinschaften. Tatsächlich scheint es kaum etwas zu geben, was Menschen nicht glauben: angefangen beim ewigen Leben im Paradies bis hin zur Wirksamkeit von Schlankheitspillen oder heilenden Steinen. Nur an die eigene Begrenztheit und Vergänglichkeit will niemand so recht glauben. Denn das macht Angst.

# Geht es der Wirtschaft gut, geht es uns allen gut?

Es stimmt. Trotz beträchtlicher Schräglage geht es vielen Menschen in der westlichen Welt materiell noch immer besser als vor fünfzig Jahren. Niemals zuvor vermochte das Leben dem Durchschnittsbürger so viel Wohlstand, ja sogar Überfluss zu bieten. Der Erwerb teurer Luxusgüter ist für viele zur Selbstverständlichkeit geworden. Wir geben Unsummen für Autos, schicke Handys, Unterhaltungselektronik, Computer, Schmuck oder Designerkleidung aus. Jetzt, so sollte man meinen, müsste eigentlich die glücklichste, zufriedenste Generation aller Zeiten leben. Dem ist aber nicht so.

Ungeachtet der ökonomischen Bedingungen, ungeachtet der zahllosen Möglichkeiten zur Wunscherfüllung leiden immer mehr Menschen an Gefühlen von Sinnlosigkeit, Lustlosigkeit und Langeweile. Eine wachsende Zahl lebt in Einsamkeit und Isolation. Obwohl immer neue Konsumparadiese wie Pilze aus dem Boden schießen, sind Ängste und Depressionen im Vormarsch; ebenso die Bereitschaft, die innere Leere mit Alkohol und Drogen auszufüllen.

Weltweit gehört die EU zu den wirtschaftlich reichsten Gebieten. Trotzdem zählt sie zu den Regionen mit dem höchsten Alkoholmissbrauch. Pro Kopf werden in Europa jährlich rund elf Liter reiner Alkohol konsumiert (mehr als dreieinhalb Milliarden Liter insgesamt). Jeder dritte Europäer spricht mindestens einmal im Monat exzessiv dem Alkohol zu.[9] Die deutsche Hauptstelle gegen Suchtgefahren geht davon aus, dass jeder Zehnte in Deutschland stark alkoholgefährdet ist; in Österreich ist die Situation nicht anders.

Überall in Europa saufen sich junge Menschen ins Koma. Die Zahl der Jugendlichen, die wegen exzessiven Alkoholmissbrauchs eine stationäre Behandlung benötigten, ist in den letzten 15 Jahren dramatisch gestiegen; dazu kommt die kontinuierlich wachsende Zahl Drogenabhängiger. Alleine was den Kokainverbrauch betrifft, hat die Europäische Beobachtungsstelle für Drogen und Drogensucht eine Steigerung von 3,5 Millionen Konsumenten im Jahre 2006 auf 4,5 Millionen im Jahre 2007 festgestellt. Damit noch nicht genug: Im deutschsprachigen Raum sterben jährlich doppelt so viele Menschen durch Suizid wie bei Verkehrsunfällen.

Der Psychopharmakakonsum hat sich im letzten Jahrzehnt vervielfacht. Die Kosten für Antidepressiva, Beruhigungsmittel, Schlafmittel und dergleichen machen mittlerweile bereits zehn Prozent der Gesamtkosten für Medikamente aus. In Österreich wird mittlerweile jeder zweite Frühpensionsantrag wegen einer psychischen Erkrankung gestellt.

Es stimmt, mit der Wirtschaft geht es nach der Krise wieder aufwärts. Materiell geht es den meisten ebenfalls besser als früheren Generationen. Wir leben im Wohlstand, auch das stimmt, aber geht es uns deswegen wirklich gut? Betrachtet man die Ergebnisse einer Langzeitstudie des Institutes für Angewandte Tiefenpsychologie, ist diese Frage schlicht zu verneinen. 64 Prozent der befragten Arbeitnehmer leiden unter Verspannungen, 41 Prozent unter nervösen Unruhezuständen, 40 Prozent an Durchschlafstörungen, 35 Prozent haben Erschöpfungszustände.[10] Obwohl wir heute angeblich weniger arbeiten als in früheren Zeiten, steht fast jeder dritte Arbeitnehmer unter Zeitdruck oder fühlt sich hoffnungslos überlastet. Jeder fünfte ist vom Burn-out-Syndrom betroffen.

Ohne Zweifel hat sich die Belastung durch Arbeit in den letzten hundert Jahren von der körperlichen auf die psychische Ebene verschoben. Nicht nur, dass sich das Leben durch die Erfindung neuer Kommunikationstechnologien insgesamt rasant beschleunigt hat, trägt auch die verschärfte Konkurrenzsituation in der globalisierten Welt stark dazu bei, dass die Schräglage in der Arbeit ständig zunimmt und der Stresspegel ungeahnte Höhen erreicht. Für einen guten Job nehmen heute viele Menschen Überstundenpauschalen, eingeschränkte Freizeit, hohe Mobilität, Flexibilität, ständiges Anpassen an neue Situationen, lebenslanges Lernen und mehr in Kauf. Auch für Gutverdiener ist das Leben zum Überlebenskampf geworden. Wer den hochtourigen Anforderungen unserer Leistungsgesellschaft nicht genügt, ist draußen.

In einem deutschsprachigen Telekommunikationsunternehmen wurde von Führungskräften selbstverständlich erwartet, dass sie so viele Überstunden leisteten, wie der Betrieb es erforderte. Die Frage, ob jemand wirklich mehrmals in der Woche von sieben Uhr früh bis neun, zehn Uhr am Abend arbeiten wollte und was das für seine Familie bedeutete, stellte sich erst gar nicht. Wem es nicht passte, der konnte ja gehen. Der „freiwillige" Arbeitseinsatz wurde immerhin sehr gut entlohnt. Was spielte es da noch für eine Rolle, wenn Partner und Kinder auf der Strecke blieben, wenn man sich stattdessen mit dem tollen Einkommen die neusten und teuersten Produkte leisten konnte? Einen Audi A6, eine Breitling, Skifahren in Kitzbühel, ...

Allem Anschein nach macht Shopping alleine doch nicht so glücklich, wie es die Werbung suggeriert. Offensichtlich gehört zum Wohlbefinden mehr als möglichst uneingeschränkter Konsum von Wirtschaftsgütern. In einer Gesellschaft, die sich mit Haut und Haar der Konsumideologie verschrieben hat, in der wirtschaftliche Wertvorstellungen und Profitgier immer stärker das Leben bestimmen, kommt all das zu kurz, was man mit Geld nicht kaufen kann.

In einer solchen Welt ist für Zeit und Zuwendung erfordernde Partnerschaften oder Kinder – die noch dazu viel kosten – kaum Platz. Kein Wunder also, dass mit der Gier nach Konsum das Interesse an familiären Strukturen schwindet. Wer will schon teilen, wenn er alles alleine haben kann? Immer häufiger ziehen junge Menschen, hier vor allem Männer, ein Singledasein dem Leben in einer Familie vor und erfreuen sich lieber am Hightech als am Nachwuchs. Viele Frauen stehen heute vor der Frage, ob sie sich für ein Kind oder eine berufliche Karriere entscheiden sollen, weil sich Männer, wenn es um Kinder geht, nach wie vor aus der Verantwortung stehlen. Noch immer ist die Arbeitswelt so ausgerichtet, dass die Betreuung eines Kindes mit einer beruflichen Karriere nur schwer vereinbar ist. Ob die beste Lösung wirklich darin besteht, dass man für Säuglinge Kinderkrippen baut, damit die Eltern möglichst rasch arbeiten gehen können, sei dahingestellt.

Wo Profitdenken und Konkurrenzstreben herrschen, bleibt auch die Solidarität auf der Strecke. Wer nur sein eigenes Fortkommen im Auge hat, dem lässt das Schicksal anderer unberührt. Erst recht, wenn es sich dabei um Menschen handelt, die – aus welchen Gründen auch immer – mit den hochgezüchteten Anforderungen unserer Leistungsgesellschaft nicht mithalten können. Diese Menschen stehen heute schnell im Geruch, Leistungsverweigerer und Schmarotzer zu sein. Was dabei jedoch gerne übersehen wird, ist, dass es in den meisten Fällen gar nicht um das „nicht Wollen", sondern um das „nicht Können" geht. Viele Betroffene sind aufgrund ihrer genetischen Konstitution oder lebensgeschichtlicher Umstände nicht in der Lage, ihr Leistungspotenzial so auszuschöpfen wie andere, mit denen es das Leben besser gemeint hat.

Um heute im Arbeitsleben bestehen zu können, müssen neben den intellektuellen auch die emotionalen Persönlichkeitsfunktionen ausreichend entwickelt sein. Menschen mit mangelnder Impulskontrolle oder mit herabgesetzter Frustrations- und Spannungstoleranz sind beim besten Willen nicht fähig, über einen längeren Zeitraum den Anforderungen der modernen Arbeitswelt nachzukommen.

In einer Welt, in der die gesellschaftlichen Wertvorstellungen und Ideale mehr und mehr durch die realitätsverleugnende, simplifizierende Sicht aus Fernsehen und Werbung geprägt werden, geraten Menschen, die nicht jung, fit und dynamisch sind, immer häufiger ins Abseits. Wer mit dem Tempo der anderen nicht mithalten kann, muss selber schauen, wo er bleibt. C'est la vie.

Wie sonst sollten Menschen, die fürchten, den immer höheren Ansprüchen der Wirtschaft nicht mehr gerecht werden zu können, anders reagieren, wenn nicht mit Angst und Stress? Je stärker sich eine Gesellschaft am Profit orientiert, desto härter werden ihre Selektionskriterien. Wenn in der globalisierten Welt der Konkurrenzdruck immer stärker wird, haben sich die Menschen – von der Führungskraft bis zum Portier – diesem Druck zu beugen. Nur wer effizienter, schneller und besser ist als die Konkurrenz, hat in dieser Wirtschaftswelt noch eine Chance. Aber muss das so sein? Hat uns das Leben, außer einer noch höheren Rendite, sonst nichts zu bieten?

Aus evolutionärer Sicht war die Niederlage der sozialistischen Planwirtschaft vorhersehbar, sagen die Vertreter der Marktwirtschaft. Ein System, bei dem die freien Kräfte des Marktes durch Zentralismus und Dogmatismus ersetzt werden, handle sich zwangsläufig einen Selektionsnachteil ein: Es könne sich den laufend ändernden Bedingungen schwerer anpassen. Systeme hingegen, die auf das freie Spiel der Kräfte vertrauten, hätten langfristig bessere Überlebenschancen, weil sie anpassungsfähiger seien. Der darwinistische Variations- und Selektionsmechanismus gelte in gleicher Weise für biologische Organismen wie für wirtschaftliche Systeme.

Es stimmt, alles Leben in unserem Universum beruht auf Evolution. Doch hat der Mensch die für seine Spezies gültigen biologischen Selektionskriterien schon längst um kulturelle erweitert, beziehungsweise den biologischen Genen kulturelle Meme entgegengesetzt.

Nicht einmal die eingefleischtesten Verfechter der Marktwirtschaft würden ernsthaft behaupten, dass der Markt ohne vom Menschen gesetzte Regulative auskommt. Wo wären denn die Börsen ohne die gesetzlichen Beschränkungen des Aktienrechtes? Der ungeheure Konkurrenzdruck als Folge einer ungezügelten Marktwirtschaft würde in kürzester Zeit zum wirtschaftlichen Faustrecht und damit zu anarchischen Zuständen führen. Doch geht es auch ohne Konkurrenzdruck?

Würden Menschen tatsächlich arbeiten, wenn sie nicht müssten? Wenn wir uns am Beispiel der Kinder orientieren, die zum Spielen nicht gezwungen werden müssen, scheint es noch andere Beweggründe zu geben, warum Menschen tätig sind. Worin aber unterscheidet sich das Spiel des Kindes von der Arbeit des Erwachsenen? Auf den ersten Blick durch den Grad der Freiwilligkeit. Kinder spielen, weil sie wollen, und Erwachsene arbeiten, weil sie müssen. Aber kann man dieses Argument uneingeschränkt gelten lassen? Gibt es nicht auch Erwachsene, die sich auf ihre Arbeit freuen, obwohl sie ein Zwang ist? Der Grad der Freiwilligkeit greift allem Anschein nach als Erklärung zu kurz. Offensichtlich kommt es auf den Anreiz an, der von einer Tätigkeit ausgeht. Schließlich muss es einen Grund haben, weshalb so viele Mädchen von einer Karriere als Model oder Sängerin träumen und Jungen häufig Rennfahrer oder Piloten werden wollen.

Es bedarf keiner tiefschürfenden psychologischen Analyse, um festzustellen, dass der Anreiz einer Arbeit vor allem vom sozialen Status abhängt, der mit ihr verbunden ist. Zur narzisstischen Befriedigung kommt noch die Lust, die aus der Tätigkeit selbst bezogen wird – etwa bei Schauspielern die exhibitionistische Triebbefriedigung. Eine Tätigkeit, die der Triebhaftigkeit sowie dem narzisstischen Geltungsbedürfnis des Menschen entgegenkommt und ihm darüber hinaus noch die Möglichkeit einräumt, sein intellektuelles und kreatives Potenzial zu nutzen, wird ohne Zweifel reizvoller erlebt.

Ich erinnere mich, wie ich früher auf Auslandsreisen immer wieder bei einer Fast-Food-Kette eingekehrt bin, die sich auf Sandwiches spezialisiert hat. Ursprünglich war es so, dass die Angestellten die Sandwiches nach Anweisungen des Kunden alleine fertigstellten. Sie schnitten das Brot, belegten es, füllten die Saucen ein und wickelten es in eine Serviette. Irgendwann muss das Unternehmen einen Organisationsentwickler beauftragt haben, um die Arbeitsabläufe effizienter zu gestalten. Seither stehen die Mitarbeiter aufgefädelt in einer Reihe hinter der Theke. Der Erste schneidet das Brot auf, der Zweite belegt es mit Fleisch, Wurst oder Käse, der Dritte mit Salat und der Vierte gibt die Saucen dazu. Immer einer nach dem anderen, und immer derselbe Handgriff. Konnten die Angestellten bis zum Zeitpunkt der Umstellung zumindest darauf stolz sein, selbst ein schönes Sandwich produziert zu haben, wurde ihnen danach auch noch diese bescheidene Befriedigung genommen.

Selbst wenn die Stoppuhr des Organisationsberaters richtig tickte, hatte der Anblick der Sandwich belegenden Menschenkette etwas zutiefst Entwürdigendes. Mir ist der Appetit auf Sandwiches dabei jedenfalls gründlich vergangen. Auch wenn dieses Beispiel vielen von Ihnen vielleicht banal erscheinen mag, zeigt es doch, wie nebensächlich die menschlichen Bedürfnisse in einer Welt geworden sind, die nur mehr den wirtschaftlichen Profit im Auge hat.

Angesichts der Schräglage einer Gesellschaft, in der sich alles ums Geld dreht, muss man unweigerlich an den phrygischen König Midas denken, der in seiner grenzenlosen Gier und Dummheit danach verlangte, dass sich alles, was er mit seinen Finger berührte, in Gold verwandle. Nur der Gnade des griechischen Gottes Dionysos war es zu verdanken, dass Midas dem Hungertod entkam, da ihm nach der Erfüllung seines Wunsches auch Essen und Trinken zu Gold wurden.

Wohin hat uns die einseitige Orientierung am Profit geführt? Nicht genug, dass die Folgen der Profitgier, Finanzkrise, Erderwärmung, die nahende Ölkrise, Kommerzialisierung menschlicher Gefühle und Intimität, wachsender Egoismus und schwindende Solidarität bereits unsere Lebensgrundlage bedrohen, ist auch der psychische Zustand der Menschen in der Konsumgesellschaft desaströs. Der Mensch ist ein Gewohnheitstier. Mittlerweile ist uns der Zustand der Entfremdung von unseren ureigenen Bedürfnissen so vertraut, dass er selbstverständlich scheint.

Es kommt den meisten völlig normal vor, dass sich das Hamsterrad nach noch mehr Geld immer schneller dreht. Nicht einmal dann, wenn wir merken, dass uns bei diesem Hasardspiel die Luft ausgeht, stellen wir die Spielregeln infrage. Im Grunde geht es uns nicht anders als den Gästen auf der Titanic: Während die Kapelle im luxuriösen Ballsaal noch Walzer anstimmt, hat der Untergang längst seinen Lauf genommen.

Die permanente Reizüberflutung mit in der Hauptsache immer dümmlicheren Inhalten durch Fernsehen, Werbung und ständig neue Konsumangebote haben zu einer emotionalen und intellektuellen Abstumpfung geführt. Die emotionale Leere, unter der viele Menschen in der Konsumgesellschaft leiden, hat mit der Funktionsweise unseres Nervensystems zu tun.

Der von den Nazis aus Wien vertriebene Nobelpreisträger Eric Kandel konnte mit seinen Untersuchungen an der Meeresschnecke Aplysia[11] nachweisen, dass eine ständige Reizung des Nervensystems mit belanglosen Reizen zu einer biochemischen Veränderung in den Endigungen der Nervenzellen (den Synapsen) führt. Mit jeder neuerlichen Reizung wird die Reaktion in den Synapsen schwächer. Man nennt dieses Phänomen Habituations- oder Gewöhnungseffekt. Eine permanente Reizüberflutung durch ähnliche Reize führt dazu, dass unser Nervensystem auf diese Reize bald überhaupt nicht mehr reagiert, weil es sie für bedeutungslos hält.

Die Wirtschaft lebt vom Verkauf. Wer verkaufen will, muss werben. Damit Werbung bei all dem Überangebot an Information überhaupt wahrgenommen wird, muss sie beim Rezipienten eine starke emotionale Resonanz hervorrufen. Eine Werbung ist dann ein gutes Mem, wenn sie sich einerseits im Gehirn festsetzt, auf der anderen Seite den Drang erhöht, die Information weiterzugeben. Nicht anders als ein guter Witz, der einem nicht aus dem Kopf geht und den man gerne weitererzählt. Dasselbe Prinzip gilt natürlich auch für Spielfilme sowie Fernseh- und Unterhaltungsproduktionen, die ebenfalls Aufsehen erregen und sich vom Mitbewerb abheben müssen, um die Kassen zu füllen.

Was aber, wenn die Neuronen wegen des Reizüberangebotes auf gewohnte Reize nicht mehr wie gewünscht reagieren? Dann hilft nur eines: die Reizdosis zu erhöhen. Aber wie? Die stärkste emotionale Resonanz ruft immer noch der Bruch eines Tabus hervor. Wer mit Bildern von Leichen wirbt (was tatsächlich schon geschehen ist), löst in der Öffentlichkeit zunächst eine sehr heftige emotionale Resonanz aus. Das Gleiche gilt für pornografische Inhalte, Gewaltszenen in Filmen oder rassistische Tabubrüche rechtspopulistischer Parteien.

Je häufiger das Erfolgsrezept imitiert wird, desto schwächer wird die emotionale Reaktion auf Grund des Habituationseffektes – bis sich unser Nervensystem an die ursprünglich schockierenden Reize gewöhnt hat und darauf überhaupt nicht mehr reagiert. Im Laufe der Zeit kommt es auf diese Weise zu einer Reiznivellierung. Das Gehirn reagiert dann selbst auf extreme Reize aus Werbung und TV so wie auf etwas völlig Alltägliches. Die emotionale Abstumpfung folgt auf dem Fuß. Tragisch, dass diese emotionale Unberührbarkeit im realen Leben auch vor Situationen nicht haltmacht, in denen Anteilnahme und Mitgefühl sehr wohl angebracht wären. Tatsächlich leidet heute bereits jeder Fünfte an innerer Leere und Gefühlsmangel.

Die emotionale Verflachung als Folge der medialen Reizüberflutung erklärt, weshalb die Reizdosis ständig erhöht werden muss, um beim Rezipienten überhaupt noch eine emotionale Reaktion hervorzurufen. Das Ergebnis sind Extremsex, Extremsport, extreme Gewalt. Sie macht auch verständlich, warum eine Gesellschaft, in der es keine Tabus mehr gibt, immer mehr in Schräglage gerät. Alles ist erlaubt, alles ist möglich, es gibt kaum noch etwas, mit dem man heute noch schockieren kann. Das ist eine Entwicklung, unter der vor allem die Kunst leidet: Wenn Kunst provozieren soll, dann stellt sich schon längst die Frage, womit? Auf der anderen Seite gibt es in einer derartigen Gesellschaft auch keine Ideale, nichts „Gutes" mehr, wonach der Einzelne streben könnte. In dieser nihilistischen Welt lässt sich Erfolg tatsächlich nur mehr in Zahlen messen. Richtig ist, was finanziellen Profit bringt.

Die emotionale Verflachung ist zwar ein überaus schwerwiegendes, aber bei Weitem nicht das einzige Problem der in Schräglage geratenen Konsumgesellschaft. Die technischen Errungenschaften im letzten Vierteljahrhundert – allen voran Handy, E-Mail und Internet – haben das Leben enorm beschleunigt. Der Druck, immer und überall erreichbar zu sein, der unausgesprochene Zwang, auf jede Nachricht möglichst unmittelbar zu reagieren, die Notwendigkeit, mit dem gesellschaftlichen Wandel Schritt halten zu müssen, haben unseren Stresspegel zusätzlich heraufgesetzt.

Auch die allseits geforderte Effizienzsteigerung in den Unternehmen, lebenslanges Lernen, ständiger Konkurrenzdruck sowie die Notwendigkeit, sich im Arbeitsleben auf immer neue Herausforderungen einzustellen, sind an der menschlichen Psyche nicht spurlos vorübergegangen.

Die einseitige Konsumorientierung, die unsere Gesellschaft auf die schiefe Bahn gebracht hat, legt den Gedanken an ein kollektives Suchtverhalten nahe. Es hat den Anschein, als wüsste eine wachsende Anzahl von Menschen in unserer Wohlstandsgesellschaft mit ihrem Leben nicht mehr anzufangen, als ihre simpelsten Bedürfnisse zu befriedigen, ihre Leere im Gehirn mit Fernsehen, Alkohol oder Drogen auszufüllen, sich die Birne mit lauter Musik zuzudröhnen, vor dem Computer zu versacken oder Shoppen zu gehen. Immer verspricht der Erwerb des nächsten Konsumgutes jene Befriedigung, die die Anschaffung des vorigen nicht gehalten hat.

Genau genommen entsprechen Süchtige dem Prototypen des idealen Verbrauchers, weil sich ihr Leben ausschließlich um den Konsum dreht. Im Grunde wissen Konsumjunkies mit ihrem Leben genauso wenig anzufangen wie Drogenjunkies, nur dass sie sich den Kick nicht durch eine Droge, sondern durch das „Reinziehen" von Konsumgütern holen. Ohne die Möglichkeit, shoppen zu gehen, fühlen sie sich genauso leer wie Junkies ohne Stoff.

Natürlich gibt es auch Unterschiede. Während Drogenjunkies zu einer geächteten Randgruppe zählen, sind Konsumjunkies gleichzeitig die Leistungsträger unserer Gesellschaft, in vielen Fällen sogar ausgesprochene Workaholics. Sie arbeiten, um zu konsumieren. Kann sich die Wirtschaft mehr wünschen? Konsumjunkies dürfen sogar mit Fug und Recht für sich in Anspruch nehmen, durch ihr gesteigertes Konsumverhalten den Wirtschaftsmotor am Laufen zu halten. Denn ohne Konsum kein Wirtschaftswachstum.

Wie brüchig der Boden ist, auf dem sich Menschen bewegen, deren Existenz sich hauptsächlich im Konsum erschöpft, zeigt ein Blick in die Statistik. Gerade um die Lebensmitte, wenn die Kinder langsam flügge werden oder es sich abzeichnet, dass das eigene Dasein kinderlos bleibt, sind viele plötzlich mit dem Gefühl der Leere konfrontiert. Mit einem Mal stellt sich die Frage, ob die einseitige Ausrichtung an der Befriedigung der materiellen Bedürfnisse wirklich die richtige Entscheidung gewesen ist, oder ob es über deren Erfüllung hinaus nicht auch andere lohnenswerte Inhalte gegeben hätte; kreative Tätigkeiten, das Streben nach Einsicht und Erkenntnis, das Erlangen persönlicher Reife, die Steigerung der Selbstreflexionsfähigkeit oder die Erweiterung des Bewusstseins. Den Jahren des Konsumrausches folgt bei manchem die Ernüchterung.

Früher verlief das Leben gewiss nicht einfacher als heute. Das käufliche Freizeitangebot war geringer und der Lohn reichte gerade für das tägliche Leben, jedoch kaum für den Erwerb von Luxusgütern. Auch die wenigen für alle zugänglichen Vergnügungen waren oft mit größerem Aufwand, längeren Vorbereitungen und Anstrengungen verbunden; und doch hat es den Anschein, als hätten Menschen damals mit ihrem Leben mehr anzufangen gewusst als heute.

Noch in den Sechzigerjahren drängten viele junge Menschen auf einen umfassenden kulturellen Wandel. Sie waren politisch aktiv und setzten sich kritisch mit den gesellschaftlichen Grundlagen auseinander. Auch wenn ihre Vorstellungen von einer besseren Welt aus heutiger Sicht ein wenig naiv anmuten, hatten sie doch die Hoffnung, die Welt zum Guten ändern zu können.

Sieht man von einigen Ausnahmen ab, ist die Jugend in der Konsumgesellschaft heute mehrheitlich unpolitisch. An einer Gesellschaftsanalyse ist sie kaum interessiert, an einem designten Outfit, schicken Klamotten, Handys, MP3-Playern und Computerspielen allerdings schon. Sie will keine tiefschürfenden Gespräche führen, sondern sich in der Disko oder beim Clubbing amüsieren. Nach geistigen Höhenflügen steht ihr nicht der Sinn. Wenn schon „high", dann mithilfe von Designerdrogen. Selbst die Studenten, früher der Motor der gesellschaftlichen Veränderung, verfolgen heute nur ein Ziel: möglichst schnell mit dem Studium fertig zu werden und einen gut bezahlten zu Job finden. Gleichzeitig haben überall in den westlichen Industrienationen mit dem materiellen Wohlstand Desinteresse, Ignoranz und Gleichgültigkeit zugenommen.

Jeder weiß, wofür eine bestimmte Marke steht, aber wenn es um politische oder gesellschaftliche Zielsetzungen geht, ist das Wissen begrenzt. Eine derartige Haltung kann der Wirtschaft nur recht sein. Wer verkaufen will, braucht keine kritischen Denker, sondern willige Konsumenten. Zu viel Denken schafft nur Probleme.

Aus wirtschaftlicher Sicht beantwortet sich auch die Frage nach dem Sinn der menschlichen Existenz von selbst: Fleißig Geld verdienen und fleißig ausgeben, denn nur dann klingeln die Kassen und die Wirtschaft wächst. Aber wohin?

Gar nicht daran zu denken, welche Konsequenzen es hätte, beschränkten sich die Massen darauf, nur Konsumartikel zu erwerben, die für das tägliche Leben benötigt werden. Allen Ernstes würde dieser Meinungsumschwung zur schwersten Krise des Systems überhaupt führen. Doch wir können ganz beruhigt weiterschlafen: Eine derartige Schubumkehr ist alleine aufgrund der Wahrscheinlichkeitsgesetze nicht zu erwarten. Aber gerade diese Schubumkehr könnte gerade noch verhindern, dass das Schiff „Planet Erde" noch weiter in Schräglage gerät und kentert.

Aus evolutionärer Sicht ist es allerdings nur schwer nachzuvollziehen, warum der Mensch mehr Arbeit leistet, als für sein Überleben notwendig ist. Denken Sie daran, was Sie wirklich benötigen, um zu überleben – und wie viele Güter sich darüber hinaus in Ihrem Besitz befinden, für die Sie gearbeitet haben, ohne sie zu brauchen. Die Lust am Besitz hat auch eine narzisstische Komponente. Der Status einer Person in einer am materiellen Profit orientierten Gesellschaft steht und fällt anscheinend mit den Objekten, die sich in ihrem Besitz befinden. In seiner Fähigkeit, sich an schönen Dingen zu erfreuen und dafür zu arbeiten, unterscheidet sich der Mensch grundlegend vom Tier, das nie mehr für die Lebenserhaltung tut als notwendig.

Anders als beim instinktgesteuerten Tier, dessen Spannungsregulation – etwa Hunger und Sättigung – weitgehend an genetisch festgelegte Verhaltensmuster gebunden ist, findet sich beim Menschen – der statt Instinkten über Triebe verfügt – keine unmittelbare biologische Bindung des Triebbedürfnisses an ein bestimmtes Ziel oder Objekt. Auch ist der Vorgang, der zur Spannungsabfuhr führt, genetisch nicht verankert; man denke nur an die Variationsbreite des menschlichen Sexualverhaltens im Vergleich zum Tier.

Erst dem Wegfall der fixen Verknüpfung der Triebbedürfnisse mit dem Modus der Triebbefriedigung verdanken wir die Entwicklung unserer Intelligenz und Kultur. Wir hängen zwar auch an der Leine der Gene, aber anders als beim

Tier hat uns die Evolution die Möglichkeit eingeräumt, auf unmittelbare Triebbefriedigung zu verzichten und auf kulturelle Ziele zu lenken. Einen Vorgang, den man Sublimierung nennt. Dadurch erst ist es dem Menschen möglich, der Triebbefriedigung Denk- und Arbeitsleistungen vorangehen zu lassen. Das Tier kann die Nahrung seiner direkten Umwelt entnehmen, während der Kulturmensch an die Erfüllung der von der Gesellschaft vorgegebenen Anforderungen gebunden ist, bevor er seinen Hunger stillen kann. Solange er noch Jäger und Sammler war, unterschieden sich die Leistungen, mit denen er sein Überleben sicherte, noch nicht sonderlich von denen des Tieres.

Heute, in der industrialisierten Welt, ist der Mensch darauf angewiesen, die benötigten Nahrungsmittel zu kaufen. Wer etwas kaufen will, muss über ein entsprechendes Einkommen verfügen. In der Regel ist das Einkommen das Äquivalent für erbrachte Arbeitsleistungen. Jegliche Form von Arbeit in unserer Kultur setzt wiederum eine mehr oder minder qualifizierte Ausbildung voraus. Damit ein Mensch in der zivilisierten Welt überleben kann, muss er eine Vielfalt an sozialen Fähigkeiten erwerben. Er muss seine asozialen Triebregungen unter Kontrolle bringen, lernen seine Bedürfnisse aufzuschieben, Wissen erwerben, arbeiten und Geld verdienen, bevor er sich im nächsten Supermarkt versorgen kann.

Doch auch die Supermärkte und Lebensmittel fallen nicht vom Himmel, sondern erfordern das Vorhandensein von Kultur. Schließlich sind alle wichtigen Industriezweige an der Errichtung von Supermärkten, der Herstellung und am Transport von Lebensmitteln beteiligt. Neben der Bauwirtschaft, einer funktionierenden Landwirtschaft, der verarbeitenden Industrie sowie Handels- und Verkaufseinrichtungen bedarf es auch der Transportindustrie. Das wiederum setzt den Bau von Kraftfahrzeugen, Straßen, Eisenbahnanlagen, Schiffen, Flugzeugen und dergleichen voraus. Diese Reihe ließe sich beliebig lange fortführen, doch sollte damit lediglich dokumentiert werden, wie viele Voraussetzungen erfüllt sein müssen, ehe wir am Abend unseren Kühlschrank plündern können.

Im Gegensatz zum Tier hat sich beim Menschen auf Grund der fehlenden genetischen Verknüpfung zwischen dem Triebbedürfnis (Hunger) und der Triebbefriedigung (Sättigung) ein differenziertes, hochstehendes kulturelles System entwickeln können. Die nicht vorhandene Verkettung zwischen Triebbedürfnis und Triebbefriedigung erklärt jedoch nicht nur die Entstehung unserer Kultur, sondern auch deren beginnende Auflösung in der Konsumgesellschaft.

Zwar besitzt der Mensch die Fähigkeit, seine Triebspannung von den ursprünglichen Zielen und Objekten auf neue zu verschieben, doch suchen die Triebe nach Möglichkeit immer den direktesten, kürzesten Weg zur Befriedigung. Kein Mensch würde im Alltag freiwillig länger auf eine Befriedigung warten als nötig. Wann immer sich uns im Leben die Möglichkeit bietet zu wählen, werden wir mit hoher Wahrscheinlichkeit der schnelleren, einfacheren, bequemeren Variante Richtung Triebbefriedigung den Vorzug geben. Allerdings erfolgt diese Entscheidung zur Gänze auf Kosten der Vorlust. Die Vorlust oder auch die Vorfreude ist jene Phase im Befriedigungsvorgang, in der – im sicheren Wissen um die spätere Erfüllung – die Spannung durch Hinauszögern der Triebabfuhr lustvoll erhöht wird. Je intensiver die Vorlust ist, desto durchdringender wird schließlich der Akt der Entladung selbst erlebt.

Jedes Kind kennt diesen Vorgang aus eigenem Erleben; wenn es sich zum Beispiel schon Wochen vor seinem Geburtstag auf die Geschenke freut, die es sich wünscht und die es zu bekommen hofft. Bis der Festtag endlich da ist, hat der kleine Mensch die begehrten Geschenke in seinen Träumen bereits unzählige Male erstehen lassen und sich das Glück ausgemalt, welches ihn überkommen wird, wenn diese endlich in seinen Besitz gelangt sind. Die dem Befriedigungsakt vorgeschobene Wartezeit und die damit einhergehende Vorlust sind deswegen so bedeutend, weil sie die Fantasietätigkeit des Kindes anregen und die Spannung, die dem nachfolgenden Befriedigungserlebnis vorangeht, steigern, sodass die Spannungsabfuhr beim Überreichen der Geschenke intensiviert wird.

In der Vergangenheit, als die Lebensbedingungen für viele noch schlechter waren und die Erfüllung luxuriöser Wünsche der niedrigen Einkommen wegen nur einigen wenigen Privilegierten vorbehalten war, boten Fantasien – man denke nur an die Dreigroschenromane – der großen Masse der Unterprivilegierten Ersatz für das Unerreichbare. Die unerfüllten Wünsche und die daraus erwachsenden Fantasien sind der Motor jeglicher Weiterentwicklung. Nur dann, wenn die Bedürfnisspannung des Menschen durch die ihm zur Verfügung stehenden inneren und äußeren Möglichkeiten nicht herabgesetzt werden kann, ist er genötigt, aktiv zu werden, Denkleistungen zu erbringen und effektive Schritte zur Veränderung seines aktuellen, unlustvollen Zustandes zu setzen.

Die Voraussetzung für die Entwicklung der menschlichen Kultur waren Mangelzustände und Entbehrungen, welche die Not des Lebens an uns herangetragen hat. Erst diese von Anfang an bestehenden unlustvollen Spannungen führten zur Entstehung adäquater, zur Spannungsabfuhr geeigneter Reaktionsmuster, deren Ablauf das ursprüngliche Spannungsgleichgewicht im Organismus wiederherstellte.

Dort, wo alles im Überfluss vorhanden ist, wo der Wunschentstehung die unmittelbare Erfüllung folgt, besteht für das heranwachsende menschliche Wesen keine Veranlassung zur Entfaltung von Fantasien, Denkleistungen oder Aktivitäten. Im Gegenteil fördern solche Bedingungen die Passivität, hemmen die Entwicklung der Kreativität und erzeugen eine bleibende Abhängigkeit von der wunscherfüllenden Umwelt. Auch sind die Befriedigungserlebnisse dann, wenn Menschen alles haben können, was sie wollen und wann sie es wollen, auf Grund der fehlenden Vorlust flach und unzulänglich.

So wird ein Kind den Wert eines Spielzeuges, auf das es monatelang warten musste, höher einschätzen als ein anderes, dessen Wünsche von seinen Eltern immer sehr rasch erfüllt werden. Dabei ist zu bemerken, dass die Reizintensität des begehrten Objektes im Empfinden des Kindes mit jeder Wiederholung sinkt. Neue, noch unbekannte Spielsachen erzeugen eine weitaus größere Reizintensität als schon bekannte. Daraus folgt, dass bei verringerter Vorlust immer neuere, immer intensivere Reize geboten werden müssen, um das Befriedigungserlebnis konstant hoch zu erhalten.

Heute, in einer Zeit, in der Wunscherfüllung im materiellen Bereich sehr rasch herbeigeführt werden kann, in der – überspitzt formuliert – jeder alles haben kann, in der Überfluss, wenn nicht schon Übersättigung herrscht, ist es nicht mehr nötig, durch Fantasien Ersatz zu schaffen. Dieser Mangel an Fantasie in der Konsumgesellschaft beeinflusst das Denken und die Kreativität unserer Kinder. Die „Bildschirmgeneration“ ist keineswegs dümmer als vorhergehende Generationen und auch nicht fauler, doch scheint sie im Vergleich zu dieser passiver, fantasieloser und weniger kritisch den Fragen gegenüber, die diese Welt aufwirft, und weniger interessiert an den Möglichkeiten, die sie über den Konsum hinaus bietet.

Der Erfindungsgeist des Menschen, gepaart mit der unserer Kultur zugrunde liegenden Wirtschaftswachstumsideologie, führt zur Erzeugung immer neuer Produkte. Um diese an den Mann zu bringen, musste erst ein Bedarf erzeugt werden. Mit Werbung und Marketingstrategien werden bis heute ursprüngliche, auf menschliche Objekte gerichtete Triebbedürfnisse auf neue, künstlich erzeugte Produkte gelenkt. Ohne diese Möglichkeit zur Verschiebung vom Natürlichen aufs Künstliche gäbe es keine Konsumgesellschaft. Nur wenn dem Menschen erfolgreich suggeriert wird, dass das künstlich hervorgebrachte Objekt (selbst wenn er es nicht braucht) mehr und vor allem schnellere Befriedigung bietet als das ursprüngliche, wird er zum Konsumenten.

Dieser Vorgang kann bis ins Kleinstkindalter zurückverfolgt werden, wo die primäre Lust des Säuglings am Saugen, Lutschen und Beißen von der mütterlichen Brust auf den Plastikschnuller verschoben wird. Im Verlauf der späteren Entwicklung nimmt der Schnuller immer neue Gestalt an. So entsprechen ihm im Erwachsenenalter die unterschiedlichsten Konsumgüter – die Drogen für den Süchtigen genauso wie Farbfernseher, Videorekorder und das schnellere Auto für den Normalbürger. Eines ist all diesen Formen der Ersatzbefriedigung jedoch gemeinsam: Die menschlichen Triebbedürfnisse werden von ihren ursprünglichen Zielen – Geborgenheit, Gemeinschaft, Sicherheit, Sexualität – entfremdet. Doch wie der Schnuller dem Säugling nicht die Lust zu spenden vermag wie die Brust, sind auch die Konsumgüter längerfristig betrachtet nur ein inadäquater Ersatz für den eigentlichen Bedarf. So verspricht jeweils die nächste Zigarette, das nächste Glas Wein, die nächste Droge, das nächste Produkt die Befriedigung, die der Konsum des Vorhergegangenen nicht gehalten hat.

Einhergehend mit dem ideellen Niedergang haben noch nie dagewesener Wohlstand, verlockende, leicht erreichbare Kredit- und Leasingvarianten in Verbindung mit einem reichhaltigen Konsumangebot zur Entfremdung der menschlichen Bedürfnisse und zu einem abhängiger machenden Konsumverhalten geführt, das nach immer neueren, immer intensiveren Reizen verlangt. Beziehungslosigkeit, Passivität, Leere, Sinnlosigkeit, Einsamkeit und Isolation sind die Kehrseite dieser Entwicklung. Die Krise der Jugend, Drogenabhängigkeit, emotionale Leere und aufkeimende Gewalt sind die sichtbaren Symptome einer immer materielleren, immer süchtiger, immer kälter werdenden Gesellschaft in Schräglage.

Nur wenige arbeiten, weil sie wollen. Die meisten tun es, weil ihnen nichts anderes übrig bleibt. Diese Erkenntnis ist nicht neu, aber auch nicht so selbstverständlich, wie es auf den ersten Blick scheint. Kinder muss niemand dazu zwingen, tätig zu sein. Im Spiel imitieren sie sogar die Arbeit der Erwachsenen und haben Spaß daran. Beim Spielen sind sie zu großer Ausdauer und Hingabe fähig.

Wie anders nimmt sich da die Situation Erwachsener aus, die sich oft in die Arbeit schleppen und dort jede Sekunde zählen, bis sie wieder nach Hause können. Ein Vergleich der Arbeit des Erwachsenen mit dem Spiel des Kindes macht vor allem zwei große Unterschiede deutlich: Sein Spiel beruht auf Freiwilligkeit und das Kind kann den Inhalt des Spieles nach seinen eigenen Vorstellungen gestalten. Narzisstisch motivierte Arbeiten, die, wie das künstlerische Schaffen, neben freier Zeiteinteilung auch das Ausleben von Fantasien erlauben, sind für Erwachsene daher noch genauso lustvoll wie das Spiel für Kinder.

Abgesehen von der Bezahlung sind die Selbstbestimmungs- und Gestaltungsmöglichkeiten somit entscheidende Kriterien für die Arbeitszufriedenheit. Je weiter die Arbeit sich jedoch vom Spielerischen entfernt, desto stärker wird sie als Last empfunden.

Alleine die Wortgeschichte spiegelt den emotionalen Bezug wider, den die meisten Menschen zur Arbeit haben. Rein etymologisch leitet sich der Begriff „Arbeit“ von „Folter, Knechtschaft, Sklaverei“ ab. Daran hat sich im Laufe der Jahrhunderte nicht viel geändert. Bis heute wird Arbeit im Empfinden der Menschen mit Mühsal und Zwang in Verbindung gebracht.

Wie sollte das auch anders sein, war der Mensch von Gott doch anfangs gar nicht zur Arbeit bestimmt. Vielmehr wurde ihm die Arbeit als Strafe auferlegt, weil er es einfach nicht lassen konnte, vom Baum der Erkenntnis zu naschen. Nach dem Sündenfall ging Gott mit dem Menschen hart ins Gericht: „Und zum Weibe sprach er: Ich will dir viel Mühsal schaffen, wenn du schwanger wirst; unter Mühen sollst du Kinder gebären. Und dein Verlangen soll nach deinem

Manne sein, aber er soll dein Herr sein. Und zum Manne sprach er: Weil du gehorcht hast der Stimme deines Weibes und gegessen von dem Baum, von dem ich dir gebot und sprach: Du sollst nicht davon essen, verflucht sei der Acker um deinetwillen! Mit Mühsal sollst du dich von ihm nähren dein Leben lang. Dornen und Disteln soll er dir tragen, und du sollst das Kraut auf dem Felde essen. Im Schweiße deines Angesichts sollst du dein Brot essen, bis du wieder zu Erde werdest, davon du genommen bist. Denn du bist Erde und sollst zu Erde werden.“(1 Mo 3,19)

Ausgehend vom Nahen Osten vollzog sich vor rund zehntausend Jahren ein fundamentaler Wandel in der menschlichen Kultur. Nach wie vor standen Ernährung und Fortpflanzung im Mittelpunkt des Überlebenskampfes; aber anders als in den Jahrmillionen davor wandten sich plötzlich immer mehr Menschen, die bis dahin jagend, fischend und sammelnd als Nomaden durch ihre Reviere gezogen waren, der Anbauwirtschaft und Viehhaltung zu.

Der Wechsel von der Wildbeuter- zur Pflanzerkultur ging mit einem raschen Wissensanstieg einher. Vor allem die Erkenntnis, dass nicht irgendeine geheimnisvolle Zeugungskraft, sondern der Mann für die Fortpflanzung verantwortlich war, und ein durch die Anbauwirtschaft bedingtes völlig neues Besitzdenken revolutionierten das steinzeitliche Weltbild und läuteten das Zeitalter des Patriarchats ein.

Solange die Menschen als Jäger und Sammler lebten, gab es den Begriff „Arbeit“ im heutigen Sinne noch nicht. In der Wildbeuterkultur gab es auch keine Bezeichnung für Besitz, weil es für Nomaden unvorstellbar war, dass jemand Berge, Flüsse, Seen oder Weiden als sein Eigentum beanspruchen könnte. Genauso wenig wurden Frauen als Besitz des Mannes gehandelt. Die Geschlechter waren gleichgestellt und die Kinder wurden meist von der Gemeinschaft sozialisiert.

Wildbeuter besaßen nur das, was sie mit sich tragen konnten. Jeder weitere Besitz wäre hinderlich gewesen. Weil

Menschen in dieser Kultur noch viel stärker auf den Zusammenhalt der Gruppe angewiesen waren, wurden auch die unvermeidlichen zwischenmenschlichen Konflikte anders gelöst als in der nachfolgenden patriarchalischen Pflanzerkultur. Bei den Buschmännern in West- und Zentralafrika wird heute noch im Streitfall so lange verhandelt, bis der Konflikt für beide Seiten zufriedenstellend bereinigt ist. Es gibt weder Sieger noch Verlierer.

Eine solche Form der Konfliktregelung eignet sich jedoch nicht, um Fragen des Grundbesitzes zu regeln. Wem gehört ein Stück Land? Dem, der als Erster darauf Anspruch erhebt, oder dem, der stark genug ist, es gegen andere zu verteidigen? War Besitz für Wildbeuter noch hinderlich, so wurde er in der Pflanzerkultur zur Existenzgrundlage. Wer Boden anbaute, war darauf angewiesen, dass dieser als sein Eigentum anerkannt wurde. Auf welcher Grundlage jedoch erfolgte die Entscheidung, wer welchen Grund in Besitz nehmen durfte?

Wir können mit einiger Wahrscheinlichkeit davon ausgehen, dass die Landbesitznahme ursprünglich von der Stärke einer Sippe abhängig war. Von Chancengleichheit konnte damals vermutlich noch weniger die Rede sein als heute. Der fruchtbare Boden fiel automatisch den Starken zu, während Schwächere sich mit dem begnügen mussten, was übrig blieb. Während für eine erfolgreiche Jagd noch Eigenschaften wie Schläue, Geschicklichkeit, Geschwindigkeit und Treffsicherheit von Bedeutung waren, kam es bei der Verteidigung von Grund und Boden vor allem auf die Stärke an. Aus evolutionärer Sicht hatten Gruppen aus schwächeren Individuen daher einen klaren Selektionsnachteil.

Doch auch für eine starke Sippe gab es keine Garantie, dass nicht eine stärkere kam und ihr den Boden raubte, den sie mühselig bebaute. Um ihre Streitkraft zu vergrößern, mussten sich Familien zusammenschließen oder Zuwanderer aufnehmen. Natürlich gingen auch die Mitglieder unterworfener Sippen in den Besitz der siegreichen über und wurden dort als Sklaven gehalten.

Diese Entwicklung hatte gleich mehrere Konsequenzen. Um die neuen Mitglieder zu ernähren, brauchte es mehr Land. Daraus resultierte die Notwendigkeit zur Expansion. Innerhalb der Gruppe bildeten sich hingegen Strukturen und Hierarchien aus. Dabei entstanden neue Rollen mit unterschiedlicher Machtausprägung und Bedeutung: Landbesitzer und Besitzlose, Privilegierte und Unterprivilegierte. Die Aufgabenvielfalt in einer sich vergrößernden Gruppe veranlasste ihre Mitglieder, sich zu spezialisieren und eine komplexe Rangordnung auszubilden. Mit einem Mal gab es Machthaber, Spezialisten mit bestimmten Fähigkeiten und Menschen auf der untersten Schicht der Hierarchie, die ausschließlich über ihre Körperkraft verfügten.

Arbeit, wie wir sie heute kennen, gibt es erst im Patriarchat. Sie steht im engen Zusammenhang mit der Anbauwirtschaft. Landherren, Priester, Krieger, ja selbst Handwerker wie Keramiker oder Kupferschmiede werden ihr Tun kaum als auferlegte Bürde oder Strapaze empfunden haben. Immerhin bezogen sie aus ihrer Tätigkeit gesellschaftliche Anerkennung und persönliche Befriedigung. Arbeit hingegen wurde von den Besitzlosen, den Unterprivilegierten, den Sklaven geleistet. Kein Wunder also, dass die Wortgeschichte des Begriffes in so enger Beziehung zu Folter, Knechtschaft, Sklaverei und Mühsal steht.

Bis in die Mitte des 19. Jahrhunderts war es in feudalen Gesellschaften gang und gäbe, die meist landwirtschaftlichen Arbeitskräfte zu versklaven. In den Vereinigten Staaten fand die Sklaverei erst durch den Sezessionskrieg (1861–1865) und in Europa durch die großen Revolutionen (1789 in Frankreich, 1848 in allen großen europäischen Staaten mit Ausnahme von England und Russland) ein offizielles Ende. An der Ausbeutung der menschlichen Arbeitskraft hat sich durch ihre Aufhebung jedoch nicht viel geändert. Die feudale Gewaltherrschaft wurde in den Industriestaaten lediglich durch die Geldherrschaft ersetzt. Auch der ursprüngliche Gegensatz zwischen Besitzenden und Besitzlosen blieb aufrecht.

Nach wie vor ist Arbeit das, was den sozial Schwachen von den Mächtigen aufgezwungen wird – wenn auch der Zwang heute subtiler erfolgt als in den Anfängen des Patriarchats. Daher bezieht sich der Begriff Arbeit gefühlsmäßig immer noch auf Tätigkeiten, die in einer Gesellschaft niemand gerne freiwillig ausführen möchte. Wer sonst sollte sie übernehmen, wenn nicht Menschen, die mit dem Rücken zur Wand stehen und daher keine andere Wahl haben? Denken Sie doch nur an künstlerische oder wissenschaftliche Tätigkeiten; diese haben einen ganz anderen Beigeschmack als zum Beispiel Pflegearbeit in einer Altenstation oder Fließbandarbeit in einer Fabrik. Je begehrter ein Beruf ist, desto weniger fällt er in die Kategorie Arbeit.

Die meisten Tätigkeiten, denen Menschen in der industrialisierten Welt heute nachgehen, sind eine Art Kompromiss zwischen Arbeit im klassischen Sinn und dem, was man früher unter Berufung verstanden hat. Die Berufswahl erfolgt bei uns meist freiwillig, aber in starker Abhängigkeit von den bewussten und unbewussten Vorstellungen eines Berufssuchenden und dem realen Bedarf. Wer gerne als Lehrer oder Lehrerin Kinder unterrichten möchte, wird mit dieser Tätigkeit sicher andere Fantasien verbinden als jemand, der davon träumt, in einem schnittigen Jet durch die Lüfte zu sausen. Die hoffnungsvollen Erwartungen haben eher den Charakter einer Berufung. Das Gefühl der Arbeit kommt erst mit dem Zwang ins Spiel, wenn wir dieser Tätigkeit auch dann nachkommen müssen, wenn wir lieber etwas anderes täten.

Schon den Autoren der Bibel war der Umstand, dass Reiche immer reicher werden, bekannt. Im Matthäusevangelium (25,29) heißt es im Gleichnis von den anvertrauten Zentnern: „Denn wer da hat, dem wird gegeben werden, dass er Fülle habe; wer aber nicht hat, von dem wird auch genommen, was er hat.“ Ein Phänomen, dem für die Schräglage in der heutigen Welt entscheidende Bedeutung zukommt. Der Volksmund hat dafür ebenfalls einen Spruch parat: „Der Teufel scheißt immer auf den größten Haufen.“ Auch die

Wissenschaft hat diese uralte Lebensweisheit mittlerweile mehrfach bestätigt.

So konnten Albert-László Barabási und Réka Albert[12] zeigen, dass im Internet Seiten mit vielen Links eine höhere Wahrscheinlichkeit haben, mit einer neuen verlinkt zu werden. Das von Barabási und Albert entdeckte Prinzip wird „Preferential Attachment" genannt. Die Verteilung der verlinkten Seiten wiederum gehorcht dem „Power Law" – auf Deutsch Potenzgesetz. Dieses besagt, dass sowohl die Anzahl als auch die Größe der zu messenden Objekte exponentiell wächst. Wenn zum Beispiel eine Glasscheibe zu Bruch geht, wird sie in sehr viele kleine, mehrere größere und ganz wenige sehr große Bruchstücke zerspringen. Die zugrunde liegende Wahrscheinlichkeitsverteilung folgt dem Potenzgesetz. Derartige Verteilungskurven lassen sich überall in der Natur nachweisen. Wirtschaftliche Systeme machen hier keine Ausnahmen: Man braucht nur die Größe der Börsencrashs seit Beginn des Börsenhandels zurückverfolgen, um zu erkennen, dass ihre Verteilung ebenfalls dem „Power Law" unterliegt.

Wenn man nun nach Barabási und Albert einem System aus ganz wenigen Knotenpunkten längere Zeit hindurch immer neue Knoten hinzufügt, dann werden früher oder später rein zufällig Knoten entstehen, die über mehr Verbindungen verfügen. Sobald ein Knoten aber mehrere Verbindungen zu anderen unterhält, steigt seine Wahrscheinlichkeit, neuerlich verlinkt zu werden. Am Ende besteht das System aus ganz wenigen großen Knoten mit ungeheuer vielen Verbindungen, mehreren durchschnittlichen Knoten mit weniger Verbindungen und vielen kleinen Knoten mit ganz wenigen Verbindungen. Wiederum entspricht die Wahrscheinlichkeitsverteilung dem Potenzgesetz.

Der Biologe und Ameisenforscher R. Becker und der Psychologe O. Holland kamen von einer ganz anderen Seite zum selben Ergebnis. Sie entwickelten ein Programm, mit dem einfach gebaute Roboter so gesteuert werden konnten, dass sie mit einer kleinen Schaufel beliebig im Raum verteilte Gegenstände sammeln und vor sich herschieben konnten. Ihre Kraft reichte gerade dazu aus, drei Gegenstände zu bewegen. Sobald sie auf ein weiteres Objekt oder ein Hindernis (etwa eine Wand) trafen, fuhren sie kurz nach hinten und schlugen eine andere Richtung ein. „Beginnt man das Experiment der Übersicht halber mit einer relativ regelmäßigen Anordnung der Objekte, so werden nach einiger Zeit Häufchen mit drei Objekten zu finden sein, was wenig verwundert. Nach einiger Zeit bilden sich einige größere Haufen. Lässt man die Roboter lange genug ‚arbeiten', so finden sich nach einiger Zeit unerwarteterweise alle Gegenstände auf einem einzigen Haufen versammelt."[13] Sobald sich also zufällig ein Haufen mit mehreren Objekten gebildet hat, ist die Wahrscheinlichkeit, dass an ihn neue Objekte angelagert werden, signifikant höher als bei Haufen mit weniger Elementen.

Die Ergebnisse der wissenschaftlichen Experimente widersprechen dem Mythos von der sich selbst regulierenden Marktwirtschaft und beweisen, dass ein einmal gewonnener Marktvorteil die Wachstumschancen eines Marktanbieters erheblich verbessert. Nehmen wir an, in einem neuen Markt positionieren sich gleich mehrere Dienstleistungsanbieter, die exakt dieselben Leistungen zum selben Preis anbieten. Zufällige Marktfluktuationen führen jedoch bald dazu, dass einige Dienstleister mehr Kunden haben als andere. Schenkt man nun der Theorie des sich selbst regulierenden Marktes Glauben, so müsste sich diese Ungleichheit als Folge der Zufallsschwankungen bald wieder ausgleichen.

Warum das aber in Wirklichkeit nie geschehen wird, beweist das „Preferential Attachment-Prinzip" von Barabási. Der Marktvorteil, den ein Unternehmen durch die Zufallsfluktuation gewonnen hat, wird mit hoher Wahrscheinlichkeit sein weiteres Wachstum exponentiell beeinflussen. So wie es das „Preferential Attachment" vorhersagt: Neue Knoten werden sich leichter mit Knoten verlinken, die bereits stark vernetzt sind. Ein Kunde wird umso leichter auf ein Unternehmen stoßen, je mehr Kunden dieses bereits hat, wobei der Prozess nur in eine Richtung verläuft und ein eindeutiges Ergebnis hat: Rich gets richer, poor gets poorer.

Dass es sich in der Realität genauso verhält, zeigt ein Blick in die Statistik. Zehn Prozent der Bevölkerung besitzen im deutschsprachigen Raum die Hälfte des Privatvermögens. Mehr als jeder Zehnte lebt in Armut. Während die Hälfte der Beschäftigten weltweit unter der Armutsgrenze von zwei Dollar pro Tag lebt, ist die Zahl der Dollarmilliardäre alleine im Zeitraum von 1996 bis 2006 von 423 auf 946 Personen gestiegen. Obwohl die Profite der Unternehmen immer höher werden, liegt die Kaufkraft noch immer auf dem Niveau der 1990er-Jahre. Die Schere zwischen Arm und Reich, Mann und Frau, Klein- und Mittelbetrieben sowie Großunternehmen wird laufend größer. Wird dieser Entwicklung nicht Einhalt geboten, ist es nur mehr eine Frage der Zeit, bis sich der Mittelstand bei diesem Polarisierungsprozess auflöst und es bald nur mehr ganz wenige Reiche und viele ganz Arme gibt.

Längst haben die traditionellen Feindbilder – hier die roten Arbeitnehmer, dort die schwarzen Arbeitgeber – ihre Gültigkeit verloren. Während viele kleine Arbeitgeber heute ums wirtschaftliche Überleben kämpfen, versenkt ein der Gewerkschaft nahestehender Banker einen Milliardenbetrag und löst damit den BAWAG-Skandal aus.

Rationalisierungsmaßnahmen in Großunternehmen haben darüber hinaus zu einer neuen Form der Selbstständigkeit geführt, die mit dem herkömmlichen Bild des reichen Unternehmers rein gar nichts mehr zu tun hat. Diese neuen Selbstständigen sind in jeder Hinsicht arm dran, weil sie als „Freelancer" für ihre hochwertige Arbeit meist nur mehr einen Hungerlohn erhalten. Wenn jemand dagegen aufmuckt, bekommt den nächsten Job eben ein anderer.

Ähnliche Probleme finden sich überall im Dienstleistungsbereich. Ein Gebrauchsgrafiker kann sich seine langjährige Ausbildung heutzutage an den Hut stecken, wenn ein angelernter Student mit einem besseren Textverarbeitungsprogramm die Drucktexte um vieles billiger layoutet. Mittlerweile gibt es Zeitschriften, die von einer einzigen Person, die gleichzeitig „Chefredakteurin" ist, für ein lächerliches Honorar hergestellt werden.

Früher waren für die Datenanalyse in Unternehmen hochqualifizierte Fachleute notwendig. Heute werden die Statistiken von angelernten Mitarbeitern eigenhändig mit Tabellenkalkulationen gestrickt. Dass diese Statistiken meist keine allzu große Aussagekraft haben, scheint niemanden zu interessieren.

Während handwerkliche Tätigkeiten durch gesetzliche Bestimmungen geschützt sind, tummeln sich im Kultur- und Medienbereich oder in der Kommunikations-, EDV- und IT-Branche unzählige Freelancer, von denen der Gesetzgeber keine Gewerbeprüfung oder einen sonstigen Qualifikationsnachweis verlangt. Das Überangebot an selbstständigen Dienstleistungsanbietern hat in diesen Branchen die Einkommenssituation dramatisch verschlechtert. Abgesehen davon muss sich diese Entwicklung früher oder später zwangsläufig auch auf die Qualität auswirken. Nicht immer sind die billigsten Anbieter auch die besten; aber in einer Wegwerfgesellschaft spielt die Qualität ohnedies nur mehr eine untergeordnete Rolle.

So wie die industrielle Revolution einen großen Teil der körperlich arbeitenden Menschen arbeitslos gemacht hat, führt die digitale Revolution im Dienstleistungsbereich zu einer neuen Form der Arbeitslosigkeit – nur dass dieses Mal die denkenden und kreativen Berufe Gefahr laufen, unter die Räder zu kommen.

Gerade die wirtschaftliche Entwicklung im deutschsprachigen Raum, die vielen Gründungen von Einpersonenunternehmen, die Umschichtung der Arbeit von angestellten Lohnarbeitern zu neuen Selbstständigen zeigen, dass die alten politischen Klischees von rechts und links, Unternehmer und Arbeiter heute zu kurz greifen. Was wir brauchen, sind vernunftorientierte politische Ansätze, die sich jenseits aller Ideologien an den wissenschaftlichen Erkenntnissen orientieren und auf der Grundlage unserer fortgeschrittenen technischen Möglichkeiten auf die besten Problemlösungen abzielen.

Machen wir uns keine Illusionen: Der erhöhte Konkurrenzdruck in der globalisierten Welt betrifft alle, selbstständige Unternehmer genauso wie Führungskräfte oder den viel zitierten kleinen Mann. Wir sitzen alle im selben Boot und müssen, wenn wir aus der Schräglage wieder ins Gleichgewicht kommen wollen, daran interessiert sein, dass der aktuellen wirtschaftlichen Entwicklung schleunigst gegengesteuert wird. Sonst ist es wirklich nur mehr eine Frage der Zeit, bis die Marktwirtschaft außer Kraft gesetzt wird und wenige große, internationale Konzerne zur Gänze den Markt beherrschen; etwa wie Microsoft bereits den Markt der Betriebssysteme und Office-Anwendungen kontrolliert. Angesichts der Übermacht der Großkonzerne müssen Politiker wieder Mut haben, dem ungehemmten Wachstum der Konzerne Grenzen zu setzen.

Wie genau das „Preferential Attachment" die wirtschaftliche Entwicklung vorhersagt, zeigt ein Beispiel aus der jüngeren Vergangenheit in Österreich: 1999 gab es in Österreich ungefähr 100 Internetprovider. Heute gibt es zwar doppelt so viele, aber nur mehr fünf Anbieter, die sich den Löwenanteil des Marktes teilen.

Die Globalisierung hat das exponentielle Wachstum der Weltkonzerne noch zusätzlich beschleunigt. Mittlerweile sind die „Big Players" drauf und dran, den gesamten Markt unter sich aufzuteilen. Letztlich führt dieses Szenario zu einer neuen Form des Zentralismus; nur dass dieses Mal die Großkonzerne diktieren. Über die Auswirkungen auf den Arbeitsmarkt darf man sich diesbezüglich keine Illusionen machen.

Natürlich unterliegt auch die Wahrscheinlichkeitsverteilung der Jobangebote dem „Power Law“. Bald wird es neben ganz wenigen Spitzenjobs eine etwas größere Anzahl von besseren Jobs, aber sehr viele schlechte Jobs und Arbeitslose geben. Auch in Europa wird es zwangsläufig zu dieser Entwicklung kommen, wenn sich die Politik nicht endlich mutig dazu durchringt, stärker regulierend auf den Markt Einfluss zu nehmen. Eine derartige Marktregulation ist dringend notwendig, weil die Evolution des Marktes im Gegensatz zu den biologischen Systemen keiner ausreichenden Selbstregulation unterliegt.

Was glauben Sie, würde mit einem Menschen passieren, der unentwegt Nahrung zu sich nimmt, weil ihm die natürliche Sättigungsgrenze fehlt? Ohne Frage würde dieser Mensch mit der Zeit immer mehr Fett ansetzen, bis er eines Tages an den Folgen seiner Fettleibigkeit stirbt. Wie sieht derselbe Sachverhalt bei einem Wirtschaftsunternehmen aus, das statt Kalorien Geld einnimmt? Hier sind der Gier nicht nur keine Grenzen mehr gesetzt, sondern das „Preferential Attachment“ sagt sogar voraus, dass dieses Unternehmen umso mächtiger wird, je mehr „Speck“ es bereits angesetzt hat.

Wenn wir heute davon sprechen, dass immer mehr Arbeitnehmer, Führungskräfte, Angestellte, Arbeiter, neue Selbstständige, aber natürlich auch Unternehmer unter krank machendem Stress stehen, dann kommt man nicht umhin, diese Entwicklung vor dem Hintergrund der vorherrschenden wirtschaftlichen Bedingungen zu verstehen. Der ungeheure Konkurrenzdruck, dem Unternehmen in der globalisierten Welt heute ausgesetzt sind, schlägt von den Führungskräften bis zur kleinsten Angestellten durch. Keiner kann sich diesem Druck mehr entziehen. Daher muss von vornherein eines klargestellt sein: Unabhängig davon, ob und welche Maßnahmen ein lokales Unternehmen ins Auge fasst, um die Stressbelastung seiner Mitarbeiter zu verringern: Die Schräglage kann nur dann nachhaltig beseitigt werden, wenn marktregulierende politische Maßnahmen den Konkurrenzdruck auf ein erträgliches Maß herabgesetzt haben – und nicht mehr der finanzielle Profit, sondern das Wohlbefinden der Menschen im Vordergrund des politischen und wirtschaftlichen Handelns stehen. Die Wirtschaft ist für den Menschen da und nicht der Mensch für die Wirtschaft.

# Der Arbeitsplatz – das Kinderzimmer der Erwachsenen

Mit der Entdeckung des dynamischen Unbewussten, der Relativierung des freien Willens und der Erkenntnis, dass erwachsenes Verhalten weitgehend von kindlichen Wünschen und Emotionen gesteuert wird, revolutionierte Sigmund Freud vor mehr als hundert Jahren das vorherrschende Menschenbild. Der Widerstand gegen seine psychoanalytische Theorie ist bis heute ungebrochen.

Die narzisstische Kränkung, die Freud der Menschheit nicht einmal fünfzig Jahre nach der Veröffentlichung von Darwins Evolutionstheorie zugefügt hatte, war groß. Kein psychologisches Verfahren hat den Menschen bislang stärker verunsichert als die Psychoanalyse. Ihre ernüchternden Erkenntnisse ließen keinen Raum mehr für infantiles Wunschdenken. Der Traum von der unsterblichen Seele war genauso ausgeträumt wie die Illusion vom freien Willen. Hatte Darwin den Menschen mit dem Affen auf denselben Ast der Evolution gesetzt, war er nach Freud jetzt nicht einmal mehr Herr im eigenen Haus. Bei Anhängern ideologisch gefärbter Weltbilder ruft die Psychoanalyse bis heute heftige Ablehnung hervor, weil sie in ihrem kritischen Anspruch, alles schonungslos zu hinterfragen, Dogmen nicht akzeptiert.

Nach wie vor ist das psychoanalytische Menschenbild so weit vom subjektiven Empfinden entfernt, dass die meisten es emotional nicht einmal ansatzweise nachvollziehen können. Die unbewussten Kräfte, die den Menschen steuern, sind weder direkt erlebbar noch zugänglich. Sie lassen sich lediglich aus Fehlleistungen, Träumen und neurotischen Symptomen erschließen oder mithilfe der psychoanalytischen Technik bewusst machen. Die Analyse der Übertragung, auf die ich später noch genauer eingehen werde, ermöglicht es, die infantilen Anteile am erwachsenen Verhalten sichtbar zu machen.

Wie sehr die Psychoanalyse mit ihrer neuen Sicht vom Menschen ins Schwarze getroffen hatte, lässt sich aus den emotionalen Reaktionen auf ihre Erkenntnisse ableiten. Selbst von wissenschaftlicher Seite erfolgt die Kritik an den psychoanalytischen Konstrukten polemisch, oft genug mit sachlich unbegründetem Schaum vor dem Mund. Warum aber die Emotionen, wenn die Psychoanalyse mit ihren Aussagen ohnedies unrecht hat? In der Psychoanalyse bezeichnet man derart irrationale Gefühlsreaktionen als Widerstand. Dabei handelt es sich um ein psychologisches Phänomen, das sich in der psychoanalytischen Behandlung genauso wie im Alltag der Aufdeckung verdrängter, meist peinlicher Inhalte entgegenstellt.

Aus psychoanalytischer Sicht ist ein Großteil der gegen sie vorgebrachten Kritik als Widerstand gegen ihre enthüllenden, desillusionierenden Einsichten zu deuten. Das idealisierende Selbstbild, das der Mensch von sich entworfen hat, verleugnet seine wahre Identität. Wir sind nicht die Krone der Schöpfung, auch nicht das Ebenbild Gottes, sondern sitzen gemeinsam mit den Schimpansen auf demselben Ast der Evolution. In unserer Bedeutung unterscheiden wir uns nicht von Insekten. Im Gegenteil haben diese aus evolutionärer Sicht sogar wesentlich höhere Überlebenschancen. Wer es wagt, diesen Selbstbetrug infrage zu stellen, erntet aus verständlichen Gründen nur wenig Applaus.

Als Gegenreformation auf die radikalen, Angst machenden Thesen der Psychoanalyse entstand bald eine Vielzahl neuer psychologischer Richtungen, die sich zum Teil als „Weiterentwicklung“ der Psychoanalyse ausgaben – wie die analytische Psychologie nach C.G. Jung oder die Individualpsychologie Alfred Adlers – oder als deren Widerpart, wie die humanistische Psychologie.

Diese realitätsverleugnenden, dem Wunschdenken verpflichteten Konzepte erfüllen hauptsächlich die Funktion, die Triebnatur des Menschen zu verschleiern. Sie treffen – wie die humanistische Psychologie – naive Annahmen (wie die, dass der Mensch von Geburt an gut sei), ohne dabei die Quelle ihres Wissens anzugeben. Sie bleiben auch die Antwort schuldig, wer letztlich bestimmt, was gut ist und was nicht. Aus der Natur des Menschen jedenfalls lässt sich das Gute nicht ableiten, denn die menschlichen Werte sind schließlich nicht unumstößlich wahr und schon gar nicht von Gott gegeben, sondern unterliegen ebenfalls der Evolution, die bekanntlich nicht zielgerichtet verläuft. Wurde etwa die Pädophilie vom größten Philosophen der Antike (siehe Platos Gastmahl) noch zur höchsten Form der Liebe hochstilisiert, gilt sie heute als Krankheit oder abscheuliches Verbrechen.

Psychologische Konzepte, die ein Selbst mit der Tendenz zur Selbstverwirklichung bis hin zur Erleuchtung behaupten, unterscheiden sich nicht vom religiösen Konzept von der unsterblichen Seele. Tatsächlich handelt es sich bei solchen Psychologien um keine psychologische Theorie im engeren Sinn, sondern um ein Sammelsurium philosophischer, religiöser und esoterischer Inhalte, die jedoch ihre Anziehungskraft auf Menschen bis heute nicht eingebüßt haben.

Was an diesen Ansätzen aber am meisten erschreckt, ist die ungeheure Naivität, mit der die dynamischen Prozesse des Unbewussten – Übertragung, Widerstand oder die Wirkungsweise der Abwehrmechanismen – aus Unkenntnis nicht berücksichtigt oder geleugnet werden. Was daraus folgt, ist eine Oberflächenpsychologie, die sich in banalen Ratschlägen und gut gemeinten Appellen an die Vernunft erschöpft.

All diese Verfahren setzen mit ihren Interventionen auf der bewussten Ebene an. Sie gehen davon aus, dass Menschen auch wirklich wollen, was sie sagen, und verstehen nicht, dass eine bewusste Aussage oder Haltung im Unbewussten eine ganz andere Bedeutung haben kann.

Gerade weil sie dem Wunschdenken des Menschen entgegenkommen, erfreuen sich die infantilsten psychologischen Richtungen größter Beliebtheit. Vor allem im Bereich der Unternehmensberatung und Organisationsentwicklung sind solche Verfahren sehr verbreitet. Gleich, ob es sich dabei um Familienaufstellungen, NLP oder andere Konzepte handelt, sie alle lassen sich meist unter einem Titel zusammenfassen: viel Lärm um nichts.

Der Drang des Menschen, die unlustvollen Seiten der Realität so lange mit Wunschdenken zu verleugnen, bis es die Probleme nicht mehr erlauben, haben auch in der Arbeitswelt zu einer gewaltigen Schräglage geführt.

Warum Konfliktmanagement oder Konfliktlösungsansätze, welche die Dimension des Unbewussten verleugnen, wahrer Unfug sind, bringt Stefan Büttner, alleiniger Geschäftsführer der Ybbstaler AG, auf den Punkt: „Die Konflikte entstehen ja nicht, weil einer dem anderen den Bleistift weggenommen hat." Die Ursachen liegen wesentlich tiefer und manifestieren sich oft genug in schrecklichen Hassbeziehungen. Da werden Dinge ausgefochten, die mit der unmittelbaren Arbeitssituation nicht das Geringste zu tun haben. Die Leute leben im Unternehmen ihre Störungen umfassend aus. Oft ist es den Betroffenen gar nicht mehr möglich, zwischen ihren Projektionen und der Wirklichkeit zu unterscheiden.

Unbearbeitete Konflikte trügen nach Büttner stets die Tendenz zur Eskalation in sich. Wenn zum Beispiel zwei Führungskräfte in einem Unternehmen verfeindet sind, würde sich der Konflikt oft genug auch auf deren Mitarbeiter übertragen. „Da werden dann richtige Armeen aufgebaut, mit der Konsequenz, dass sich auch die Mitarbeiter aus den Abteilungen feindlich gegenüberstehen." In manchen Fällen sei die Kündigung einer der beiden Konfliktparteien der letzte Ausweg.

Konflikte zwischen Mitarbeitern entstehen nicht aus heiterem Himmel. Kaum jemals haben sie einen rationalen Hintergrund und oft genug sind sie in der Psyche der Beteiligten begründet. Wer am Arbeitsplatz selbst schon einmal in einen solchen Konflikt hineingezogen wurde oder es mit einem schwierigen Arbeitskollegen zu tun hatte, wird wissen, wie sehr manche Menschen mit ihrem Verhalten das Arbeitsklima beeinträchtigen.

Erstaunlicherweise gelingt es neurotischen Mitarbeitern spielend, andere in ihre Inszenierungen zu verstricken. Umso wichtiger ist es, über die reale Arbeitsebene hinaus ein tiefergehendes Verständnis für die unbewussten Prozesse zu entwickeln, die sich am Arbeitsplatz so oft negativ bemerkbar machen. Wer einmal verstanden hat, worum es bei vermeintlichen Arbeitskonflikten tatsächlich geht, wird viel leichter in der Lage sein, sich aus neurotischen Konflikten mit Kollegen und Vorgesetzten herauszuhalten. Je besser einem das gelingt, desto weniger wird die Arbeit als Belastung empfunden. Angst und Stress am Arbeitsplatz sind leider nur allzu oft die Folge von irrationalen neurotischen Inszenierungen, bei deren Auflösung kognitive Ansätze völlig unzureichend sind.

Bei den meisten Konflikten am Arbeitsplatz dient der reale Anlass dem Protagonisten nur als Aufhänger für eine Neuinszenierung unverarbeiteter Konfliktsituationen aus der Kindheit. Was man diesen Mitarbeitern bei all dem Schaden zugestehen muss, ist, dass sie keinesfalls vorsätzlich handeln, ja, dass sie in den meisten Fällen gar nicht anders können. Die wahre Bedeutung ihres Tuns verschließt sich ihrem Bewusstsein. Das ist weiter nicht verwunderlich, machen sich doch auch Psychologen und Psychotherapeuten immer noch Illusionen über die eigentlichen Motive menschlichen Verhaltens.

Es dauerte Milliarden von Jahren, bis die Evolution ein Lebewesen hervorbrachte, das sich selbst infrage stellen konnte. Im Laufe der Geschichte wurden die unterschiedlichsten Vorstellungen darüber entwickelt, was das Wesen des Menschen ausmacht. Erst seit einem Jahrhundert wird die Persönlichkeitsforschung vorwiegend von Psychologen,

Psychoanalytikern und Neurowissenschaftern wissenschaftlich betrieben.

Die Persönlichkeit eines Menschen kann nie „rein an sich" beobachtet oder gar gemessen werden. Sie ist nur indirekt erschließbar. Die auseinandergehenden und zum Teil sogar widersprüchlichen Ergebnisse der Persönlichkeitsforschung erklären sich so aus den unterschiedlichen theoretischen Ausgangsbedingungen der Forscher sowie aus den ungleichen Methoden, die dabei angewandt wurden.

Die bunte Vielfalt der Persönlichkeitstheorien reicht von der Typenlehre des griechischen Arztes Hippokrates (460–377 v. Chr.) – die Persönlichkeit sei angeboren und durch somatische Säfte, etwa Gallensekret, bedingt – bis zu den radikalen, behavioristischen Ansätzen J.B. Watsons (die Persönlichkeit sei erlernt und nur auf äußere Einflüsse zurückzuführen). Darüber hinaus gibt es noch eine Vielzahl anderer Konzepte, etwa die humanistischen, sozialpsychologischen, rollenpsychologischen, kognitiven, gruppendynamischen oder systemischen Persönlichkeitstheorien.

Die erste umfassende Persönlichkeitstheorie jedoch, die zunehmend auch von den Neurowissenschaften Bestätigung erfährt, stammt von Sigmund Freud. Nicht anders als Darwins Evolutionstheorie ruft Freuds psychodynamisches Persönlichkeitsmodell in Fachkreisen bis heute heftige Widerstände hervor. Alleine, dass Freud die Bedeutung des freien Willens relativierte und dem erwachsenen Verhalten infantile Motive zugrunde legte, war nicht nur für seine Zeitgenossen eine schwer verdauliche Kost.

Für den aus Wien vertriebenen Nobelpreisträger Eric Kandel, einem der bedeutendsten Neurowissenschafter der Gegenwart, ist Freuds Entwurf dennoch „die immer noch kohärenteste und intellektuell befriedigendste Theorie des Geistes"[14].

Ähnlich urteilt der amerikanische Doyen der Sozialpsychologie Philip G. Zimbardo: „Trotz der gegen sie (die psychoanalytische Theorie Freuds, Anm.) erhobenen Einwände hat eine neuere kritischere Bewertung viele seiner Vorstellungen über die Entwicklung der Persönlichkeit und über Psychopathologie bestätigt. Was Picasso in Bezug auf die bildende Kunst getan hat, hat Freud in Bezug auf die menschliche Psyche geleistet: Er hat unsere Art und Weise, über ihre Möglichkeiten nachzudenken, für immer verändert.“[15]

Tatsächlich entwarf Freud ein gänzlich neues Bild vom Menschen, indem er die Dimension eines dynamischen Unbewussten einführte. Nach Freud wurde der Mensch von Kräften gesteuert, die sich seinem Bewusstsein und damit auch seinem direkten Zugriff entzogen. Als einer der Ersten erkannte er, dass der freie Wille des Menschen eine Illusion ist. Es verging fast ein ganzes Jahrhundert, bis Neurowissenschafter wie Benjamin Libet, Alvaro Pascual-Leone, Gerhard Roth, Wolfgang Singer und Henrik Walter experimentell Freuds Relativierung des freien Willens bestätigten.

Die Ergebnisse der neurowissenschaftlichen Forschung lassen keinen Zweifel aufkommen: Der freie Wille ist weitgehend eine Illusion. Der bewusste Willensakt löst die neuronalen Prozesse im Gehirn nicht aus, sondern folgt ihnen. Das Empfinden, frei entschieden zu haben, ist nichts anderes als eine Begleiterscheinung willkürlicher Gehirnaktivität.

Den Trick, den unser Gehirn bei dieser Umkehrung verwendet, kennen die meisten aus ihren Träumen. Wenn wir zum Beispiel überrascht feststellen, dass der Weckreiz am Ende eines langen Traumes den Traum nicht beendet, sondern hervorgerufen hat. Wenn es unser Gehirn schafft, das Zeiterleben im Traum umzukehren, warum sollte das für die Empfindung des freien Willens nicht genauso zutreffen?

Wenn Sie sich in der Arbeit über einen Menschen ärgern, unterlassen Sie es, an seinen Willen zu appellieren. Es wird nichts ändern. Das Einzige, was Sie mit solch gut gemeinten Versuchen erreichen, ist, dass Sie sich beim nächsten Vorfall noch mehr ärgern.

Vielleicht werden Sie sich jetzt fragen, wieso Menschen Entscheidungen treffen können, wenn sie doch keinen freien

Willen haben, und warum sie sich im Großen und Ganzen doch recht vernünftig verhalten. Abgesehen davon, dass sich ein Tier von außen betrachtet ebenfalls scheinbar vernünftig verhält, wird das menschliche Verhalten weitgehend von bewussten, aber noch viel mehr von unbewussten Wünschen gesteuert. Wie die Psychoanalyse zeigen konnte, sind psychisch immer mehrere Wünsche gleichzeitig aktiv. Diese können sich entweder verstärken oder blockieren, wobei im Normalfall immer der stärkste Wunsch die Oberhoheit über das menschliche Verhalten erlangt.

Ob ein Wunsch zur Befriedigung zugelassen wird oder nicht, regelt das Lustprinzip (in der Psychoanalyse Realitätsprinzip). Dieser Algorithmus hat sich im Laufe der Evolution ausgebildet und steuert das menschliche Verhalten so, dass die Lust maximiert, Unlust und Schmerz aber möglichst vermieden werden. Die Fähigkeit des Menschen, die Zukunft im Geiste vorwegzunehmen, macht es ihm möglich, auf die Wunscherfüllung dann zu verzichten, wenn die daraus resultierenden Spätfolgen schwerer wiegen als das unmittelbare Befriedigungserlebnis selbst.

Was die psychoaktiven Wünsche anbelangt, so lassen sich zwei Gruppen unterscheiden: Solche, die direkt im Körperlichen verankert sind und auf möglichst unmittelbare Befriedigung drängen. Dabei handelt es sich um selbsterhaltende, aggressive, sexuelle Triebregungen (durchaus auch egoistischer, asozialer Natur). Dort, wo sie mit den gesellschaftlichen Zielen und Wertvorstellungen nicht vereinbar sind, müssen sie im Laufe des Sozialisierungsprozesses aufgegeben oder zumindest verdrängt werden. Dem gegenüber stehen kulturell bedingte Wünsche, die ebenfalls im Dienste der Selbsterhaltung stehen, aber nur auf indirektem Wege Befriedigung erlangen; etwa der Wunsch nach gesellschaftlicher Akzeptanz, der nur durch den Verzicht auf gesellschaftlich geächtete Verhaltensweisen befriedigt werden kann.

Doch selbst dort, wo die Angst vor den negativen Konsequenzen zu einer Unterdrückung der infantilen Triebregungen führt, ist der Konflikt zwischen den „drängenden" und „verdrängenden" Kräften nicht wirklich gelöst. Denn aufgeschoben ist nicht aufgehoben. Sobald sich im späteren Leben eine gefahrlose Gelegenheit zur Befriedigung des infantilen Begehrens bietet, wird es über unser Verhalten Oberhand gewinnen.

Nicht anders als beim freien Willen maskieren die bewussten Motive lediglich die unbewussten und verschleiern auf diese Weise die wahren Beweggründe des menschlichen Handelns. Daher liegt der bewussten Handlungsebene immer eine unbewusste Bedeutungsebene zugrunde. Kein menschliches Verhalten, keine zwischenmenschliche Interaktion ist frei von unbewussten Anteilen. Das gilt für unsere privaten Beziehungen genauso wie für die in der Arbeit.

Gerade die Bedingungen am Arbeitsplatz, die vorgegebene Rangordnung und die Konkurrenzsituation laden dazu ein, verdrängte Emotionen in einer aktuellen zwischenmenschlichen Beziehung erneut in Szene zu setzen. Hat Arbeitsstress meist einen realen Hintergrund, so sind Ängste (etwa etwas falsch zu machen, von anderen abgelehnt zu werden) oft unbegründet und eine Folge von verdrängten Konflikten, die durch geeignete Ereignisse am Arbeitsplatz berührt werden. Eine genaue Analyse der aktuellen Situation vermag sehr schnell deren verborgene, unbewusste Bedeutung aufzuzeigen.

Menschen, denen die eigentlichen Beweggründe ihres Verhaltens nicht bewusst sind, laufen stets Gefahr, sich selbst und andere in ihre neurotischen Konflikte zu verstricken. Nur vordergründig geht es in diesen Fällen um sachlich begründete Anliegen oder Meinungsverschiedenheiten. Dahinter finden sich meist feindselige Gefühle wie infantile Machtansprüche, Neid, Missgunst oder Eifersucht, die das Arbeitsklima vergiften und auch im zwischenmenschlichen Bereich für Schräglagen sorgen.

Eine der wichtigsten Erkenntnisse der Psychoanalyse ist,

dass jeder Mensch auch in seinen Arbeitsbeziehungen Teile seiner infantilen Lebensgeschichte wiederholt. Motor dieser Reinszenierungen sind Wünsche, Gefühle, Erwartungen oder auch komplexe Verhaltensmuster, die ursprünglich in der Beziehung zu wichtigen Bezugspersonen in den ersten Lebensjahren (Mutter, Vater, Geschwister, ...) entstanden sind.

Diese Neuinszenierung infantiler Wünsche und Erwartungen im späteren Arbeitsleben darf nicht mit einer Erinnerung verwechselt werden. Das, was mit den geflügelten Worten „Du erinnerst mich an meine Mutter" oder „Du bist wie mein Vater" gemeint ist, hat nichts mit der Übertragung komplexer frühkindlicher Beziehungsmuster zu tun. Die Übertragung verläuft unbewusst und wird von den handelnden Personen daher auch nicht als solche wahrgenommen.

Warum die frühesten Interaktionsmuster auch für den Erwachsenen noch bestimmend sind, hat mit der Beschaffenheit unseres Gehirns zu tun. Die menschliche Gehirnrinde enthält etwa zehn Milliarden Neuronen (Nervenzellen), die alle miteinander ein gewaltiges Netzwerk, das neuronale Netzwerk bilden. Dieses Netzwerk ist skaleninvariant, das heißt, dass die einzelnen Knoten unterschiedlich stark miteinander vernetzt sind. Es gibt Knoten mit ungeheuer vielen Links, Schaltzentren, bei denen die Information zusammenläuft, und Neuronen mit geringfügiger Vernetzung.

Jedes Neuron besteht aus einem Inputbereich, einem Informationsverarbeitungszentrum und einem Outputbereich. Den Inputbereich bilden Zehntausende Dendriten, über die Informationen von anderen Neuronen in den Zellkörper gelangen, wo sie verarbeitet werden. Über den Outputbereich, das Axon, wird die Information zu anderen Neuronen weitergeleitet.

Nach der Hebb'schen Regel (Hebb, 1949) wird die Verbindung zwischen zwei Neuronen umso stärker, je öfter sie gemeinsam aktiviert werden. Je stärker die Verbindung zwischen zwei Neuronen jedoch ist, umso schneller wird dort die Information weitergeleitet. Denken Sie an einen frischen Pfad im Schnee: Je mehr Personen ihn benutzen, desto ausgetretener wird er und desto schneller kommt man auf ihm voran.

Im Gehirn einlangende Reize lösen jedoch nicht nur bei zwei, sondern bei ungeheuer vielen miteinander in Verbindung stehenden Neuronen eine Reaktion aus. Auf diese Weise korreliert jeder Reiz mit einem charakteristischen neuronalen Muster, das immer dann, wenn er eintrifft, aktiviert wird. Durch die Veränderungen in den Synapsen der zeitgleich aktivierten Neuronen wird dieses Muster in das neuronale Netz unseres Gehirns gleichsam eingraviert. Solche neuronalen Muster liegen allen unseren Vorstellungen, Gedanken und Erinnerungen zugrunde.

Was wir im späteren Leben kaum bedenken, ist der Umstand, dass die frühesten und stärksten Muster in unserem Gehirn in der Interaktion mit den primären Bezugsobjekten, allen voran der Mutter (oder einem Muttererersatz), entstanden sind. Der emotionale Verlauf der frühkindlichen Beziehungen zu den primären Bezugsobjekten ist die Grundlage für unser späteres Beziehungsleben. Auch als Erwachsene werden wir immer wieder mit Gefühlen konfrontiert, die zu Objekten in dieser frühen Lebensphase entstanden sind.

Die Psychoanalyse kennt reale Objekte (Mutter, Vater, Geschwister) und fantasierte Objekte (etwa das Symbolbild der verschlingenden Mutter), ganzheitliche Objekte und Teilobjekte (etwa das Bild der nährenden Brust). Am Objekt kann das Begehren sein Ziel verwirklichen und Befriedigung erlangen. Die Beziehung zu den primären Objekten ist sowohl durch positive Liebesgefühle als auch durch negative Hassgefühle charakterisiert – und das deswegen, weil kein Elternteil vollkommen ist und das Kind in seiner Sozialisierung zwangsläufig frustriert wird. Daher sind alle Beziehungen ambivalent. Das heißt: Jedes Objekt wird gleichzeitig geliebt und gehasst.

Weil die positiven Empfindungen die negativen, feindseligen im Normalfall überlagern, sind die Liebesgefühle meist bewusst, während die dunkle Seite der Ambivalenz, die Hassgefühle im Unbewussten lauern. Abhängig von der erlebten, fantasierten oder ersehnten Eigenschaft des Objektes ergeben sich verschiedene Formen der Objektbeziehung.

In der archaischen Beziehung zur Mutter geht es hauptsächlich um Gefühle des Hungers und der Sättigung, der Nähe und Distanz, der Wärme, Geborgenheit und Verlassenheit, des Vertrauens und der Unsicherheit. Später, wenn das Kind aufgrund seiner psychomotorischen Entwicklung schon aktiv in das Leben eingreifen kann, werden die unvermeidlichen Machtkämpfe und daraus resultierende Gefühle der Macht und Ohnmacht, des Zurückhaltens (Verweigerns) und des Loslassens, der Aktivität und Passivität im Vordergrund stehen. Um das dritte bis vierte Lebensjahr spielen narzisstische Allmachtsvorstellungen eine wichtige Rolle. Kinder fantasieren sich als großartige Helden und wollen von aller Welt bewundert werden. Vermeintliches Versagen führt zu heftigen Schamgefühlen. Auf der nächsten Entwicklungsstufe stehen beim Kind Gefühle des sexuellen Begehrens, der Rivalität und Eifersucht im Mittelpunkt des Geschehens. Aber auch Schuldgefühle bilden sich aus.

Das Schicksal dieser kindlichen Gefühle entscheidet, wie sich ein Mensch in seinem späteren Leben verhält, ob er sich psychisch im Gleichgewicht befindet oder in Schräglage gerät. Oft genug werden Erwachsene noch von ihren kindlichen Gefühlen gesteuert, ohne dass es den Betroffenen selbst oder ihrer Umgebung bewusst wird. Im Gegensatz zu Erinnerungen, die man aufgrund bestimmter Details zeitlich festmachen kann, unterscheiden sich kindliche Gefühle nicht von denen Erwachsener.

Reagiert eine Mitarbeiterin zum Beispiel mit beleidigtem Rückzug, so kann es sich dabei um ein realitätsgerechtes Verhalten als Folge einer realen Kränkung handeln, oder die vermeintliche Kränkung wird nur vorgeschoben, um eine infantile Trotzreaktion in Szene zu setzen. Diese hat in diesem

Fall mit der aktuellen Arbeitssituation nur mehr am Rande zu tun, im Unbewussten bezieht sie sich auf eine lebensgeschichtlich relevante Konfliktsituation aus der Vergangenheit. Die Person reagiert auf ihr gegenwärtiges Umfeld so wie ein trotziges Kind auf seine Eltern. Die Gefühlsempfindung ist in beiden Fällen aber die gleiche und auch anhand des sichtbaren Verhaltens kann man keine zuverlässigen Schlüsse über seine Verursachung ziehen.

Der Mensch lebt sozial nicht im luftleeren Raum. Von Beginn an ist er Teil eines Netzwerkes, seiner Primärgruppe, die ihrerseits wieder Teil eines größeren Netzwerkes ist. Sobald mehrere Menschen miteinander interagieren, baut sich ein Spannungsfeld auf. Im Alltag spricht man in diesem Zusammenhang von Klima oder Atmosphäre – Arbeitsklima, Betriebsklima, Abteilungsklima, Teamatmosphäre, ...

Auch in Gruppen ohne vorgegebene Hierarchie und Aufgabenstellung bilden sich gewöhnlich schon nach kurzer Zeit Strukturen und Rollen aus. Die Strukturbildung und Rollenaufteilung in einer Gruppe ist jedoch nicht vom Zufall abhängig, sondern folgt bestimmten Gesetzen.

Das Interesse für Gruppen- oder Massenphänomene hat in den Jahren nach dem Zweiten Weltkrieg stark zugenommen. Die Beschäftigung mit der Gruppe hat die psychoanalytische Theoriebildung im Bereich der Arbeitspsychologie entscheidend vorangetrieben.

S.H. Foulkes, einer der Pioniere der Gruppenanalyse, betrachtete den Einzelnen als Bestandteil seines Milieus, das nur in abstrakter Weise von ihm getrennt werden könne. Er sieht die Gruppe als ein „Interaktionsnetzwerk" an, in dem die Mitglieder zueinander in Beziehung stehen und jeder das Netz seiner Primärgruppe zu etablieren versucht.

Foulkes versteht die psychische Schräglage eines Menschen als Ausdruck von Spannungen und Konflikten in seiner Primärgruppe, meist seiner Familie. Die Primärgruppe vergleicht er mit einem Netzwerk, dessen Mitglieder, seine Knotenpunkte, durch Kommunikation und Beziehung miteinander verbunden sind. Die Interaktionsmatrix, die auf diese Weise entsteht, ist nach Foulkes „die Basis, die letzten Endes Sinn und Bedeutung aller Ereignisse bestimmt und auf die alle Kommunikation, ob verbal oder nicht verbal, zurückgeht“[16].

Das bedeutet freilich auch, dass jedes Mitglied einer Arbeitsgruppe oder eines Teams das aktuelle Geschehen am Arbeitsplatz im Sinne seiner verinnerlichten Interaktionsmatrix interpretiert. Entscheidend ist daher nicht, was wirklich ist, sondern welche Bedeutung den Interaktionen vom Einzelnen zugeschrieben wird. Eine Anregung, die vom Vorgesetzten durchaus positiv gemeint war, kann vom Mitarbeiter im Lichte seiner vergangenen Erfahrungen trotzdem als Entwertung erlebt werden.

Ohne dass es den Mitarbeitern bewusst ist, errichten sie am Arbeitsplatz ein Netzwerk, das die charakteristischen Merkmale ihrer Primärgruppe abbildet. Vorgesetzte und Kollegen stehen für frühere Bezugspersonen, Eltern oder Geschwister. Die Gruppe als Ganzes steht für das gute oder böse Primärobjekt (Mutter). Ob sich die Mitglieder in der Gruppe, in der Abteilung oder im Team wie bei der guten Mutter geborgen, sicher aufgehoben, unterstützt, „gut genährt“, versorgt, beschützt oder allein gelassen, bedroht oder verfolgt fühlen, hängt nicht nur von den realen Bedingungen, sondern vor allem von den unbewussten Zuschreibungen der Beteiligten auf der Grundlage ihrer subjektiven Interaktionsmatrix ab.

Nach Raoul Schindler konstituiert sich jede Gruppe über ihre Gegner. Mit seinem gruppendynamischen Ansatz hatte er mehr die Rangordnung innerhalb der Gruppe im Auge. In seiner „soziodynamische Grundformel“[17] unterschied er in der Gruppe zwischen Alpha-, Beta-, Gamma- und Omega-Position. Übertragen auf die Arbeitsgruppe deckt sich die Alpha-Position normalerweise mit der Führungsposition. Das Gruppen-Alpha muss ein Gefühl für die Wünsche und Vorstellungen der Mitglieder haben und deren Ideale in sich verkörpern. Narzisstische Alpha-Persönlichkeiten instrumentalisieren die Gruppe gewöhnlich für ihre eigenen Ziele.

Den Experten der Gruppe schreibt Schindler die Beta-Rolle zu. Ihre Aufgabe ist es, den Anführer der Gruppe (Alpha) zu beraten und mit Sachinformationen zu versorgen, damit der die richtigen Entscheidungen treffen kann. Die Mitläufer befinden sich in der Gamma-Rolle. Die Omega-Rolle bleibt dem „Sündenbock" vorenthalten. Er ist der eigentliche Gegenspieler des Gruppen-Alphas, die „Opposition" im Betrieb. Sobald sich der Führer der Gruppe eine Blöße gibt, besteht für das Omega die Chance, die Machtverhältnisse in der Gruppe auf revolutionärem Weg zu kippen.

In jedem Unternehmen finden sich Alpha-Tiere, Betas und Omegas. Erst die psychoanalytische Organisationsanalyse vermag diese Rollen aufzuzeigen und in modifizierter Form in die Arbeitsgruppe überzuführen.

Sowohl Foulkes als auch Schindler gehen in ihren Gruppennetzwerkmodellen von einer die Dynamik am Arbeitsplatz bestimmenden Grundstruktur aus. Bei Foulkes ist es die verinnerlichte Interaktionsmatrix aus der Primärgruppe (also die Identifikation der Vorgesetzten und Kollegen mit der Mutter-, Vater-, Schwester-, Bruderrolle), bei Schindler eine genetisch verankerte, komplexe hierarchische Grundstruktur.

Während in einem Team oder in einer Arbeitsgruppe alle Mitglieder miteinander vernetzt sind, trifft dies auf das gesamte Netzwerk eines mittleren oder größeren Unternehmens nicht mehr zu. Derartige Netzwerke sind wiederum skalenfrei. Das bedeutet, dass sie keine typische Anzahl von Verbindungen pro Knoten aufweisen und Mitarbeiter gleichzeitig mehreren Subnetzwerken angehören können.

Trotzdem gibt es auch in skalenfreien Netzwerken fest vorgegebene Rollen, die von den Gruppenmitgliedern erst im Laufe der Gruppenentwicklung besetzt werden. Mit diesen Rollen sind jedoch keinesfalls die Funktionen gemeint, die Mitarbeiter im Unternehmen ausüben. Es handelt sich dabei vielmehr um psychologische Rollen und die dazugehörigen Attribute.

Am Arbeitsplatz treten die persönlichen Beziehungen meist in den Hintergrund und werden von den Rollenbeziehungen überlagert. Die Rollenzuschreibungen haben aber nur mehr wenig mit den persönlichen Eigenschaften des Rollenträgers zu tun. Ähnlich wie bei einem Theaterstück die Persönlichkeit des Schauspielers zugunsten der Rolle, die er spielt, in den Hintergrund tritt. Sobald das Verhalten aber zu sehr von der Rollenerwartung abweicht, kommt es zu Dissonanzen (korrupte Richter, pädophile Lehrer, ...). Gerade für Vorgesetzte ist es wichtig, dass sie sich mit der an sie gerichteten Rollenerwartung identifizieren und sich im Alltag so verhalten, wie man es von einer guten Mutter oder einem guten Vater erwarten würde.

Die Rollenaufteilung im Unternehmen entspricht exakt der im Familienmodell. Neben mütterlichen und väterlichen Rollen gibt es auch die Geschwisterrollen. All diese Rollen laden förmlich dazu ein, unbewusste Beziehungsmuster aus der Vergangenheit auf die gegenwärtige Situation zu übertragen. Die Übertragung kann dabei positiv, idealisierend oder negativ, entwertend gefärbt sein. Sie kann Geschwisterrivalität und Eifersuchtsgefühle zum Ausdruck bringen oder aber mit der Überzeugung einhergehen, man sei das Lieblingskind, dem es zusteht, von allen verwöhnt und bevorzugt zu werden.

Auf der Geschwisterebene geht es bei der Übertragung gefühlsmäßig vor allem um die Konkurrenz. Wer bekommt von den Vorgesetzten (Eltern) mehr Zuwendung, wer wird bevorzugt und wer benachteiligt? Schon Kain hat Abel erschlagen, weil er diesen von Gott bevorzugt wähnte. Die infantile Eifersucht beeinträchtigt die Effizienz von Teams erheblich. Nachdem die Rivalität meist nicht direkt, sondern auf der Sachebene ausgetragen wird, ist im Berufsalltag davon vordergründig oft nicht viel zu merken. Viele sinnlosen Grundsatzdiskussionen in Teams erklären sich aus dieser unbewussten Dynamik.

Um den Gruppenzusammenhalt nicht zu gefährden, werden die durch die Konkurrenzsituation hervorgerufenen Aggressionen meist kanalisiert und auf einen Sündenbock gelenkt. An dieser Person wird all das Negative festgemacht, was die anderen bei sich verleugnen müssen. Jede Gruppe braucht einen solchen Blitzableiter, damit die restlichen Mitglieder (Geschwister) die Illusion aufrechthalten können, sie seien gut. Dieser „Prügelknabe" wird tatsächlich für all das verantwortlich gemacht, was in der Abteilung oder im Team nicht funktioniert. Auf der kulturellen Ebene wird dem Fremden von der Gesellschaft diese undankbare Rolle zugeschrieben.

Während auf Kollegen häufig Gefühle der realen (oder fantasierten) Geschwisterbeziehung übertragen werden, eignen sich Führungskräfte aufgrund ihrer hierarchischen Position gut als Übertragungsfläche für Wünsche, Gefühle und Einstellungen, die ursprünglich den Eltern gegolten haben. Es gehört zu den wichtigsten Aufgaben von Führungskräften, die unterschiedlichen Übertragungen der Mitarbeiter anzunehmen, ohne diese Übertragungen persönlich zu nehmen oder sich darin verstricken zu lassen. Solange ein Vorgesetzter seinen Mitarbeitern gegenüber eine wohlwollend distanzierte, neutrale Haltung einnimmt, gibt er ihnen weder Grund für besonders liebevolle noch für feindselige Gefühle.

Im Berufsalltag ist bei Vorgesetzten von einer solchen wohlmeinenden, abstinenten Haltung gewöhnlich nicht viel zu merken. Im Gegenteil, die Übertragung der Mitarbeiter ruft bei den meisten eine starke emotionale Gegenreaktion hervor, die in der Psychoanalyse Gegenübertragung genannt wird. Darunter werden die unbewussten Gefühlsreaktionen eines Vorgesetzten auf das Übertragungsangebot seiner Mitarbeiter verstanden. Wenn sich zum Beispiel eine Mitarbeiterin als arm und völlig hilflos präsentiert und damit bei ihrem

Vorgesetzten das Gefühl auslöst, sie vor der Ungerechtigkeit der Welt beschützen zu müssen.

Auch bei Führungskräften führt die Gegenübertragung dazu, dass sie ihre kindlichen Wünsche (narzisstische Größenwünsche, Machtfantasien, Erlösungsfantasien, Rachewünsche, sexuelle Wünsche) und Konflikte in die zwischenmenschliche Beziehung einfließen lassen.

Dass unersättliche Gier, narzisstische Größenfantasien und maßlose Selbstüberschätzung von Spitzenmanagern nicht nur dem Betriebsklima schaden, sondern ganze Unternehmen in den Abgrund reißen können, hat die Banken-, Finanz- und Wirtschaftskrise ab 2007 hinlänglich unter Beweis gestellt. Doch schon mit dem Platzen der Dotcom-Blase um die Jahrtausendwende wurden die Zeichen auf Sturm gestellt.

Viele IT-Unternehmen finanzierten ihren Expansionsdrang damals durch Börsengänge, ohne dass ihre explodierenden Aktienkurse auch nur annähernd durch materielle Werte gedeckt gewesen wären. Die Dotcom-Blase war nur die erste von weiteren, die seither geplatzt sind. LIBRO war eines der größten Unternehmen, das damals von einem für unsere Zeit charakteristischen Managertypus zuerst in die Schräglage und dann in den Abgrund geführt wurde.

Im Nachhinein haben es alle gewusst: Rettberg sei schon immer ein aufgeblasener Schaumschläger, ein Seifenblasenproduzent, ein schillernder Traumtänzer gewesen. Bei seinem größenwahnsinnigen Gehabe und seiner Unfähigkeit, die Realität anzuerkennen, sei es nur eine Frage der Zeit gewesen, bis er mit der LIBRO „Tainment-Company" in den Untergang tanze. Umso erstaunlicher, dass niemand etwas gegen die Luftschlösser des „fliegenden Holländers" unternahm, als dieser allmählich den Boden unter den Füßen verlor. Das ernüchternde Ergebnis dieser kollektiven Realitätsverleugnung: 334 Millionen Euro, die der charismatische Fantast bei seinem furiosen Totentanz mit sich in den Abgrund riss.

Mag sein, dass der 1958 in Holland geborene André Maarten Rettberg wirklich ein sich selbst überschätzender, die Realität verleugnender Neurotiker ist. Schon möglich, dass er von einem unbewältigten Bildungstrauma getrieben wurde, bis er schlussendlich daran zerbrach. Das könnte zumindest die unwiderstehliche Anziehung erklären, die der begabte Illusionist auf andere Bildungsneurotiker in der Medienbranche ausübte. Immerhin wurde er noch 1999 von der „Info-Tainment"-Gazette NEWS zum Manager des Jahres erkoren. In der „Seitenblickegesellschaft" gab es damals viele Götzenanbeter, die sich am Reigen ums Goldene Kalb beteiligten.

Rettberg gefiel sich in der Rolle des gefeierten New-Economy-Stars und kostete den medialen Rummel um seine Person aus. Das auf Selbstdarstellung ausgerichtete Bedürfnis Rettbergs kam der Gier des Boulevards entgegen, einen strahlenden Wirtschaftsgötzen – den „Mr. Bestseller"– zu kreieren, der verkaufsträchtige Aufmacher garantierte. Doch nicht nur die Regenbogenpresse, sondern auch Banken, Wirtschaftsprüfer, Aufsichtsräte und Kunstschaffende sollen vor Rettberg gekniet sein „wie das Kaninchen vor der Schlange".

Nachdem Rettberg mit dem Börsengang von LIBRO den Zenit seines Ruhmes erreicht hatte, wurden kritische Stimmen, sofern es überhaupt noch welche gab, schnell zum Verstummen gebracht. Wer an der Unfehlbarkeit des „Tainment-Papstes" zweifelte, wurde postwendend aus seiner Kirche exkommuniziert. Bis zu diesem Zeitpunkt galt er stets als umgänglicher und freundlicher Mensch. Danach soll sich bei ihm aber ein jäher Persönlichkeitswandel vollzogen haben: Aus „Retti" wurde Rettberg, und der wurde unnahbar.

Eine Zeit lang schien ihm der Erfolg recht zu geben. LIBRO expandierte im deutschsprachigen Raum mit atemberaubender Geschwindigkeit. Doch nicht jedes schnelle Wachstum ist gut. In der Medizin nennt man Zellgebilde, die ungehemmt wachsen, Karzinome. Die Risiken und Gefahren von bösartigen Tumoren sind hinlänglich bekannt. In vielen Fällen führen sie zum Tod des Organismus. Wirtschaftliche Systeme scheinen sich von biologischen zumindest in dieser Hinsicht nicht zu unterscheiden. Auch das rasante Wachstum von LIBRO endete letal. Grund genug, die Psyche des Managers, der für den Untergang verantwortlich war, einer genaueren Betrachtung zu unterziehen.

Wenn sich Bekannte aus dem früheren Umfeld Rettbergs zu seiner Persönlichkeit äußern, wird immer wieder der Umstand ins Treffen geführt, dass er als Jugendlicher im Gymnasium versagte; eine Niederlage, die er bis ins Erwachsenenalter anscheinend nicht überwinden konnte. Rettberg sei ein Getriebener gewesen, heißt es, getrieben von „einer Art Bildungstrauma". Zwanghaft versuchte er im späteren Leben diese Scharte zu kompensieren, indem er sich bevorzugt mit Musikern, Literaten und Wirtschaftskapitänen umgab und gerne in der Rolle eines „Kultur- oder Bildungsmissionars" auftrat.

Es darf dabei jedoch nicht übersehen werden, dass Menschen wie Rettberg nicht aus Jux und Tollerei in der Schule versagt haben. Schulversagen kann viele Gründe haben, Minderbegabung genauso wie mangelnde Fürsorge durch die Eltern oder psychische Konflikte. Nachdem Rettberg bis zu seinem Pleitegang beruflich sehr erfolgreich war, kann man eine intellektuelle Minderbegabung bei ihm getrost ausschließen. Also scheinen für sein Scheitern eher psychische Ursachen verantwortlich zu sein.

Tatsächlich wird neurotischen Kindern von ihren Lehrern häufig gute Intelligenz bescheinigt. Trotzdem gelingt es diesen nicht, ihre intellektuellen Fähigkeiten über einen längeren Zeitraum in angemessene Leistungen umzusetzen. Es fehlt ihnen die Belastungsfähigkeit, Verlässlichkeit und Ausdauer. Ihre meist deutlich herabgesetzte Spannungs- und Frustrationstoleranz macht es ihnen unmöglich, länger bei einer Sache zu bleiben. Statt sich durch die mitunter sehr unlustvollen und reizarmen Anforderungen des Alltags zu „beißen“, flüchten sie sich gerne in eine Scheinwelt und träumen von einer grandiosen Zukunft.

Psychoanalytisch gesehen stehen sie meist noch auf der Stufe eines groß gewordenen Säuglings. Sie können selbst dann nicht auf unmittelbare Befriedigungserlebnisse verzichten, wenn ihnen daraus längerfristig schwerwiegende Nachteile erwachsen. Die Versuchung der schnellen Befriedigung in der Gegenwart ist immer stärker als die negativen Konsequenzen, die in der Zukunft drohen. Dass eine solche Lebensstrategie langfristig nur zum Scheitern führen kann, liegt auf der Hand. Die Unfähigkeit zu warten, Impulse aufzuschieben oder auf Befriedigung gänzlich zu verzichten, ist fast immer das Resultat einer frühkindlichen Traumatisierung.

Später, im Erwachsenenalter, geben sich narzisstische Menschen gerne als visionäre Vordenker, die mit der realen Umsetzung ihrer Visionen aber nicht behelligt werden wollen. Über die Niedrigkeit des Daseins sollen sich gefälligst andere den Kopf zerbrechen. Wie Zirkuspferde spulen sie in der Manege ihre große Nummer ab, während sie das Ziehen des Zirkuskarrens geflissentlich den Ackergäulen überlassen.

Dort, wo Menschen bis ins Erwachsenenalter nicht fähig sind, die Grenzen der Realität anzuerkennen, weil sie noch immer von ihren kleinkindhaften Größenwünschen gesteuert werden, ist es meist nur eine Frage der Zeit, bis sich die narzisstische Katastrophe des Versagens wiederholt. Vergangenes Unglück wird so zum Gegenwartsunglück.

Der britische Psychoanalytiker Wilfred Bion entdeckte im Laufe seiner gruppenanalytischen Forschung[18], dass die von der Gruppe gesuchten und gefundenen Führer meist deutliche psychopathologische Defekte erkennen ließen. Die „auserwählten Führer“ waren oft die kränksten Mitglieder der Gruppe: paranoid, hochgradig hysterisch oder mit anderen Persönlichkeitsdefekten behaftet. Führende Manager machen hier keine Ausnahme. Häufig handelt es sich bei ihnen um narzisstische Persönlichkeiten. Nach alldem, was von Rettberg bekannt wurde, scheint er gut ins Bild zu passen. Solange er seinen Narzissmus durch die Anerkennung seines früheren Vorgesetzten Karl Wlaschek befriedigen konnte (der ihn wie einen Ziehsohn behandelt haben soll), war die Welt Rettbergs in Ordnung. Erst als er mit Wlaschek auf „gleicher Augenhöhe“ stand und mit dem Börsengang gleichzeitig seinen größten Triumph erlebte, schnappte die narzisstische Falle zu und Rettberg „knallte durch“, wie ein ihm nahestehender Mitarbeiter sich drastisch ausdrückte.

Mit einem Mal hielt er sich wirklich für die unfehlbare Lichtgestalt des „Mr. LIBRO“ und verwechselte die ihm von den Medien zugeschriebene Grandiosität mit seinen tatsächlichen Fähigkeiten. Je mehr er die Beziehung zu sich selbst verlor, desto maßloser begann er sich zu überschätzen und umso weniger Widerspruch duldete er. Rettberg verstand es hervorragend, sich als visionären Unternehmer zu verkaufen, der eigentlich jeden Beruf beherrschen würde.

Geschäftspartner beschreiben Rettberg als einen Mann, der bemüht war, ein charismatisches Gesamtbild zu vermitteln, möglicherweise ein potemkinsches. Stets schien er darauf bedacht zu sein, der Rolle zu entsprechen, die von ihm erwartet wurde: revolutionär, klug, unberechenbar, springend, unruhig, weltverbessernd. Es sei ihm wichtig gewesen, sich mit allen Insignien des intellektuellen Rollenbrechers auszustatten, sich nonkonform zu zeigen; möglicherweise aus einer Unsicherheit heraus hätte er auf Konventionelles, „schon Dagewesenes“ kalt und unantastbar reagiert.

Seine Manie, zu spät zu kommen, früher zu gehen oder überraschend gar nicht zu erscheinen, hat ihn nur noch begehrlicher gemacht. Wenn er tatsächlich auftauchte, in seiner schwarzen Lederjacke mit aufgestelltem Kragen, ging plötzlich die Angst um: Jetzt nur keinen Fehler machen. Rettberg gefiel sich in der Rolle des Visionärs. In Wahrheit verkaufte er Schulhefte, CDs, Handys und billige Romane.

Besonders für eine narzisstische Persönlichkeit auf dem Höhepunkt ihres Triumphes ist der Umstand, in der Schule versagt zu haben, besonders peinlich. Unauslöschlich musste sich die Erinnerung an das beschämende Scheitern im Unbewussten Rettbergs festgekrallt haben. Sein Bildungsdefizit wurde ihm zum Stigma. Ein Messias der New Economy, der nicht einmal die Mittelschule geschafft hatte, das passte ganz einfach nicht in sein PR-Konzept. Auch wenn ihn sein schulisches Scheitern nach all dem, was er beruflich erreicht hatte, keineswegs disqualifizierte.

Versagen ruft bei narzisstischen Persönlichkeiten häufig unerträgliche Schamgefühle hervor. Es quält sie die Vorstellung, vor aller Welt bloßgestellt zu sein. Am meisten aber schämen sie sich vor sich selbst, weil sie ihren Größenfantasien nicht gerecht werden konnten. Kein Wunder also, dass auch Rettberg jeden Beweis für seine Grandiosität und Einmaligkeit gierig in sich aufsaugte, selbst wenn es sich dabei nur um die Promotion zum „Mr. Bestseller" in NEWS handelte. Die Bestätigung, die er seit der Kindheit im Unbewussten so dringend suchte, konnte nur heißen: Du bist kein Versager, sondern ein Genie – ein trauriges Genie, wie sich später herausstellen sollte.

Führungskräften wie Rettberg ihre narzisstische Persönlichkeit vorzuhalten wäre genauso ungerecht, wie einem Körperbehinderten anzukreiden, dass er seine Glieder nicht gebraucht wie ein Gesunder. Für seine Gene oder seine Sozialisation kann niemand etwas. Freilich hängt der dauerhafte Erfolg im Arbeitsleben entscheidend davon ab, wie gut es einem Menschen gelingt, seine frühkindlichen Allmachtswünsche zu überwinden und seine Grenzen anzuerkennen. Je stärker das erwachsene Verhalten durch infantile Überzeugungen und Motive gesteuert wird, desto höher ist auch die Wahrscheinlichkeit, dass es eher früher als später zu schweren Konflikten mit der Realität und damit zur Schräglage kommt. Es ist legitim, von einem „sexy Konzern" zu träumen, solange man dabei den Zahltag nicht aus den Augen verliert.

Das „Phänomen Rettberg“ ist weder neu noch einmalig. Beispiele vom kometenhaften Aufstieg und Untergang charismatischer Persönlichkeiten finden sich überall in der Geschichte – in der älteren genauso wie in der jüngeren. Man denke nur an den unaufhaltsamen Aufstieg Adolf Hitlers vom Insassen eines Männerheims zum Reichskanzler einer Kulturnation innerhalb weniger Jahre oder den enthusiastischen Zuspruch für Jörg Haider und seinen fulminanten Untergang bei einem Autounfall, alkoholisiert mit Tempo 142 im Ortsgebiet.

Das Gemeinsame dieser Entwicklungen liegt auf der Hand: Immer wieder gelingt es charismatischen Persönlichkeiten in Politik und Wirtschaft, Menschen mühelos für sich zu begeistern und zu instrumentalisieren. Ihr Aufstieg ist ebenso rasant wie unaufhaltsam. Nichts und niemand scheint sie bremsen zu können. Sobald sie an der Macht sind, machen sie von ihr totalitär Gebrauch. Sie entziehen sich der Kontrolle. Widerspruch wird nicht geduldet. Obwohl sie von Sieg zu Sieg eilen, umgibt sie von Anfang an der Geruch des Unterganges. Wie Spielsüchtige können sie sich mit dem Erreichten nie zufrieden geben. Von einem geheimnisvollen Zwang getrieben, hasardieren sie mit immer höherem Einsatz, bis sich ihr Schicksal im unbewusst selbst inszenierten Untergang erfüllt. Spätestens dieser morbide Hang zur Selbstzerstörung macht klar, dass die Faszination, die von diesen schillernden Persönlichkeiten ausgeht, gleichzeitig Ausdruck ihrer psychischen Störung ist.

Der volkswirtschaftliche Schaden, der durch das Wirken neurotischer Persönlichkeiten in Wirtschaft und Politik entsteht, ist enorm. Es sollte daher im Interesse aller liegen, effizientere Systeme zur Qualitätssicherung bei der Auswahl und Bestellung von Führungspersönlichkeiten einzuführen, die in Zukunft Pleiten wie bei LIBRO wenn schon nicht gänzlich verhindern, so doch erschweren.

Wer will heute noch auf etwas warten? Jeder will ans schnelle Geld. Rettberg machte hier keine Ausnahme. Die

Gesetze der New Economy sehen langsames, geordnetes Wachstum nicht vor. Kontinuierliche Expansion Schritt für Schritt war etwas für Auslaufmodelle. Wie zur Zeit des Goldrausches in Alaska kamen von überall her Glücksritter, um im Internet den großen Wurf zu landen. Die Öffentlichkeit lechzte förmlich nach jungen, dynamischen Superstars, die durch einen virtuellen Geniestreich über Nacht zum Millionär wurden.

Tatsächlich besteht zwischen Wirtschaft und Öffentlichkeit eine wechselseitige Abhängigkeit. Das eine kann ohne das andere nicht existieren. Wirtschaft beeinflusst die Öffentlichkeit und die öffentliche Meinung, der Markt bestimmt über den Erfolg wirtschaftlicher Zielsetzungen. Der darwinistische Selektionsalgorithmus entscheidet somit auch über die Zukunft der Wirtschaftsunternehmen und ihrer führenden Repräsentanten.

Es gibt wirtschaftliche Modeströmungen wie die New Economy, die sich horizontal, wie ein Lauffeuer innerhalb einer Generation ausbreiten, und Wirtschaftssysteme, die über Jahrtausende hinweg vertikal von Generation zu Generation weitergegeben werden (etwa die Marktwirtschaft). Der Erfolg einer Wirtschaftsideologie hängt freilich nicht nur von ihrem Inhalt ab, sondern auch von den gesellschaftlichen „Umweltbedingungen“, die für ihre Selektion verantwortlich sind. In einer Phase des materiellen Wohlstandes wird es klassenkämpferischen Ideologien kaum gelingen, die Massen auf die Barrikaden zu treiben. Hungersnot hingegen ist für den revolutionären Virus ein guter Nährboden.

Der Zeitgeist begünstigt nicht nur die Verbreitung bestimmter Wirtschaftsideologien, sondern auch die Ausbildung eines dazugehörigen Menschen- und Managertypus. Seit Beginn der New Economy gelangen hauptsächlich jene Manager in den Status einer „Kultfigur“, die es schaffen, sich auch auf den bunten Seiten des Boulevards einen Selektionsvorteil zu verschaffen. Gute Sager und originelle Bonmots sind hervorragende Vehikel, weil sie sich ganz einfach besser verkaufen als die Darstellung komplexer wirtschaftlicher Zusammenhänge. Charismatische Menschen sind den Infoillustrierten und Privatsendern allemal eine Covergeschichte wert. Zwangsläufig muss der Boulevard einen Politiker- und Managertypus begünstigen, der Schlagzeilen liefert und mit grellen Äußerungen für Aufsehen sorgt.

Die aktuelle Wirtschaftskrise hat einmal mehr deutlich gemacht, wie sehr eine defizitäre Persönlichkeitsstruktur bei Verantwortungsträgern, krankhafter Narzissmus, mangelnde Fähigkeit zur Selbstreflexion, fehlende Selbstkritik, gestörte Selbst- und Fremdwahrnehmung, partiell fehlender Realitätsbezug, aber vielmehr noch die archaische Gier, die allen Menschen innewohnt, Unternehmen, ja sogar ganze Staaten in Schräglage bringen können.

Während gieriges Verhalten im Tierreich durch Verfettung negativ selektioniert wird, gibt es auf der kulturellen Ebene für die Gier beim Menschen kein vergleichbares Regulativ. Niemand verzichtet auf seinen Vorteil, wenn er nicht muss. Auch in der freien Marktwirtschaft kommt freiwillige Selbstbeschränkung nicht vor; es sei denn, dass der Verzicht auf den unmittelbaren Vorteil einen noch größeren Vorteil erwarten lässt.

Warum es in der Natur keine freiwillige Selbstbeschränkung gibt, hat mit dem Prinzip der Evolution zu tun, wie es von Charles Darwin im 19. Jahrhundert formuliert wurde. Der darwinistische Evolutionsalgorithmus ist denkbar einfach. Er besteht aus drei Schritten: der natürlichen Selektion, der Variation und der Vererbung. Sämtliche Lebensformen, die wir auf unserem Planeten kennen, sind das Ergebnis des Zusammenspiels dieser drei Komponenten.

Wie ein Organismus letztlich beschaffen ist, steht in der Bauanleitung für Proteine, die in den Genen – das sind Abschnitte der DNS – codiert ist. Die DNS ist eine Doppelhelix, ein fadenartiges Makromolekül, das den genetischen Buchstabencode enthält. Die Gene werden beim Fortpflanzungsvorgang kopiert und sind potenziell unsterblich. Die natürliche Auslese sorgt dafür, dass sich erfolgreiche Gene ausbreiten, während nicht erfolgreiche untergehen.

Für alle, die sich unter dem darwinistischen Algorithmus nichts Konkretes vorstellen können, zur Veranschaulichung ein Beispiel aus dem Alltag: In einer Schulklasse wird den Kindern die Aufgabe gestellt, ein Gedicht korrekt von der Tafel ins Heft zu übertragen. Dem Vorgang des Abschreibens entspricht in der Evolution die Vererbung der Gene. Diese können auf zweierlei Weise kopiert werden. Bei einfachen Organismen wie den Bakterien durch Zellteilung, bei höher entwickelten Lebensformen durch geschlechtliche Vererbung. Bei der Zellteilung teilt sich die Zelle in eine Mutter- und eine Tochterzelle. Die DNS wird bei diesem Vorgang in der Zelle von kleinen, aus Protein bestehenden Kopiermaschinen abgeschrieben.

Für die geschlechtliche Fortpflanzung wie beim Menschen sind besondere Zellen verantwortlich: bei der Frau die Eizelle und beim Mann die Samenzelle. Die Gene von Mutter und Vater werden bei der geschlechtlichen Vererbung im sogenannten Cross-over neu gemischt. Die Verschmelzung von Ei- und Samenzelle bringt einen neuen Menschen hervor, der die Hälfte seiner Gene von der Mutter, die andere Hälfte vom Vater erhält.

So wie die Kopiermaschinen in den Zellen werden auch die Kinder in der Schule beim Abschreiben Fehler machen. Sie werden Buchstaben auslassen oder hinzufügen, vielleicht auch Zeichenfolgen verdrehen oder ganze Zeilen überspringen. Die „Kopierfehler", welche Kindern beim Abschreiben unterlaufen, heißen bei Genen Mutationen. Sie erfolgen zufällig, sorgen für Variation und sind die eigentlichen Schöpfer des Neuen.

Wenn nun bestimmt wird, dass nur jene Kinder, die den Text richtig von der Tafel abgeschrieben haben, in die nächste Klasse aufsteigen dürfen, kommt die Selektion ins Spiel. Viele Genmutationen fallen der natürlichen Selektion zum Opfer, weil sie für das betroffene Lebewesen einen Nachteil, zum Beispiel eine Behinderung, mit sich bringen. Manche erweisen sich jedoch als vorteilhaft und erhöhen die Erfolgschancen des Individuums. Das wäre in unserem Beispiel dann der Fall, wenn die Mutation des ursprünglichen Textes – zum Beispiel durch eine originelle Wortverdrehung – zu einer entscheidenden Verbesserung seines Inhaltes führen würde.

Oft wird unterstellt, dass Erfolg im darwinistischen Sinn bedeute, dass „der Stärkere den Schwächeren frisst". Diese Primitivauslegung des Darwinismus haben sich auch die Nationalsozialisten im Dritten Reich zunutze gemacht, um so ihren Rassenwahn und ihre Verdrängungskriege pseudowissenschaftlich zu rechtfertigen. Eine solche Fehlinterpretation des Darwinismus beweist lediglich, dass die Nazis besser daran getan hätten, die Bücher zu lesen, statt sie zu verbrennen.

Ganz entgegen der mörderischen Herrenmenschenideologie der Nationalsozialisten, „alles Schwache gehört ausgerottet", gibt es in der Natur genügend Beispiele, wo Stärkere und Schwächere zum gegenseitigen Vorteil miteinander kooperieren. Doch auch diese altruistischen Verhaltensweisen wie Brutpflege, Fürsorge oder Opferbereitschaft sind als Ergebnis der natürlichen Auslese entstanden und haben mit freiwilliger Selbstbeschränkung nichts zu tun. Aus darwinistischer Sicht hängt der Erfolg eines Gens ausschließlich von seinem Fortpflanzungserfolg ab, und wenn altruistisches Verhalten den Replikationserfolg der ihm zugrunde liegenden Gene erhöht, wird es sich verbreiten. Mit der wissenschaftlichen Theorie des Darwinismus lassen sich die von den Nationalsozialisten begangenen Gräuel jedenfalls nicht rechtfertigen.

Lange Zeit herrschte unter Biologen Uneinigkeit, ob es bei der Evolution auf den Erfolg der Gruppe oder des Individuums ankomme. Der Nobelpreisträger Konrad Lorenz hielt, wie viele andere auch, an der Theorie der Gruppenselektion fest, wie sie von Wynne-Edwards formuliert wurde.

Verkürzt ausgedrückt besagt diese Theorie, dass die Erhaltung der eigenen Art wichtiger sei als das Überleben des Individuums. Nur das Prinzip von der Erhaltung der Art könne erklären, warum altruistisches Verhalten, wie zum Beispiel die Brutpflege, von der Evolution selektiert wurde.

Dass die Theorie der Gruppenselektion falsch ist, zeigt ein einfaches Gedankenexperiment. Nehmen wir an, auf einer Autobahn würde die Höchstgeschwindigkeit für einen stark befahrenen Streckenabschnitt aus Umweltschutzgründen auf 80 km/h herabgesetzt. Gleichzeitig fehlten die finanziellen Mittel, um diese Teilstrecke zu überwachen. Altruistische Autofahrer, also freiwillige Selbstbeschränker, würden sich der Umwelt zuliebe trotzdem an die Geschwindigkeitsbeschränkung halten und in Kauf nehmen, dass sie ihr Fahrziel etwas später erreichen.

Wie lange aber dauerte es, bis der erste Egoist aus der Kolonne der 80 km/h fahrenden Altruisten ausbricht, um sie zu überholen? Seinem Beispiel folgten bald andere Egoisten, die sich mit ihrem rücksichtslosen Verhalten gegenüber den langsam fahrenden Selbstbeschränkern einen Vorteil herausschlagen – um ihr Ziel früher zu erreichen. In Minuten gemessen wären die gierigen Egoisten den sich selbstbeschränkenden Altruisten bald haushoch überlegen. Es würde nicht lange dauern und die Altruisten, die sich weiterhin an die 80 km/h-Beschränkung halten, wären hoffnungslos in der Minderzahl. In einer Gruppe von Altruisten hätte jeder Egoist größere Chancen, seinen Vorteil auf Kosten der anderen zu vermehren.

Mit der Theorie der Gruppenselektion lässt sich die Verbreitung der Selbstbeschränker in der Natur jedenfalls nicht erklären. Selbst wenn es in einer altruistischen Gruppe nur ganz wenige eigennützige Dissidenten gäbe, würden sie im Laufe der nächsten Generationen mehr Nachkommen hervorbringen als die selbstaufopfernden Altruisten. Eine stabile evolutionäre Strategie lässt sich mit der Theorie der Gruppenselektion nur schwer belegen. Von den meisten Evolutionsbiologen wird sie daher heute auch nicht mehr ernst genommen. Für die Ausbreitung altruistischer Verhaltensweisen muss es also eine andere Erklärung geben.

Richard Dawkins, ein Vertreter des Genselektionismus, lässt keinen Zweifel aufkommen, worum es in der Evolution wirklich geht – auch wenn es sich dabei aus menschlicher Sicht um schwer verdauliche Kost handelt. „Ich werde zeigen, dass die fundamentale Einheit für die Selektion und damit für das Eigeninteresse nicht die Art, nicht die Gruppe und – streng genommen – nicht einmal das Individuum ist. Es ist das Gen."[19]

Gene sind die Träger der Evolution, die eigentlichen Hauptdarsteller. In der Evolution geht es um die Genselektion. Nicht das Überleben der Gruppe oder des Individuums ist entscheidend, sondern das Überleben der Gene. Organismen sind lediglich Überlebensvehikel der Gene. Erfolgreiche Gene bauen erfolgreiche Überlebensvehikel. Erfolgreiche Überlebensvehikel wiederum fördern die Verbreitung der Gene, die sie gebaut haben.

Während die Natur Übermaß im Tierreich bestraft, weil das Futter im Revier knapper und das Tier durch seine Verfettung krankheitsanfälliger und darüber hinaus eine leichte Beute für seine natürlichen Feinde wird, fehlt in der profitorientierten Marktwirtschaft ein derartiges Regulativ. Märkte kennen keine freiwillige Selbstbeschränkung und sie regulieren sich auch nicht von selbst. Im Gegenteil, je mehr „Geldfresser" wachsen, desto besser werden ihre Marktchancen. In einem profitorientierten System, bei dem Profitzuwachs sogar ein Selektionsvorteil ist, muss Gier zwangsläufig zu einer der erfolgreichsten Eigenschaften werden. Nicht die Tüchtigsten und schon gar nicht ethisch motivierte, freiwillige Selbstbeschränker, sondern die Gierigsten, Skrupellosesten, Rücksichtslosesten haben in so einem System die besseren Karten.

Es verblüfft immer wieder, wie Menschen sich selbst und ihren Beitrag für die Gesellschaft überschätzen. Die Leistung keines Menschen ist um ein Tausendfaches mehr wert als die eines anderen. Sobald auf die ungleiche Verteilung der Vermögen hingewiesen wird, kommt sofort die „Neidkomplex-Keule" ins Spiel. „Wer mehr leistet, soll mehr verdienen", wird die schamlose Ungerechtigkeit gerechtfertigt; als ob Besitz in der Marktwirtschaft etwas mit Leistung zu tun hätte.

Zu dieser Realitätsverleugnung gehört auch der Mythos von der Chancengleichheit. Wie viele vermögende Menschen können von sich behaupten, dass sie sich dank ihrer eigenen Leistung vom Tellerwäscher zum Millionär hochgearbeitet haben? Man braucht bloß die letzten 1.000 Geburten heranzuziehen und die ökonomisch-soziale Ausgangssituation der Neugeborenen zu vergleichen, um festzustellen, dass von Chancengleichheit keine Rede sein kann. Statt demütig dafür dankbar zu sein, dass das Schicksal sie so begünstigt hat, halten sich viele Reiche, so wie der ehemalige österreichische Finanzminister Karl Heinz Grasser, tatsächlich für etwas Besseres, als „zu jung, zu intelligent, zu schön" für diese „abscheuliche Neidgesellschaft"[20]. Keine Frage, dass Menschen, die so denken, das Augenmaß für die Realität verloren haben. Sie glauben nicht nur, dass ihnen alles zusteht, sondern auch, dass sie sich alles leisten können, ohne dafür geradestehen zu müssen. Für viele sind die Haiders, Grassers, Strassers, Elsners, Meinls, Mensdorff-Pouillys, Meischbergers, Hocheggers, Rumpolds, um nur einige zu nennen, mittlerweile zu Symbolfiguren für die Schräglage in unserem Land geworden.

Kein Wunder, dass ein Wirtschafts- und Gesellschaftssystem mit unzureichenden Regulativen und ohne wirkliche Chancengleichheit früher oder später aus dem Gleichgewicht geraten muss. Während eine kleine Gruppe von der Schräglage profitiert und durch die Krisen immer reicher wird, stagniert das Einkommen beim Großteil der Bevölkerung oder wird sogar geringer. Im selben Maße, wie die Kaufkraft sinkt, steigt die Arbeitslosigkeit. Allein in der Eurozone liegt die Arbeitslosigkeit 2011 bei rund 10 Prozent. In einigen Ländern (wie Spanien oder Griechenland) hat die Arbeitslosigkeit noch erschreckendere Ausmaße angenommen. Dort ist bereits jeder Fünfte arbeitslos. Hinter vorgehaltener Hand erfährt man von Wirtschaftsexperten, dass die Krise noch lange nicht ausgestanden ist und man 2013 mit einer Inflation von bis zu 5 Prozent und einer noch höheren Arbeitslosigkeit, wenn nicht mit ärgerem Ungemach rechnet.

Selbst den gierigsten Profiteuren des vorherrschenden Systems muss mittlerweile klar sein, dass ohne Systemkorrektur eine soziale Revolution droht. Vor allem junge Menschen verstehen immer weniger, warum sie sich von einem ungerechten Gesellschaftssystem ihre Zukunft nehmen lassen sollen. Vielen ist mittlerweile klar geworden, dass eine deregulierte Marktwirtschaft und ein ungebremstes Wirtschaftswachstum nicht das Wohl des Menschen, sondern lediglich den Profit der Shareholder und Spekulanten im Auge haben. Begriffe wie Lebensglück, Lebenssinn, Liebe, Gemeinschaft, Verantwortung, Fairness und Solidarität haben in einer vom Kapitalismus getriebenen Welt keinen Platz.

Schon längst gilt, dass der Mensch für die Wirtschaft da ist und nicht die Wirtschaft für den Menschen. In den letzten Jahrzehnten haben sich nicht nur die Umwelt-, sondern auch die Arbeits- und Lebensbedingungen erheblich verschlechtert. Während die einen immer reicher werden, geht den anderen langsam die Luft aus. Wie schlecht es den arbeitenden Menschen in der liberalisierten Marktwirtschaft wirklich geht, zeigen die explosionsartige Zunahme der psychischen Erkrankungen und die daraus resultierenden Arbeitsausfälle. Die vielfältigen Konsummöglichkeiten können nicht über das hinwegtäuschen, was uns durch den Raubtierkapitalismus genommen wird.

Seit Jahren geistert als eine Konsequenz der Schräglage das „Burn-out-Phänomen“ durch die Öffentlichkeit. Es stimmt, Burn-out ist eine Modebezeichnung. Doch das, was sich dahinter verbirgt, ist alles andere als eine zeitgeistige Designerkrankheit. Um Unternehmen schnell zu sanieren und den Shareholder-Value zu sichern, gibt es ein einfaches Rezept: Personalkürzung. Mit dem Ergebnis, dass anschließend dasselbe Arbeitsvolumen von weniger Mitarbeitern bewältigt werden muss. Die Folge sind überbordende Überstunden, erhöhter Arbeits- und Zeitdruck, mit einem Wort: Stress pur. Natürlich reagieren Menschen unterschiedlich auf den wachsenden Stress am Arbeitsplatz. Solche, die ohnedies schon einen schweren Rucksack durchs Leben schleppen, knicken früher ein. Doch sobald die Arbeitsbelastung ein bestimmtes Ausmaß erreicht, sind auch die stabilsten Mitarbeiter gefährdet.

Unser Gesundheitssystem ist eines der besten, wenn es um die Heilung erkrankter Menschen geht. Niedergelassene Ärzte, Ambulatorien, Spitäler, sie alle dienen einer einzigen Aufgabe: der Wiederherstellung von Gesundheit. Wie viele unserer Einstellungen gründet auch unser Krankheitsverständnis weniger auf Fakten als auf Annahmen und Fantasien. Als krank gilt jemand dann, wenn er an sichtbaren oder nachweisbaren Symptomen leidet. Eine rinnende Nase, ein geröteter Hals, Fieber, zu viel Zucker im Blut, erhöhter Blutdruck, verengte Gefäße oder ein Tumor gelten als Krankheiten.

Bis zum Auftreten von Symptomen ist ein Mensch gesund, danach ist er krank. Warum jemand erkrankt, wird mehr oder weniger dem Zufall zugeschrieben. Selbst nachweisbar gesundheitsgefährdende Einflüsse werden relativiert: „Mein Onkel raucht auch und ist schon 80 Jahre alt …“ Kaum jemals wird Krankheit als Destabilisierungsprozess gedacht, der sich über viele Jahre unbemerkt vollzieht und das biologische System immer mehr in Schräglage bringt; bis es kippt und das Ergebnis von einem auf den anderen Tag sichtbar wird.

Nach Alberto Gandolfi ist Gesundheit „wahrscheinlich ein Gleichgewichtszustand zwischen Ordnung und Chaos“.

Sowohl innere als auch äußere Faktoren können das komplexe Gleichgewicht eines Organismus zum Kippen bringen, etwa wenn krebserregende Substanzen, übermäßige UV-Bestrahlung durch die Sonne, Immunschwäche oder spontane Mutationen der DNA zu einer ungehemmten Zellvermehrung führen.

„Die durchgedrehte Zelle vermehrt sich nun wie in einem Science-Fiction-Thriller: wild und hemmungslos. Das System versucht verzweifelt sie zu bremsen und schickt ihr Stoppsignale, doch sie reagiert nicht, bricht den Kontakt mit dem Rest des Körpers ab und beginnt ihren Todesmarsch. Mit anderen Worten: Das System wandert in die Region des chaotischen Zustands ab. Die Zelle reproduziert sich chaotisch und der chaotische Bereich weitet sich im Inneren des Körpers langsam aus."[21]

Durch die Fähigkeit zur Selbstorganisation, die allen komplexen Systemen, somit auch dem menschlichen Organismus, innewohnt, kann der chaotische Zustand ohne äußeres Zutun wieder in einen stabilen, komplexen Zustand übergehen. Das ist dann der Fall, wenn die Tumorzellen rechtzeitig vom Immunsystem entdeckt und zerstört werden. Der chaotische Zustand konnte sich dann lediglich lokal ausbreiten. Nach Gandolfi entsteht eine Krankheit durch den Übergang eines komplexen (sich selbst regulierenden, funktionierenden) Systems in einen zu geordneten (erstarrten) oder zu chaotischen Zustand. Nur, wo endet die Gesundheit und wann beginnt die Krankheit? Erst wenn das biologische System chaotisch wird oder bereits dann, wenn entsprechende Faktoren dazu beitragen, es zu destabilisieren?

In vieler Hinsicht gleicht der Mensch in seiner Belastungsfähigkeit einem Gummiband. Freilich stellt sich die Frage, wie viel Zeitdruck, Konkurrenzdruck, Erfolgsdruck, Arbeitsüberlastung und Spannung jemand aushalten kann, bis das imaginäre Band den „Point of no Return" erreicht, bei dem es reißt und das System von einem gesunden in einen kranken Zustand kippt.

Der Betriebsleiter eines Dienstleistungsunternehmens beginnt seinen Arbeitstag um fünf Uhr am Morgen. Er raucht nicht und trinkt nur gelegentlich Alkohol. Bevor er in die Arbeit fährt, unterstützt er seine Frau bei der Versorgung ihrer beiden Kinder. In der Arbeit steht er unter Dauerdruck. Die Probleme des Unternehmens, für die er verantwortlich ist, sind nicht gerade klein. Während er von einer Besprechung zur anderen hetzt, klingelt zwischendurch unentwegt das Handy und es warten Dutzende E-Mails auf Beantwortung. Trotzdem nimmt er sich Zeit für seine Mitarbeiter und hört sich geduldig deren Probleme an. Er ist nicht nur ein ausnehmend liebenswerter Mensch, sondern verfügt auch über ein feines Sensorium für die Nöte anderer; eine soziale Fähigkeit, die ihm das Leben jedoch nicht immer leichter macht. Obwohl er innerlich oft zum Zerreißen gespannt ist, dringt von dem Druck, der auf ihm lastet, kaum etwas nach außen. Man muss ihn schon sehr gut kennen, um zu merken, dass er sich fast durchgängig im „roten Drehzahlbereich" bewegt.

Wer die Folgen von chronischer Stressbelastung kennt, weiß, dass dieser Mann auf einen gewaltigen Crash zusteuert. Wann aber darf man bei ihm von Krankheit sprechen? Erst nach seinem ersten Herzinfarkt? Wenn er eines Tages plötzlich unter emotionaler Leere, Depression oder unbegründeten Angstzuständen leidet? Vielleicht findet sich sogar ein Arzt, der seine Symptome als Folge einer genetischen Veranlagung oder Stoffwechselerkrankung deutet und auf diese Weise dafür sorgt, dass er seinen zerstörerischen Lebensstil beibehält.

Muss man bei einem Menschen wirklich solange zuwarten, bis die krankmachenden Einflüsse zur Ausbildung schwerer Symptome geführt haben, oder besteht auch die Möglichkeit, früher in das Geschehen einzugreifen? Nicht nur für die Betroffenen selbst, sondern auch aus unternehmerischer und volkswirtschaftlicher Sicht wäre eine frühzeitige Beendigung des Selbstzerstörungsprozesses überaus wünschenswert.

Obwohl man heute die gesundheitsgefährdenden Risikofaktoren kennt und weiß, dass seelisches Wohlbefinden, konfliktfreies Zusammenleben, sexuelle Erfüllung, berufliche Zufriedenheit, gesunde Ernährung und ausreichende Bewegung die Erhaltung der Gesundheit fördern und die Leistungsfähigkeit steigern, schaffen wir uns nach wie vor Arbeits- und Lebensbedingungen, die diesem Anspruch entgegengesetzt sind.

# Jungens, macht rascher, denn hier geht's um Sekunden[22]

In einer Gesellschaft, in der sich alles um Konkurrenz, Leistung, Produktivität, Effizienz und Profit dreht, herrscht chronischer Hochdruck und damit Dauerstress. Stress ist in der neoliberalen Gesellschaft zu einem Synonym für Engagement und Leistungsbereitschaft geworden. Stresskrankheiten sind anständige Krankheiten. Das Stressausmaß einer Person ist ein Indikator für ihren Stellenwert in der Arbeitswelt. Wer viel arbeitet, hat viel Stress. Wer viel Stress hat, ist wichtig. Wer sehr viel Stress hat, ist unabkömmlich. Kein Wunder also, dass Begriffe wie Angst und Überforderung aus der Arbeitswelt verbannt wurden. Welche Führungskraft würde von sich behaupten, Angst zu haben, die in sie gesetzten Erwartungen nicht zu erfüllen? Stattdessen spricht man vom Erfolgsdruck. Durchaus berechtigte Ängste werden vor anderen verleugnet; schließlich will sich niemand nachsagen lassen, einer Aufgabe nicht gewachsen zu sein.

Intuitiv spüren viele, dass der Nimbus, unter Stress zu stehen, den eigenen Stellenwert im Unternehmen stärkt und über die eine oder andere Schwäche hinwegtäuscht. Wer wird in einem Betrieb bei Rationalisierungsmaßnahmen eher seinen Job verlieren – jemand, der vor lauter Stress nicht mehr zum Schnaufen kommt, oder jemand, der sich in der Arbeit auch Zeit für einen Plausch mit Kollegen nimmt oder sich hin und wieder eine Kaffeepause gönnt? Nicht immer sind Zeitdruck und Arbeitsüberlastung ein Gradmesser für die Effizienz der Arbeitsleistung.

Profitdenken, Wirtschaftswachstum und Konsum bestimmen heute das Denken in der globalisierten Welt. Die Globalisierung hat nicht nur neue Märkte eröffnet, sondern auch dafür gesorgt, dass Unternehmen in einer profitorientierten Welt unter einem immer stärkeren Konkurrenzdruck stehen. Um konkurrenzfähig zu bleiben, muss effizienter gewirtschaftet werden. Letztlich muss es im wirtschaftlichen Interesse eines Unternehmens liegen, das gesamte Arbeitsaufkommen auf so wenige Mitarbeiter wie möglich zu verteilen.

Was die Belastbarkeit von Menschen anbelangt, ist die Spannungstoleranz höchst unterschiedlich und hängt in gleicher Weise von endogenen Faktoren (Erbanlagen, Konstitution) wie exogenen Einflüssen (äußere Belastungen) ab. Auch beim Menschen gibt es keine objektive Grenze, wie viel Arbeit ihm zumutbar ist, bevor er Schaden erleidet. Das kann besonders leistungsmotivierten Mitarbeitern leicht zum Verhängnis werden, die oft gar nicht spüren, wenn sie die Grenzen ihrer Belastungsfähigkeit überschreiten.

Die Rationalisierungen in den Betrieben haben mit Sicherheit dazu geführt, dass der Druck am Arbeitsplatz heute höher ist als vor 50 Jahren. So leiden 36,7 Prozent der Arbeitnehmer unter Zeitdruck, 36,4 Prozent fühlen sich überlastet, 32,8 Prozent fehlt die Anerkennung, 29,6 Prozent stehen unter Erfolgsdruck und 24,8 Prozent haben ein Burnout-Syndrom.[23]

Der enorme Druck in der heutigen Arbeitswelt führt zwangsläufig zur Entstehung von Schräglagen; Schräglagen, die ängstlich verleugnet werden, vor anderen und vor sich selbst. Was folgt, sind Ängste, innere Einsamkeit und Isolation – ein idealer Nährboden für psychische Störungen und psychosomatische Erkrankungen.

Alle Stress- und Angstzustände – gleichgültig ob sie real begründet sind oder von unbewussten psychischen Konflikten hervorgerufen werden – wirken sich negativ auf das Leistungsvermögen aus. Neurophysiologische Untersuchungen haben gezeigt, dass kognitive Leistungen wie Lernen, Erinnern und Kombinieren unter dem Einfluss von Angst und Stress erheblich herabgesetzt werden. Auch die Assoziationsfähigkeit unseres Gehirns ist stressabhängig.

Unter den Stressfolgen leidet nicht nur unsere Denkfähigkeit, auch unser kreatives Potenzial und unsere Entscheidungsfähigkeit werden davon in Mitleidenschaft gezogen. Zeitdruck, Überlastung, fehlende Anerkennung, Erfolgsdruck und Burn-out sind Stressoren, die Menschen in der Arbeit ganz besonders belasten.

Das Arbeitsleben hat sich in den letzten Jahrzehnten entscheidend beschleunigt. Der Boom in der Informationstechnologie hat uns immer schnellere Computer, E-Mail, Fax und Internet beschert. Die elektronische Nabelschnur, das Handy, sorgt dafür, dass wir zu jeder Zeit an jedem Ort erreichbar sind. Die Rückzugsräume im elektronischen Zeitalter sind sehr knapp geworden. Auch das Kommunikationsvolumen hat extrem zugenommen. Wie viel Post musste ein durchschnittlicher Mensch vor einem Vierteljahrhundert beantworten? Heute quillt bei vielen die Mailbox über, unzählige SMS wollen beantwortet werden und auf den Anrufbeantwortern häufen sich die Nachrichten. Selbst wer sich einmal den Luxus leistet, das Handy abzuschalten, muss sich hinterher für seine „Kommunikationsverweigerung" rechtfertigen.

Singles, die ihre Zeit zumindest außerhalb der Arbeit frei einteilen können, haben auch weniger Zeitdruck. Gemessen an der Bildung steht der Mittelbau (Maturanten, Handwerker mit Meisterprüfung) am stärksten unter Zeitdruck, während es Pflichtschulabsolventen und Akademiker diesbezüglich besser haben. Besonders hoch ist der Zeitdruck für Menschen zwischen dem 25. und 45. Lebensjahr. Kein Wunder, basteln doch in dieser Lebensphase viele gerade an ihrer Karriere und müssen sich aus diesem Grund besonders ins Zeug legen. Sobald die guten Jobs vergeben sind, flaut der Zeitdruck nach Erreichen des 45. Lebensjahres langsam wieder ab.

Die Überlastung scheint zwischen dem 25. und 35. Lebensjahr am stärksten zu sein. Mit Mitte fünfzig lässt der Überlastungsdruck allmählich nach. Auffallend ist, dass sich Alleinstehende und Bezieher von Niedrigsteinkommen viel weniger überlastet fühlen.

Überlastete essen nicht nur ungesünder, sie reagieren auch ihre Spannungen vermehrt mit Essen und Trinken ab. Viele aus diesem Cluster essen und rauchen, weil sie sich belohnen wollen. Wer überlastet ist, leidet viel häufiger unter chronischer Müdigkeit, Verspannungen, Migräne, Infekten und anderen, eher unbestimmten körperlichen Beschwerden. Sie weisen auch mehr Hauterkrankungen auf. Im psychischen Bereich fühlen sich überlastete Menschen häufig erschöpft und reagieren in Alltagssituationen leicht gereizt. Sie haben Durchschlafstörungen, neigen zu Hyperaktivität, Panikattacken und Schwindel. Im familiären Bereich sind vor allem Frauen von der Doppelbelastung oder anderen familiären Belastungen (zum Beispiel Pflege eines Familienmitgliedes) betroffen. Darüber hinaus trüben Existenzängste und Geldsorgen den Haussegen. Überlastete leiden wie die meisten Stressgeplagten auch unter der Angst, sexuell nicht zu genügen. In der Arbeit fühlen sie sich ausgebeutet und haben häufiger Konflikte mit Vorgesetzten. Die Klassiker wie Zeitdruck, Erfolgsdruck und Burn-out machen auch ihnen zu schaffen. Sie haben sehr oft das Gefühl, dass ihr Einsatz nicht geschätzt wird. Mitunter kommen sie aus dem Staunen nicht heraus, wie viel sie leisten können, ohne sich dabei schlecht zu fühlen. Als Folge der Überlastung finden sie kaum Zeit, zum Arzt zu gehen. Von der Persönlichkeit beschreiben sie sich als eher labil, antriebslos, kalt und verschlossen. Im Großen und Ganzen sind sie sehr ordentlich.

Von Kindheit an verleihen Lob und Anerkennung Flügel. Auch am Arbeitsplatz motiviert Anerkennung die Mitarbeiter zu Höchstleistungen. Jeder will in der Arbeit gut sein und wünscht sich, dass seine Leistungen auch gesehen werden. Nur Menschen, die resigniert haben, sind faul. Eigentlich läge es im Interesse der Betriebe, ihre Mitarbeiter durch Anerkennung zu motivieren. Trotzdem leiden 32,8 Prozent der Mitarbeiter unter fehlender Anerkennung. Ihren Frust beruhigen sie mit Essen (wobei sie zu wenig Obst und Gemüse konsumieren) und Alkohol in Spannungssituationen. Zur Zigarette greifen sie eher in Verbindung mit Alkohol. Was ihre körperlichen Beschwerden betrifft, leiden sie häufig an Verspannungen und chronischer Müdigkeit. Öfter als andere leiden sie auch unter Störungen des Magen- und Darmtraktes. Sie fühlen sich erschöpft und neigen zu unbestimmten Ängsten und Spannungszuständen. Vermutlich trägt die fehlende Anerkennung auch dazu bei, dass sie häufig schlechte Laune haben und gereizt sind.

Nicht nur am Arbeitsplatz, auch in der Familie erfahren sie nur geringe Wertschätzung. Sie leiden unter Existenzängsten und Doppelbelastung und fürchten, sexuell nicht zu genügen. Am Arbeitsplatz geraten sie häufig in Konflikt mit ihren Vorgesetzten und fürchten wahrscheinlich auch deswegen häufiger als andere um ihren Job. Menschen, denen die Anerkennung fehlt, fühlen sich öfter ausgebrannt und demotiviert. Was ihre Persönlichkeit betrifft, so beschreiben sie sich als gefügig, phlegmatisch, mit einem Schuss Misstrauen. Sie fühlen sich schutzlos und ausgeliefert. Im Großen und Ganzen kränkt es sie, dass ihr Einsatz nicht genügend geschätzt wird. Eine Veränderung am Arbeitsplatz würde sehr stark zu einer Verbesserung ihrer Befindlichkeit beitragen. So wollen sie jedenfalls nicht mehr länger weitermachen.

Natürlich motiviert der Kampf um gute Posten Menschen zu einem kompromisslosen Engagement am Arbeitsplatz. Wer nach oben will, gibt sein Letztes, um den Erwartungen seiner Vorgesetzten zu entsprechen – doch nur so lange, wie sich die Zielvorgaben in einem vernünftigen Rahmen bewegen. Ganz nach dem Kampf-und-Flucht-Schema werden sich Mitarbeiter nur so lange ins Zeug legen, wie sie eine realistische Chance sehen, dass sich der Erfolgsdruck bezahlt macht. Sind die Anforderungen oder Zielvorgaben so überhöht, dass sie beim besten Willen nicht erreichbar sind, reagieren Arbeitnehmer mit Resignation und treten den Marsch in die innere Emigration an.

Vom Erfolgsdruck sind mehr Männer als Frauen betroffen. Warum? Geben wir uns bloß keiner Täuschung hin: Trotz teurer Aufklärungskampagnen und gut gemeinter „Halbe-halbe"-Initiativen sind die Chefposten in Unternehmen nach wie vor dem männlichen Geschlecht vorbehalten. Während Männern der Erfolgsdruck im Nacken sitzt, stöhnen Frauen unter der Doppelbelastung.

Wer unter Erfolgsdruck steht, ernährt sich ungesünder, isst zu viel Junkfood und zu viel Fleisch. Die Spannung, der diese Menschen ausgesetzt sind, reagieren sie häufiger als andere mit dem Konsum von Alkohol ab. Die Rechnung für diesen ungesunden Lebensstil bleibt ihnen nicht erspart. Hohes Cholesterin und Spannungskopfschmerzen sowie chronische Müdigkeit in der Freizeit sind die Kehrseite. Auch auf die Partnerschaft und Sexualität wirkt sich der Erfolgsdruck negativ aus. Im Privatleben fühlen sich die Betroffenen häufig erschöpft, ausgelaugt und leiden öfter unter Langeweile und Lustlosigkeit. Dazu kommt es zu vermehrten Konflikten in der Partnerschaft, gepaart mit der Angst, sexuell nicht zu genügen. Am Arbeitsplatz machen ihnen Zeitdruck und Überlastung zu schaffen.

Vor allem Menschen in der Lebensmitte leiden in dieser Gruppe vermehrt am Burn-out-Syndrom und unter Mobbing. Auch der Anteil derjenigen, die um ihren Job fürchten, ist signifikant erhöht. Von der Persönlichkeit beschreiben sie sich als innerlich getrieben, schnell und im Umgang mit anderen verschlossen. Sie geraten leicht aus dem Gleichgewicht. Im Vergleich zu anderen weisen sie weniger Arztbesuche auf, weil sie glauben, dass für die eigene Gesundheit keine Zeit übrig ist. Sie spüren, dass es so nicht mehr länger weitergehen kann, und sehnen sich wie Andy nach einer Entlastung am Arbeitsplatz und mehr Freizeit.

Andy hat in einem angesehenen Geldinstitut eine Führungsfunktion inne. Jahrelang hat er sie erfolgreich ausgeübt, bis sein Unternehmen vor einem halben Jahr an einen ausländischen Investor verkauft wurde. Seither konnte er keine Nacht mehr durchschlafen. Schuld daran sind die neuen Zielvorgaben für seine Gruppe. Andy weiß, dass sie nicht zu erfüllen sind. Trotzdem hat er aus Angst um seinen Arbeitsplatz zugestimmt. Eine Vertragsverlängerung erhält er nur im Falle eines Erfolges.

Obwohl die Umsätze seiner Gruppe immer mehr hinter den Vorgaben zurückbleiben, tut er seinen Vorgesetzten gegenüber so, als wäre er voll auf Kurs. Andy geht es wie dem Kaninchen vor der Schlange: Die Angst lähmt sein Handlungspotenzial. Um nur ja keinen Fehler zu machen, schiebt er wichtige Entscheidungen auf und verzettelt sich in Nebensächlichkeiten. Nach außen wirkt er so, als würde er unter Dauerstress stehen und vor lauter Arbeit zu nichts kommen. Innerlich fühlt er sich wie ein zum Tode Verurteilter, dem nur noch eine kurze Galgenfrist zugestanden wird.

Besser wäre es gewesen, Andy hätte seine Angst ernst genommen und sich mutig der Bedrohung in Gestalt der unrealistischen Zielvorgabe gestellt. Nicht immer ist das Motto „Hände falten, Goschn halten" gesundheitsfördernd, zumal Andy mit seinem Verhalten das Problem nicht lösen, sondern lediglich aufschieben konnte.

Das Burn-out-Syndrom kommt schleichend. Viele (vor allem im Mittelbau der Unternehmen) leiden darunter, ohne dass sie sich dessen überhaupt bewusst sind. Immerhin ist jeder Vierte davon betroffen – Männer häufiger als Frauen. Zwischen dem 45. und 55. Lebensjahr ist sogar jeder dritte Mann „reif für die Insel".

Das Burn-out-Syndrom ist durch folgende Symptome charakterisiert: Die Betroffenen fühlen sich erschöpft und ausgebrannt, leiden häufig unter Schlafstörungen und Kopfschmerzen. Gedanken an die Arbeit lösen Angst aus. Das Verlangen nach einer Auszeit nimmt immer konkretere Formen an. Es kostet jeden Tag neue Überwindung, in die Arbeit zu gehen. Die Befürchtungen, den Anforderungen am Arbeitsplatz nicht mehr gewachsen zu sein, nehmen zu. Schon geringfügige Anlässe führen zu schweren Schuldgefühlen. Der Körper scheint nicht mehr richtig zu funktionieren.

Aus nachvollziehbaren Gründen verringert das Burn-out-Syndrom nicht nur die Lebensqualität eines Menschen, sondern auch seine Leistungsfähigkeit. Das ist für Betriebe umso schlimmer, weil oftmals Mitarbeiter betroffen sind, die bis zu diesem Zeitpunkt als Stütze des Unternehmens galten.

Wird das Burn-out-Syndrom nicht behandelt, kann das zu einer Verstärkung der Rückzugstendenzen führen, was häufigere und längere Fehlzeiten in den Betrieben nach sich zieht. Die verbreitete Somatisierung des Konfliktes entspricht meist einer Flucht in die Krankheit (und damit auch in den Krankenstand). Krank sein bedeutet für viele Patienten gleichzeitig eine vorübergehende, in manchen Fällen sogar dauerhafte Erlösung von der unerträglich gewordenen Arbeitsrealität.

Das Burn-out-Syndrom hat für die Essgewohnheiten gravierende Folgen. Betroffene essen mehr und ungesünder als andere. Sie nehmen vor allem zu wenig Obst und Gemüse und zu viel Fleisch und Junkfood zu sich. In Spannungssituationen beruhigen sie sich durch Essen. Ihre innere Einsamkeit bekämpfen sie mit Zigaretten.

Körperlich leiden Betroffene unter chronischer Müdigkeit, vegetativ verursachten körperlichen Beschwerden, Verspannungen und erhöhtem Blutdruck. Psychisch stehen Erschöpfungszustände und Depressionen im Vordergrund. Häufig wird das Burn-out-Syndrom auch von Durchschlafstörungen begleitet. Meist kommt es zu einem sozialen Rückzug, die Stimmungslage ist angespannt und gereizt.

Im Privatleben führt das Burn-out-Syndrom neben sexueller Unlust oft zu innerer Einsamkeit und Isolation. Dazu kommen die Angst, sexuell nicht zu genügen, sowie Existenzängste. Am Arbeitsplatz sind Menschen mit Burn-out-Syndrom häufiger Mobbing ausgesetzt. Sie fühlen sich ausgebeutet und überfordert und vermeinen, zu wenig Anerkennung zu erhalten. Nicht selten kommt mit dem Erfolgsdruck noch ein zusätzlicher Belastungsfaktor hinzu. Die Betroffenen haben das Gefühl, sehr wenig zu ihrem Schutz beitragen zu können. Bei ihnen handelt es sich häufig um eher labile, antriebslose, pessimistische Menschen mit einem starken Hang zur Ordnung.

Die sich ständig verändernden Lebens- und Arbeitsbedingungen stellen in hohem Maße Anforderungen an die Lernbereitschaft und Motivation zur Neuorientierung und Veränderung eines Menschen. Der durch die vielfältigen Konfliktsituationen hervorgerufene Stress wird von Menschen mit unzureichend entwickelten Bewältigungsmechanismen sehr oft mit einem körperlichen Beschwerdeangebot beantwortet.

Die damit primär erreichte psychosoziale Konfliktfreiheit (primärer Konfliktgewinn) ermöglicht sekundär auch eine vorübergehende Befreiung von Verantwortung und beruflicher Verpflichtung (sekundärer Krankheitsgewinn). Aufgrund eines sich ergänzenden Zusammenspiels können körperliche Beschwerden und Erkrankungen die Bedeutung einer einzig möglichen und brauchbaren Konfliktlösung bekommen. Somit wäre der Weg in die Chronifizierung der Erkrankung eröffnet, der für den Leidensweg der Betroffenen und auch aus gesundheitspolitischer und volkswirtschaftlicher Sicht in eine Sackgasse mündet: verminderter bis gänzlicher Verlust der Arbeitsfähigkeit, längere Krankschreibungen, Krankenhausaufenthalte, Kuraufenthalte, drohende Fixierung auf Frühpensionierung.

Der Begriff „Stress" kommt aus dem Englischen und bedeutet so viel wie Anstrengung, Druck. Dabei handelt es sich um einen Zustand besonderer psychischer und physischer Anspannung. Menschen unter Stress befinden sich in erhöhter Alarmbereitschaft, was in unterschiedlichen körperlichen Reaktionen zum Ausdruck kommt: Das Herz schlägt schneller, der Blutdruck und die Atmungsfrequenz erhöhen sich, die Durchblutung des Gehirns und der Muskulatur ist erhöht, der Blutzuckerspiegel steigt und es kommt zu einer Hemmung der Sexualfunktionen und der Immunabwehr.

Lange Zeit wurden stressbedingte Erkrankungen als „Managerkrankheiten" bezeichnet. Führungskräfte galten als besonders gefährdete Risikogruppe. Neuere Untersuchungen, die in Europa und den Vereinigten Staaten durchgeführt wurden, kamen zu einem überraschenden Ergebnis: Nicht Führungskräfte, sondern Arbeiter (allen voran Fließbandarbeiter) und Sekretärinnen sind jene Berufsgruppen, die laut einer Liste der amerikanischen Regierung am stärksten stressgefährdet sind. Aber auch Lehrer, Kellner, Krankenschwestern und Polizisten leiden unter viel Stress. Berufsgruppen, in denen großer Zeitdruck herrscht (Supermarktkassierer, Telefonisten), sind ebenfalls stark vom Stress betroffen. Anders als bei den Führungskräften halten sich die gesundheitserhaltenden, stressvorbeugenden Angebote für diese Menschen in Grenzen. Ihr psychischer Leidensdruck und das daraus resultierende Krankheitsrisiko sind entsprechend hoch.

Die Stressreaktion hat in ihrer ursprünglichen Funktion einen positiven Sinn, denkt man an die starken körperlichen Anforderungen, denen der Mensch einmal ausgesetzt war. Die Belastungsfaktoren haben sich jedoch im Laufe der Jahrtausende verändert. Früher bedeuteten Kälte, Hunger oder körperliche Überforderung Stress, während sich Stress heute hauptsächlich in den Köpfen abspielt. Ein „dosierter", also regelmäßiger Eustress (positiver Stress) stimuliert das Immunsystem und wirkt anregend. Positiver Stress entsteht zum Beispiel beim Sport oder bei der zufriedenstellenden Lösung von schwierigen Aufgaben. Wer unter plötzlichem Zeitdruck einen Auftrag oder eine Arbeit erledigen muss, steht unter Eustress. Eustress sorgt dafür, dass ungeahnte Kräfte frei werden.

Der anhaltende und auch der zu stark auftretende Stress, in körperlicher wie auch in seelischer Form, wird als Disstress (negativ wirkender Stress) bezeichnet und führt zu

Krankheiten verschiedenster Art. Bluthochdruck, Kopf- und Rückenschmerzen, Magen- und Darmerkrankungen, Depressionen sowie Sexual- und Schlafstörungen können eine Folge von Stress sein. In Stresssituationen ist die Anfälligkeit für alle möglichen Krankheiten erhöht. Es sind meist die langwierigen und schleichenden Belastungen, welche die Widerstandsfähigkeit des Körpers schwächen, vor allem wenn sie mit Gefühlen wie Trauer, Ohnmacht, Hilflosigkeit, Ausweglosigkeit, Angst oder Verzweiflung verbunden sind.

Jeder Organismus reagiert auf alarmierende Reizeinwirkungen (Stressoren) wie Infektionen, Verletzungen oder Vergiftungen mit geeigneten Abwehrreaktionen. Aber auch seelische Stressoren (Probleme in der Partnerschaft, zwischenmenschliche Konflikte, Schwierigkeiten am Arbeitsplatz, Überlastung, Termindruck, drohende Strafverfahren, der Tod einer nahestehenden Person, Arbeitslosigkeit, Prüfungen, Umzug in eine andere Stadt, ...) werden als Ereignis wahrgenommen, das alle Kräfte mobilisiert, um die bedrohliche Situation zu bewältigen.

Die Stressoren lassen sich zu drei Gruppen zusammenfassen: Zu den körperlichen Stressoren zählen Hitze, Kälte, Lärm, Hunger (daher Achtung bei radikalen Abmagerungskuren), Infektionen und Verletzungen. Psychische Stressoren sind ungelöste Konflikte, Versagensängste, Leistungsüberforderung, Zeitdruck oder Unterforderung und Prüfungssituationen. Unter die sozialen Stressoren fallen zwischenmenschliche Konflikte, der Verlust von Angehörigen, Mobbing und die Ablehnung durch andere Menschen.

Stress ist mittlerweile zu einem der größten Gesundheitsrisiken in der modernen Arbeitswelt geworden. Dies ergab eine aktuelle Untersuchung in den Mitgliedstaaten der Europäischen Union.[24] Danach nehmen Leistungsverdichtung, Arbeitstempo und Zeitdruck ständig zu. Bereits jeder Dritte leidet permanent unter Stresssymptomen. 60 Prozent der versäumten Arbeitstage gingen laut Einschätzung der Agentur auf zu viel Stress zurück. Obgleich das Problembewusstsein in den Unternehmen schon vorhanden sei, erfolge die Bekämpfung von Stress und Mobbing durch die Arbeitgeber eher halbherzig.

Der kanadische Arzt Hans Selye, eine Autorität auf dem Gebiet der Stressforschung, beschreibt drei Phasen einer Stressreaktion. In der ersten Phase, der Alarmreaktion, erkennt der Körper die Stresssituation und bereitet sich darauf vor zu handeln – entweder zu fliehen oder sich auf einen Kampf einzulassen. Endokrine Drüsen senden Hormone aus, die Herzjagen, beschleunigte Atmung, erhöhten Blutzuckerspiegel, starkes Schwitzen, erweiterte Pupillen und eine Verlangsamung der Verdauung zur Folge haben. In der zweiten Phase, der Widerstandsphase, baut der Körper die Stresshormone ab, die durch die Alarmreaktion ausgeschüttet wurden. Hält die Stresssituation jedoch an, bleibt der Körper im Alarmzustand und kann schädliche Folgen nicht verhindern. Wird der Widerstand länger aufrechterhalten, tritt als dritte Phase die Erschöpfung ein, aus der eine stressbedingte Gesundheitsstörung resultieren kann. Dauerstress erschöpft die Energievorräte des Körpers und kann in Extremfällen zum Tod führen.

Die Arbeits- und Lebensbedingungen haben sich in den letzten Jahrzehnten nicht gerade zu unserem Vorteil geändert. Stress findet sich überall: am Arbeitsplatz, in der Familie, ja sogar in der Liebe. Während milder Stress sogar positive Folgen für unser Wohlbefinden hat, bewirkt eine dauernde chronische Überforderung das genaue Gegenteil. Schwerwiegende negative Ereignisse sind in der Lage, so großen seelischen Schmerz auszulösen, dass die Abwehrkräfte des Körpers geschwächt werden. Aber auch positive Veränderungen wie ein neuer Arbeitsplatz oder die Geburt eines neuen Familienmitglieds können die normale Fähigkeit eines Menschen, Krankheiten abzuwehren, vorübergehend beeinträchtigen.

Es ist mittlerweile längst Allgemeinwissen, dass übermäßiger Stress die Entstehung von Herz- und Kreislauferkrankungen begünstigt. Weniger bekannt ist allerdings, dass er gleichzeitig auch unser Immunsystem schädigt. Der deutsche Mediziner Thure von Uexküll, der als Begründer der modernen Psychosomatik gilt, hat wiederholt darauf hingewiesen, dass Verbindungen zwischen Persönlichkeit, Stress und Reaktionen des Immunsystems bestehen.

Mittlerweile beschäftigt sich ein eigener Wissenschaftszweig, die Psychoneuroimmunologie, mit den Wechselwirkungen, die zwischen der Psyche, dem Gehirn und dem natürlichen Heil- und Abwehrsystem des Körpers, dem Immunsystem, bestehen. Obwohl die Vorstellung der Einheit von Körper und Geist bereits in der Antike vorhanden war, war sie als Grundlage einer seriösen wissenschaftlichen Betrachtung über Jahrhunderte undenkbar. Erst durch die Psychoanalyse und die Psychiatrie, die den Begriff der „psychosomatischen Krankheiten“ geprägt haben, wurde der Gedanke, dass psychische Störungen zu körperlichen Erkrankungen führen können, wieder in das westliche medizinische Denken eingeführt.

Zwischen Immun-, Nerven- und Hormonsystem besteht ein hochkompliziertes Zusammenspiel. Schaltstellen der Regelkreise sind das Gehirn mit der Hirnanhangdrüse (Hypophyse), die Nebennieren und die Immunzellen selbst. Zwischen den Systemen findet eine lebhafte Kommunikation statt: Von den „Außenstellen“ werden Signale zum Gehirn geschickt. Das Immunsystem sendet zum Beispiel Informationssubstanzen in den ganzen Körper, die über eingedrungene Bakterien, Viren oder Tumore informieren, um über das Gehirn eine entsprechende Körperreaktion zur Bekämpfung dieser Mikroben und Tumore zu erreichen. Diese Regelkreise und Informationswege zwischen Nerven- und Immunsystem können durch den Einfluss von Gedanken, Vorstellungen und Gefühlen gesteuert und damit auch zur Heilung benutzt werden.

Es ist erwiesen, dass psychische Faktoren bei der Entwicklung und dem Verlauf vieler schwerer Krankheiten (einschließlich Herzerkrankungen, Krebs und Schlaganfällen) eine Rolle spielen, ebenso bei Störungen wie Magengeschwüren, hohem Blutdruck, Infektionskrankheiten, Migräne, Rückenschmerzen, Hautkrankheiten, Übergewicht, Asthma und Diabetes. Nicht umsonst spricht der Volksmund davon, dass einem etwas „im Magen liegt", „an die Nieren geht", „das Herz bricht", „die Kehle zuschnürt" oder etwas „zum Aus-der-Haut-Fahren" ist.

Krankheiten entstehen im Zusammenwirken mehrerer Faktoren. Das können Erbanlagen, Umwelteinflüsse, Krankheitserreger, Gewohnheiten und psychische Faktoren sein. Die Beeinträchtigung des Immunsystems durch dauernde psychische Überbelastung erhöht daher das Krankheitsrisiko erheblich. Vor allem die Anhäufung bestimmter belastender Lebenssituationen, wissenschaftlich „Life-Events", die den Stresspegel in die Höhe treiben, vergrößert das Krankheitsrisiko signifikant. Ein Mensch ist daher umso gefährdeter, je mehr stresserzeugende Erlebnisse er im Laufe eines Jahres hat.

Der volkswirtschaftliche Schaden, der den deutschsprachigen Ländern als Folge stressbedingter, psychischer und psychosomatischer Erkrankungen erwächst, ist enorm. In Deutschland und Österreich beträgt der geschätzte Schaden mehrere hundert Millionen Euro. Es liegt daher im wirtschaftlichen und politischen Interesse jedes Landes, hier zukunftsweisende Konzepte zu entwickeln, die eine „Trendumkehr" bei den durch Stress verursachten Erkrankungen bewirken. Die zu entwickelnden Konzepte müssen auf empirischer Erfahrung im Rahmen einer zu gründenden Behandlungseinrichtung und daran anschließender intensiver Konfliktforschung in den Bereichen Arbeitsplatz und Familie beruhen.

Wenn es um die unmittelbaren Folgen geht, ist das Herz-Kreislauf-System, das am schnellsten auf Stress reagiert, am anfälligsten für Erkrankungen. Jede psychische Belastung durch Stress führt zu einer Aktivierung des Kreislaufsystems.

Das Herz schlägt schneller, die Durchblutung wird auf die notwendigen Organe beschränkt, der Blutdruck erhöht sich. Weitere stressbedingte Störungen, die häufig auftreten, sind gastrointestinale Erkrankungen (Störungen des Magen- und Darmtraktes). Es können sich Magengeschwüre bilden, die durch eine Überproduktion von Magensaft oder eine Überempfindlichkeit der Magenschleimhaut zustande kommen, was zu Übelkeit und Magenschmerzen führt. Eine Entzündung des Dick- oder Dünndarms kann ebenso eine Folge von Stress sein.

Erkrankungen der Atemwege, wie zum Beispiel Asthmaanfälle, sind durch pfeifendes Atmen, Keuchen und ein starkes Beengungsgefühl gekennzeichnet und können durch emotionale Spannungen ausgelöst werden. Darüber hinaus kann Stress viele Hauterkrankungen, deren Symptome von Juckreiz und Schmerz bis zu Ausschlägen und Pusteln reichen, verursachen oder verschlimmern. Eine Verschiebung des Hormonhaushaltes, Zyklusstörungen bei der Frau und sexuelle Funktionsstörungen können bei großer Belastung und Anspannung ebenso auftreten wie Schlafstörungen und chronische Müdigkeit.

Weitere Stressfolgen betreffen den kognitiven Bereich und führen dort zu einer Einengung der Wahrnehmung und Informationsaufnahme (Scheuklappeneffekt). Auch die Lern- und Gedächtnisleistungen nehmen messbar ab. Durch die emotionale Überforderung treten darüber hinaus Symptome wie Aggressionsbereitschaft, Unausgeglichenheit, Gefühlsschwankungen, Angstgefühle, Nervosität, Depressionen, Apathie und Gereiztheit auf.

Im muskulären Bereich sind chronische Verspannungen ganzer Körperpartien eine weitere unangenehme Folge von Stress. Ständige Anspannung verbraucht übermäßig viel Energie und man ermüdet vorzeitig. Meist wird Verspannung nicht rechtzeitig wahrgenommen, sondern erst beim Auftreten von Schmerzen (zum Beispiel Spannungskopfschmerz als Folge von Verspannung der Nackenmuskulatur).

Allgemeine Verspannungen, leichte Ermüdbarkeit, Entspannungsunfähigkeit sowie Rücken- und Kopfschmerzen können Warnsignale sein, die auf eine zu hohe Stressbelastung hindeuten. Um der Schräglage in diesem Bereich entgegenzuwirken, reicht die Behandlung der Stressopfer alleine nicht aus; es müssen auch präventive Maßnahmen gesetzt werden, um den Anstieg stressbedingter Krankheiten zu bremsen.

Seit 1926 das erste Wiener Arbeiterunfallkrankenhaus im 20. Wiener Gemeindebezirk in der Webergasse errichtet wurde, hat in der Arbeitswelt eine grundlegende Verschiebung von der körperlichen zur nichtkörperlichen, „geistigen" Arbeit stattgefunden. Mit den neuen Arbeitsanforderungen haben sich auch die gesundheitlichen Risiken für die Arbeitnehmer geändert. Heute, wo schwere körperliche Arbeiten zunehmend von Maschinen verrichtet werden, ist die Zahl der Arbeitsunfälle, gemessen an den Produktionszahlen, rückläufig. Klassische Arbeitsunfallkrankenhäuser – damals eine richtige Antwort auf die Gegebenheiten der Zeit – decken den Bedarf nicht mehr ab. Die heutige Arbeitswelt ist weniger durch Arbeitsunfälle im herkömmlichen Sinne als durch stressbedingte Herz- und Kreislauferkrankungen oder Krankheiten als Folge eines geschwächten Immunsystems charakterisiert.

Kaum eine Berufsgruppe kann sich heute den stressbeladenen Anforderungen am Arbeitsplatz noch entziehen. Überdurchschnittlich hohes Herzinfarktrisiko, erhöhter Cholesterinspiegel, Alkohol- und Nikotinmissbrauch, Erschöpfungszustände, Schlafstörungen, psychische und familiäre Krisen sind häufig die Kehrseite unserer Leistungsgesellschaft. Lange Krankenhausaufenthalte oder gar das endgültige Ausscheiden von oft noch relativ jungen Arbeitskräften als Folge berufsbedingter Stresserkrankungen belasten nicht nur die Betroffenen und deren Familien, sondern auch den Betrieb und letztlich auch die Steuerzahler, die den Ausfall finanzieren müssen. Grundsätzlich wird beim Stress zwischen Erkrankungen nach dem Stresstyp A (Herz-Kreislauf-Erkrankungen) und dem Stresstyp C (Krebserkrankungen als Folge eines geschwächten Immunsystems) unterschieden.

Die Bezeichnung „Stresstyp A“ geht auf die amerikanischen Herzspezialisten Friedman und Rosenman zurück. Sie fanden bei einer Reihe von Herzpatienten Ähnlichkeiten in deren Persönlichkeitsstruktur und Verhaltensmustern. Diese Herzkranken waren vor allem aggressiver, gereizter und ungeduldiger als der Durchschnitt. Ihre zwischenmenschlichen Beziehungen waren von Feindseligkeit und Missgunst geprägt. Sie neigten verstärkt zu Konkurrenzstreben und rivalisierendem Verhalten. Wenn es darum ging, ein Ziel zu erreichen oder andere zu schlagen, waren sie durchaus bereit, Raubbau an ihren psychischen und körperlichen Ressourcen zu betreiben. Menschen vom Stresstyp A neigen zu erhöhter Aggressivität und Reizbarkeit und stehen fast immer unter Druck: unter Zeitdruck, Leistungsdruck und Erfolgsdruck. Hektik steht an der Tagesordnung, Ruhe, Entspannung und Geduld sind diesen Menschen weitgehend unbekannt. Die Konsequenzen, die sich daraus ergeben, sind unerfreulich. Vor allem in Verbindung mit zusätzlichen Risikofaktoren (Nikotin, Alkohol) zählen sie zu der Gruppe mit einem erhöhten Herzinfarktrisiko. Eine Verbesserung der Stressbewältigungsstrategien mindert das Infarktrisiko entscheidend.

Das schlechte Stressmanagement des Typs C schwächt auf die Dauer vor allem das Immunsystem. Da erwiesenermaßen ein Zusammenhang zwischen einer chronischen Immunschwäche und der Zunahme von Krebszellen besteht, wird angenommen, dass der Risikotyp C über ein erhöhtes Krebsrisiko verfügt. Daher auch die Bezeichnung „Typ C“ (englisch „Cancer“, Karzinom). Diese Annahme wurde durch empirische Studien vorerst erhärtet, später wieder infrage gestellt, weil diese Untersuchungen durchwegs an Patienten durchgeführt wurden, die bereits an Krebs erkrankt waren. Es ist durchaus möglich, dass die depressive Symptomatik erst als Reaktion auf die Erkrankung entstanden ist.

Anders als der Typ A, der wegen jeder Kleinigkeit „in die Luft geht", reagiert der Stresstyp C auf Belastungen implosiv, konfliktscheu und aggressionsgehemmt. Vertreter dieses Typus neigen dazu, ihren Ärger in sich hineinzufressen. Im zwischenmenschlichen Kontakt suchen sie Bestätigung oder ordnen sich leicht unter. Was ihre Beziehungen anbelangt, so machen sie sich leicht von anderen Menschen abhängig. Hinsichtlich ihrer Persönlichkeit zeichnen sie sich durch erhöhte Ängstlichkeit, Unsicherheit, geringes Selbstvertrauen und erhöhte Kränkbarkeit aus. Im Alltag sind sie sehr hilfsbereit. Sie tendieren zu erhöhter Selbstkritik und Schuldgefühlen. Es fällt ihnen sehr schwer, Nein zu sagen, und ihre Grundstimmung ist eher gedrückt.

Ein Dogma bestimmte in den letzten Jahren den wirtschaftlichen Diskurs: „Geht's der Wirtschaft gut, geht's uns allen gut." Und: „Der Wirtschaft geht es dann gut, wenn sie wächst." Gleich um welchen Preis: Effizienzsteigerung heißt das Zauberwort, mit dem unausgesprochenen Ziel, immer mehr Arbeit auf immer weniger Mitarbeiter aufzuteilen. Während die großen Unternehmen satte Profite einfahren, kämpfen viele kleine Unternehmen ums Überleben. Als Folge des unmenschlichen Konkurrenzdruckes bleibt nicht nur das Einkommen, sondern auch die Gesundheit von arbeitenden Menschen immer häufiger auf der Strecke.

Wie die Ergebnisse einer Langzeitstudie des ifat (Institut für Angewandte Tiefenpsychologie) zeigen[25], ist die Hitliste der häufigsten Beschwerden ein untrüglicher Spiegel vom Zustand des Menschen in der heutigen Arbeitswelt. Schon auf den ersten Blick ist erkennbar, dass die Prozentzahlen der stressbedingten Beschwerden dominieren:

| | |
|---|---|
| 64,04% | Verspannungen |
| 41,10% | nervöse Unruhezustände |
| 40,18% | Durchschlafstörungen |
| 36,65% | Zeitdruck |
| 35,18% | Erschöpfungszustände |
| 33,04% | Überlastung |
| 32,75% | Haltungsschäden |
| 32,75% | häufige Gereiztheit |
| 32,37% | häufige Stimmungsschwankungen |
| 30,97% | andere körperliche Beschwerden wie Schweißausbrüche, Ohrensausen |
| 30,34% | fehlende Anerkennung |
| 30,29% | familiäre Belastungen |
| 29,23% | Störung des Magen- und Darmtraktes |
| 29,11% | Geldsorgen, Schulden |
| 28,19% | chronische Unlust in der Partnerschaft |
| 28,11% | Depressionen |
| 27,83% | Erfolgsdruck |
| 27,53% | Doppelbelastung Beruf und Haushalt |
| 26,76% | chronische Müdigkeit |
| 26,73% | Angst, zu wenig attraktiv zu sein |
| 26,09% | erhöhtes Cholesterin |
| 26,08% | Konzentrationsstörungen |
| 25,72% | geringe Wertschätzung durch Partner oder Familie |
| 24,65% | Höhenangst |
| 24,07% | häufige Konflikte in der Partnerschaft |
| 23,87% | erhöhter Blutdruck |
| 23,12% | Einschlafstörungen |
| 21,74% | Burn-out |
| 21,23% | Angst, nicht zu genügen |
| 21,06% | Allergie |
| 20,43% | Langeweile und Lustlosigkeit |
| 19,42% | Existenzängste |
| 18,13% | unbestimmte Spannungszustände |

Die zahlreichen Rationalisierungsmaßnahmen in den letzten Jahren haben zwar die Ertragslage der Unternehmen signifikant verbessert, gleichzeitig aber auch dazu geführt, dass die Hälfte der Arbeitnehmer heute am Arbeitsplatz einem gesundheitsschädigenden Zeitdruck oder Überlastungen ausgesetzt ist. Im selben Maße sind die psychosomatischen Krankheiten und damit der Psychopharmakakonsum in die Höhe geschnellt, haben Ängste und Depressionen zugenommen. Stress ist mittlerweile zu einer Geisel der modernen Gesellschaft geworden.

Die Lebensumgebung des Menschen in der Postmoderne unterscheidet sich vor allem im Tempo grundlegend von der der früheren Generationen. Die ständige Beschleunigung, Effizienzsteigerung, lebenslanges Lernen, Einstellen auf immer neue Situationen, die ständige Erreichbarkeit und die Notwendigkeit zu reagieren haben dazu geführt, dass viele heute überhaupt nicht mehr zur Ruhe kommen. Stress und Konflikte am Arbeitsplatz verursachen jedoch nicht nur individuelles Leid, mit den Betroffenen kommen auch deren Angehörige unter die Räder. Die Unzufriedenheit führt zu vermehrten Fehlzeiten und ist für Unternehmen und Steuerzahler mit hohen Kosten verbunden.

Menschen mit erhöhter Stressbelastung sind jährlich durchschnittlich um zwei Tage länger im Krankenstand. Gleichzeitig gehen sie weniger oft zum Arzt. Wer unter schweren Ängsten leidet, ist sogar doppelt so oft im Krankenstand und braucht auch häufigere Arztbesuche. Bei Depressionen ist die durchschnittliche Krankenstandsdauer um zwei bis drei Tage länger. Auch die Arztbesuche finden signifikant häufiger statt.

Krankheiten entstehen nur selten aus heiterem Himmel und auch Krankenstände haben meist einen komplexen Hintergrund. Abgesehen vom Alter sind vor allem ungelöste zwischenmenschliche Konflikte für die Flucht in den Krankenstand verantwortlich – Konflikte, deren Wurzeln oft im Unbewussten liegen. Erst nach der Bewusstmachung der irrationalen Anteile der Konflikte ist auch eine Lösung auf der realen Arbeitsebene möglich.

Das ifat ist den Ursachen und Folgen des modernen Arbeitsstresses auf den Grund gegangen.[26] Dabei wurden auch die vielschichtigen Hintergründe von stresserzeugenden Konflikten am Arbeitsplatz eingehend analysiert und mit lebensnahen Fallgeschichten illustriert. Das Ergebnis ist ein eindrucksvolles Sittenbild der heutigen Arbeitswelt. Die Studie zeigt eine Liste jener Faktoren auf, die einen signifikanten Einfluss auf die Krankenstände haben. Diese Faktoren wurden in Abhängigkeit nach ihrem Gewicht gereiht: Alter, Konflikte mit Vorgesetzten, Konflikte mit Kollegen, Lärm, häufige Infekte, schlechte Lebensgewohnheiten (Ernährung, Alkohol, Nikotin), Erfolgsdruck, sexuelle Probleme, giftige Dämpfe (Teer, Lackiererei), Burn-out.

Eine signifikante Reduktion der Stressbelastung am Arbeitsplatz käme Mitarbeitern und Betrieben in gleicher Weise zugute. Die bahnbrechenden Erkenntnisse der Gehirnforschung in den letzten Jahrzehnten lassen keinen Zweifel aufkommen: Negativer Stress und Angst beeinträchtigen die menschliche Leistungsfähigkeit. Die kognitiven Leistungen, die Entscheidungsfähigkeit und Kreativität werden unter dem Einfluss von Stress und Angst signifikant herabgesetzt. Hingegen würde ein stress- und konfliktfreieres Arbeitsklima die Leistungsfähigkeit und Motivation der Mitarbeiter verstärken. Es verbessert die Teamzusammenarbeit sowie die Problemlösungs- und Entscheidungskompetenz. Darüber hinaus schafft es die atmosphärische Voraussetzung, dass sich alle Beteiligten viel lebendiger und kreativer in den Arbeitsprozess einbringen.

Die primäre Prävention soll in erster Linie zur Erhaltung und Stabilisierung der Gesundheit von Arbeitnehmern beitragen. Im Rahmen einer primären Prävention sollen in Zusammenarbeit mit den in Betrieben Verantwortlichen (Betriebsärzte, Betriebsräte, Personalleiter) Gesundheitsprogramme für Arbeitnehmer entwickelt werden.

Die Sekundärprävention dient der Früherkennung stressbedingter, psychosozialer Konflikte und Belastungen im Arbeitsbereich. Die Früherkennung in Verbindung mit einer rasch eingeleiteten Therapie erspart die risikoreiche Umlenkung in eine körperliche Erkrankung und wirkt der Chronifizierung neu entstandener Symptome entgegen. Eine wirksame Sekundärprävention verkürzt nicht nur den Leidensweg der Betroffenen, sondern ist auch gesundheitspolitisch und volkswirtschaftlich von hoher Relevanz, da eine deutliche Kostenreduzierung erreicht wird: Kostspielige, für die Diagnoseerstellung nicht relevante Untersuchungen müssen nicht mehr durchgeführt werden, Krankenhauskosten reduzieren sich durch die Abkürzung wiederholter stationärer Behandlung und auch der Medikamentenverbrauch wird vermindert. Die Zeiten der Arbeitsunfähigkeit verkürzen sich und durch die Wiedereingliederung in den Arbeitsprozess und durch die Vermeidung einer drohenden Fixierung auf die Frührente werden Kosten eingespart.

Eine Früherkennung ganz im Sinne der Sekundärprävention setzt voraus, dass man ausreichende Informationen über den Zustand eines Systems erhält. Diese gewinnt man mithilfe einer detaillierten, sorgfältigen Analyse, die bewusste und unbewusste Faktoren in gleicher Weise berücksichtigt. Bei einem Individuum geschieht das im Rahmen einer ausführlichen Exploration. Darunter versteht man eine „nachforschende" Untersuchung, bei der sämtliche Variablen abgeklärt werden, die auf die aktuelle Befindlichkeit Einfluss nehmen. Ein wesentlicher Indikator ist der Leidensdruck. Dieser kann entweder den Menschen selbst oder seine Umgebung betreffen. Wer unter Ängsten leidet oder starkem Stress ausgesetzt ist, hat einen sehr hohen subjektiven Leidensdruck.

Anders verhält es sich bei bestimmten Persönlichkeitsstörungen. Narzisstische Persönlichkeiten, Borderline-Persönlichkeiten oder Süchtige, die ihre Störung oft ungebremst ausleben, rufen mit ihrem rücksichtslosen Verhalten den Leidensdruck hauptsächlich in ihrer Umgebung hervor, haben selbst jedoch nur selten Krankheitseinsicht. Sieht man von diesen Persönlichkeitsstörungen ab, ist der subjektiv empfundene psychische Leidensdruck meist an beobachtbare Symptome gebunden. Menschen leiden unter ihren Panikattacken oder Zwangsstörungen. Der unbewusste Konflikt, der für die Entstehung der Symptome verantwortlich ist, bleibt meist im Verborgenen.

Es gibt aber auch Symptome, die sich nicht psychisch, sondern körperlich bemerkbar machen, obwohl sie ebenfalls auf unbewusste seelische Konflikte zurückgehen. In diesem Fall spricht man von psychosomatischen Beschwerden, weil der Leidensdruck von somatischen Symptomen durch eine psychische Verursachung hervorgerufen wird.

In einem solchen Fall ist der psychische Konflikt nicht mehr direkt ableitbar, sondern verbirgt sich zum Beispiel hinter Kopf- oder Magenschmerzen. Da der psychische Leidensdruck bei psychosomatischen Beschwerden meist völlig fehlt, zweifeln die Betroffenen in der Regel an der psychischen Verursachung. Sobald der Arzt sagt, ihr Leiden habe keine körperlichen Ursachen, misstrauen viele dieser Diagnose und fühlen sich nicht ernst genommen. Die unweigerliche Reaktion: „Ich bin doch nicht verrückt, mir fehlt doch wirklich etwas“, oder „Ich bilde mir das doch nicht alles ein.“ In diesem Fall gehört es zur heiklen Aufgabe des Arztes, beim Patienten zunächst ein Bewusstsein für die besondere Art seiner Erkrankung zu schaffen und ihn für die unbewussten Hintergründe seines Leidens zu sensibilisieren.

Nicht selten führt der Leidensdruck eines Menschen auch zu Selbstbehandlungsversuchen mithilfe von Essen, Nikotin, Alkohol und legalen oder illegalen Drogen. Früher oder später führt diese Strategie zwangsläufig zu einer Sekundärschädigung in Form von Übergewicht, Sucht oder körperlichen Folgeerkrankungen wie Krebs und Herzinfarkt.

Je früher der Leidensdruck eines Menschen erkannt wird, umso eher lässt sich ein Kippen des inneren Gesundheitsgleichgewichtes verhindern. Sobald psychische Konflikte, soziale Belastungen oder erhöhter Stress am Arbeitsplatz einmal zu einer körperlichen Erkrankung geführt haben (etwa zu Morbus Crohn, einer chronischen, in Schüben verlaufende Entzündung des Dünndarms), kann dieser Prozess nicht mehr rückgängig gemacht werden. Die Früherkennung und Beseitigung der Risikofaktoren sind bei psychischen und psychosomatischen Erkrankungen das Um und Auf in der Prävention.

Gerne wird übersehen, dass der Konsum bewusstseins- und stimmungsverändernder Mittel für viele Menschen die Bedeutung eines Selbstbehandlungsversuches hat, um bestehende Spannungen, Angstzustände, Leere und Sinnlosigkeit zu beseitigen. Besonders Menschen, die unter chronischem Stress stehen und die innere Balance verloren haben, sind für entspannende oder aktivierende Substanzen besonders anfällig. Darunter fallen neben Alkohol und illegalen Drogen auch legale, wie angst- und spannungslösende Medikamente (Tranquilizer), von denen Patienten nach einiger Zeit des Gebrauchs abhängig werden. Die meisten dieser Mittel haben darüber hinaus schädliche Nebenwirkungen.

Zu Recht weisen Antiraucher-, Antialkohol- und Antidrogenkampagnen auf die gesundheitsgefährdenden Risiken dieser Mittel hin, vergessen dabei jedoch darauf hinzuweisen, dass diese Stoffe für psychisch belastete Menschen auch eine heilsame Wirkung besitzen. Erst dieser Umstand macht sie immerhin so gefährlich.

Bereits im Jahre 1911 kritisierte der ungarische Psychoanalytiker Sándor Ferenczi die Unausgewogenheit in der Argumentation der damaligen Alkoholgegner, indem er sich auf die Untersuchung des deutschen Oberstabsarztes Dr. Drenkhan bezog: „Die einseitig agitatorische Tätigkeit der Antialkoholisten sucht die Tatsache, dass der Alkoholismus in den allermeisten Fällen eine allerdings unheilvolle Folge und nicht die Ursache der Neurosen ist, zu verschleiern. Den individuellen wie den sozialen Alkoholismus kann nur die Analyse heilen, die die Ursache der Flucht in die Narkose aufdeckt und neutralisiert. Oberstabsarzt Dr. Drenkhan hat aus der Morbiditätsstatistik der deutschen Armee nachgewiesen, dass infolge der antialkoholischen Propaganda der letzten Jahre die Zahl der ‚Alkoholerkrankungen' in der Armee von 4,19% auf 0,7% von 10.000 gesunken ist, dass aber dafür die Zahl der Erkrankungen an sonstigen Neurosen und Psychosen in demselben Maße gestiegen ist. Die Ausrottung des Alkoholismus ist also nur eine scheinbare Verbesserung der Hygiene. Der Psyche, wenn ihr der Alkohol entzogen wird, stehen zahlreiche andere Wege der Flucht in die Krankheit zu Gebote. Und wenn dann die Psychoneurotiker statt an Alkoholismus an Angsthysterie oder Dementia praecox (eine Form der Schizophrenie, Anm.) erkranken, bedauert man den riesigen Aufwand an Energie, der gegen den Alkoholismus an unrechter Stelle in Gang gesetzt wurde."[27]

Was für den Alkoholismus gilt, trifft in gleicher Weise für alle anderen Formen der Abhängigkeit zu. Nicht selten kommt es im Anschluss an Entzugsbehandlungen, bei denen die der Abhängigkeit zugrunde liegende psychische Störung unbehandelt bleibt, zur Ausbildung schwerer psychosomatischer Erkrankungen, akuter psychotischer Zustandsbilder oder quälender Angstzustände. Das kommt nicht von ungefähr, denn Alkohol und Drogen greifen massiv in den Spannungshaushalt der Konsumenten ein, ja regulieren diesen bis zu einem gewissen Grad sogar. Bei Entzug der psychotropen (auf die Psyche einwirkenden) Stoffe muss der psychische Apparat neue Wege zur Spannungsabfuhr beschreiten. Das kann genauso zur Ausbildung neurotischer oder psychotischer Symptome führen wie zur Entstehung bösartiger psychosomatischer Erkrankungen.

Doch soll hier keinesfalls der Eindruck erweckt werden, bei den gebräuchlichen Suchtgiften handle es sich um harmlose „Heilmittel". Die gesundheitsgefährdenden Eigenschaften von Alkohol, bestimmten Psychopharmaka oder illegalen Drogen wie etwa Haschisch, Opium, Heroin, Kokain oder den synthetischen Designerdrogen sind hinlänglich bekannt. Zwar bestimmen die dem Organismus zugeführten Stoffe bis zu einem gewissen Grad den Suchtverlauf, die Ursachen für süchtiges Verhalten liegen jedoch woanders. Nicht die Droge sucht den Menschen, sondern der Mensch sucht die Droge. Erst das Zusammenspiel verschiedener Faktoren – genetischer, lebensgeschichtlicher, sozialer, kultureller – führt in Wechselwirkung mit der toxischen Qualität der Droge zum Vollbild der Sucht. Nur dort, wo die menschliche Psyche die Schräglage nicht mehr ausgleichen kann, kommt die suchterzeugende Wirkung der Droge zur vollen Entfaltung.

Bei den meisten Menschen führt fortdauernder negativer Stress zu einem chronischen Spannungszustand, der geradezu nach Abfuhr schreit. Nicht immer sind die Strategien, die dabei angewandt werden, der körperlichen Gesundheit zuträglich. Dass Stressgeplagte oft starke Raucher sind, vermehrt dem Alkohol zusprechen oder beim Essen über die Stränge schlagen, ist kein Zufall. Nikotin und Alkohol wohnt eine entspannende Wirkung inne und auch Essen kann helfen Spannung abzubauen. Wohin Spannungsrauchen, Spannungstrinken, aber auch Spannungsessen führt, bedarf keiner besonderen Erörterung. Raucherschäden, Alkoholismus und Übergewicht sind bekannte Leiden, die oft genug auf chronischen Stress zurückgehen. Falsche Ernährung und Bewegungsmangel tun ein Übriges, um den Organismus nachhaltig zu schädigen. Ein effektives Stressmanagement muss daher nicht nur die Beseitigung der unmittelbaren Stressoren im Auge behalten, sondern auch stressbedingte, ungesunde Lebens- und Ernährungsgewohnheiten korrigieren.

Das im Tabak enthaltene Nikotin ist weltweit die am meisten verbreitete psychoaktive Droge. Wenn es in hohen Dosen konsumiert wird, kann es tranceartige, mystische Zustände hervorrufen. Diese Wirkung von Nikotin war bereits den Ureinwohnern Nordamerikas bekannt, die es deswegen gerne bei rituellen Handlungen einsetzten – aber eben nur dort, weil sie auch die abhängigkeitserzeugende Wirkung der Droge kannten. Heute kann vom maßvollen Gebrauch des Nikotins keine Rede mehr sein. Im deutschsprachigen Raum raucht rund ein Drittel der Bevölkerung.

Die allgemeinen Risiken des Rauchens sind bekannt: Die Haut wird schlechter durchblutet und altert rascher. Der Alterungsprozess wird beschleunigt und bei Rauchern besteht eine allgemein erhöhte Krankheitshäufigkeit. Laut der amerikanischen Krebsgesellschaft verkürzt das tägliche Rauchen von 20 Zigaretten die Lebenserwartung um durchschnittlich 8,3 Jahre. Auch andere Studien besagen, dass sich die Lebensdauer eines Durchschnittsrauchers um etwa acht Jahre verkürzt. Alle zehn Sekunden stirbt laut Schätzungen der WHO ein Mensch an den Folgen des Tabakkonsums, pro Jahr sind das rund drei Millionen Menschen. Tabak fordert 30-mal so viele Menschenleben wie AIDS und 50-mal so viele wie illegale Drogen.

Herz- und Kreislauferkrankungen sind bei Rauchern die häufigste Todesursache. Rauchen bewirkt kurzfristig eine akute Verengung der Blutgefäße, langfristig schädigt es das Gefäßsystem. Die durch Rauchen begünstigte Arteriosklerose (Gefäßverkalkung, Gefäßverengung, Gefäßverschluss) betrifft vor allem die Arterien des Herzens (Angina Pectoris, Herzinfarkt), des Gehirns (Schlaganfall) und der Gliedmaßen (Raucherbein). Von den jüngeren Menschen unter 40 Jahren bekommen fast ausschließlich Raucher einen Herzinfarkt. Durchschnittlich haben Raucher um zehn Jahre früher den ersten Herzinfarkt. In Verbindung mit anderen Risikofaktoren, wie Übergewicht, Bluthochdruck, negativem Stress, wenig bis keiner Bewegung, Alkohol, bei Frauen der Pille, steigt das Herzinfarktrisiko um ein Vielfaches. Rauchen erhöht das Krebsrisiko um den Faktor zehn.

Im Tabakrauch befinden sich rund 40 krebserregende Substanzen. Alle Organe, die direkt oder indirekt mit dem Zigarettenrauch oder seinen Inhaltsstoffen in Berührung kommen, sind gefährdet: Krebserkrankungen der oberen Atemwege, von Mundhöhle, Zahnfleisch, Lippen, Zunge, Rachen, Kehlkopf, Speiseröhre, Luftröhre und Bronchien, aber auch Lungen-, Magen-, Bauchspeichel-, Nieren-, Blasen-, Harnröhren-, Zwölffingerdarm-, Dünndarm-, Dickdarm-, Enddarm-, ja sogar Gebärmutterhalskrebs treten bei Rauchern häufiger auf. Aber: Zehn Jahre nach der letzten Zigarette ist das Risiko, an Lungenkrebs zu sterben, wieder gleich hoch wie bei Nichtrauchern.

Die chronische Bronchitis ist eine chronische Erkrankung der Atemwege, für die der Teer im Rauch verantwortlich ist. Ein typisches Symptom ist der Raucherhusten in Verbindung mit einem gelbgrünlichen Auswurf. Wird mit dem Rauchen aufgehört, gibt sich die chronische Bronchitis meist wieder. Ein Emphysem (auf Deutsch Lungenblähung) ist eine Erkrankung, bei der beim Ausatmen die Lungenbläschen niemals ganz geleert werden, was dazu führt, dass sie sich ausdehnen und sogar platzen. Im Spätstadium dieser Erkrankung wird das Atmen zur Qual. In schweren Fällen können Patienten nur mehr mit einem Sauerstoffgerät überleben. Die Osteoporose, der altersbedingte Knochenschwund, wird durch Rauchen beschleunigt.

Heute sind die Risiken des Aktiv- und Passivrauchens den meisten bekannt. Trotz der vielfältigen Angebote gelingt es einem großen Teil der Raucher nach wie vor nicht, ihr gesundheitsschädigendes Verhalten dauerhaft zu verändern. Aus Scham wird das „Nichtkönnen“ nach außen hin oft als ein „Nichtwollen“ dargestellt. Die Aufrechterhaltung des Nikotinkonsums wird mit der Angst vor Gewichtszunahme und mit einer höheren Konzentrations- und Leistungsfähigkeit gerechtfertigt. Tatsächlich verhält es sich genau umgekehrt.

Die Zeiten, als Raucher bei der Arbeit am Glimmstängel saugen konnten, sind längst vorbei. In immer mehr Unternehmen gilt Rauchverbot. Wer heute in der Arbeit rauchen will, muss seinen Arbeitsplatz verlassen, um seine

Kollegen nicht zu schädigen. Diese Arbeitsunterbrechungen stören nicht nur die Konzentration, sie verringern auch die Leistung – abgesehen davon, dass die Fehlerquote durch die Rauchpausen steigt. Auf längere Sicht kostet das dem Raucher Lebenszeit und dem Unternehmen Geld.

Kein Raucher ist selbst schuld daran, wenn er es nicht „kraft seines Willens" oder „kraft seiner Vernunft" schafft, dem Laster zu entsagen. Erst die Einsicht in die unbewusste Bedeutung des Rauchens mithilfe einer geeigneten Psychotherapie bewirkt bei den meisten Rauchern eine Einstellungsänderung und ist der Startschuss in eine rauchfreie Zukunft. Allerdings ist die psychotherapeutische Behandlung der Abhängigkeit kein Spaziergang; es kann schon bis zu einigen Jahren dauern, bis die Gier nach Zigaretten dauerhaft überwunden ist.

Trotzdem zahlt sich dieser Weg aus, denn mit dem Rauchen aufzuhören verlängert nicht nur die Lebenszeit, sondern erhöht auch die Lebensqualität entscheidend. Letztlich befreit die Abstinenz Raucher auch vom wachsenden Druck, dem sie seitens ihrer nichtrauchenden Kollegen in den Betrieben (zu Recht) ausgesetzt sind.

Ausg'steckt is! Alle Jahre wieder ertönt im Herbst das unvermeidliche Halali zur Jagd auf den ersten frisch gegorenen Rebensaft. Doch fließt das „gute Tröpferl" bekanntlich nicht nur im Herbst und nicht nur beim Heurigen. Auch sonst greifen die Menschen gern zur Flasche. „Jetzt trink' ma noch a Flascherl Wein, es muss ja nicht das letzte sein ..."

Die logische Folge davon: Für drei bis fünf Prozent der Menschen im deutschsprachigen Raum bleibt das „allerletzte Flascherl" halt doch immer nur das vorletzte. Für sie ist der Griff zum Glas nicht mehr nur Genuss, sondern bereits Zwang. Die Grenzen zwischen dem gemütlichen Zecher, der sich ab und zu einen guten Schluck genehmigt, und dem völlig aus dem Gleichgewicht geratenen, hemmungslosen Säufer sind unscharf. Mehr als jeder Zehnte im deutschsprachigen Raum läuft Gefahr, sie zu überschreiten. In der bereits zitierten ifat-Studie geben 8,2 Prozent der befragten Frauen und 17,6 Prozent der Männer an, dass sie Alkohol für ihr Wohlbefinden benötigen. Bei vielen der Betroffenen ist die Schräglage als Folge des exzessiven Alkoholgenusses durchaus wörtlich zu nehmen

Der Umgang mit Alkohol ist in unserer Kultur so selbstverständlich geworden, dass sich kaum einer der Gefahren des Stimmungsmachers bewusst ist: Beim Alkohol handelt es sich um eine gefährliche, abhängig machende Droge, deren chronischer Missbrauch zu schweren körperlichen und psychischen Schäden führt.

Alkoholismus ist nach wie vor das bedeutsamste sozialmedizinische Problem in unserem Kulturkreis. Die Schäden, die durch die Alkoholabhängigkeit hervorgerufen werden, sind gravierend: Sie betreffen den Körper, die Psyche und das soziale Umfeld des Alkoholkranken. Aber auch die wirtschaftlichen Einbußen des Staates gehen ins Unermessliche. Trotz großer Anstrengungen ist bisher noch keinem Land ein nennenswerter Erfolg im Kampf gegen den Alkoholismus gelungen. Im Gegenteil: Es hat sogar den Anschein, als würden immer mehr junge Menschen immer exzessiver dem Alkohol zusprechen. Heute schätzt man im deutschsprachigen Raum die Zahl der latent und manifest Alkoholabhängigen etwa auf fünf Prozent der Gesamtbevölkerung. Die Zahl der Alkoholgefährdeten liegt mit etwa zwölf Prozent mehr als doppelt so hoch.

Während geringer Alkoholkonsum bei Personen über 50 Jahren das Herzinfarktrisiko senkt, steigert regelmäßiger Alkoholkonsum (schon ab 28 Gramm pro Tag) das Krankheitsrisiko für eine Reihe von anderen Krankheiten, darunter auch Krebserkrankungen. Das Herzinfarktrisiko nimmt bei regelmäßigem Alkoholkonsum ab einer Menge von 39 Gramm pro Tag ebenfalls rapid zu.

Niemand, der übermäßig Alkohol konsumiert, sollte sich über die gesundheitsschädigende Wirkung seines Verhaltens Illusionen machen. Alkohol ist ein starkes Nerven- und Zellgift. In höheren Dosen schädigt er das Nervensystem und führt zum Absterben von Nervenzellen. Dabei wird auch das Gehirn in Mitleidenschaft gezogen. Die alkoholbedingten Ausfälle bei der Weiterleitung von Nervensignalen beeinträchtigen unter anderem die sexuelle Erregbarkeit sowie die Erektionsfähigkeit des Mannes. Da Alkohol durch das Blut über den ganzen Körper verteilt wird, kommt es bei regelmäßig erhöhtem Konsum in allen Bereichen des Organismus zu Zellschädigungen.

Wenn Sie wissen wollen, ob sich Ihre Trinkgewohnheiten bereits negativ auf Ihre Gesundheit auswirken, verwenden Sie zur Berechnung eine Formel. Der Einfachheit halber können Sie davon ausgehen, dass jedes Glas Alkohol im Durchschnitt zehn Gramm Alkohol enthält. Werte über 15 Gramm bei Frauen und über 30 Gramm bei Männern sprechen für ein erhöhtes Risiko. Wenn Sie es jedoch genau wissen wollen, berechnen Sie den Alkoholgehalt mit dieser Formel: Das Gewicht des Alkohols (in Gramm) bezogen auf 100 ml Flüssigkeit berechnet sich aus dem Alkoholvolumen (Volumsprozent in ml) mal 0,8.

Hier ein Beispiel: Das berühmte „Krügerl" enthält 20 Gramm Alkohol. 100 ml Bier enthalten 5 Vol-% Alkohol × 0,8 = 4 Gramm; ein halber Liter mit 500 ml enthält daher 20 Gramm. Einige Richtwerte: Bier (330 ml, 5 Vol.-% Alkoholgehalt): 13 Gramm Alkohol. Wein (125 ml, 12 Vol.- % Alkoholgehalt): 11,8 Gramm Alkohol. Cognac (4 cl, 40 Vol.-% Alkoholgehalt): 12,6 Gramm Alkohol.

Besonders gefährdet vom Alkohol abhängig zu werden sind Menschen, die unter Angstzuständen, Hemmungen, Depressionen, Selbstunsicherheit, sexueller Frustration, Gefühlen der Langeweile und Leere, chronischem Stress oder bestimmten (zum Beispiel narzisstischen) Persönlichkeitsstörungen leiden. Aber auch Kinder von Alkoholikern haben ein erhöhtes Risiko.

Die allgemeinen Risiken erhöhten Alkoholkonsums sind eine herabgesetzte Konzentrations- und Reaktionsfähigkeit, die Beeinträchtigung der Wahrnehmung und Urteilskraft, Koordinations-, Sprach- und Sehstörungen, eine erhöhte Unfallgefahr, eine erhöhte Gewaltbereitschaft als Folge der enthemmenden Wirkung des Alkohols (ein Großteil der Gewaltdelikte erfolgt unter Alkoholeinfluss) und bei regelmäßigem Konsum eine erhöhte Abhängigkeits- und Suchtgefahr.

Die Krankheitsrisiken sind Fettleber, Leberentzündung, Leberzirrhose, Leberkoma, Leberkrebs, Mund- oder Rachenkrebs, Speiseröhrenkrebs, Kehlkopfkrebs, Brustkrebs bei Frauen, eine Veränderung der Bauchspeicheldrüse und des Herzens (Erweiterung des Herzmuskels), eine Schädigung des zentralen und peripheren Nervensystems (Hirnatrophie, Polyneuropathie), die Schädigung der Muskulatur (Muskelatrophie), Störungen des Hormonhaushaltes durch Absinken des Testosteronspiegels (führt bei Männern zur Verweiblichung), Angstzustände, Depressionen, Stimmungsschwankungen, soziale Verelendung, Isolation und Selbstmordgefahr. Bis zu 20 Prozent aller Todesfälle gehen direkt oder indirekt auf Alkoholmissbrauch zurück.

Wenn Sie regelmäßig trinken, berechnen Sie zunächst, wie viel Gramm Alkohol Sie täglich zu sich nehmen. Überschreiten Sie dabei die Grenze von zehn bis 15 Gramm bei Frauen oder 20 bis 30 Gramm bei Männern, ist Gefahr im Verzug. Neigen Sie zu unregelmäßigem, exzessivem Alkoholkonsum, sind Erinnerungslücken, Kontrollverlust, Handlungen, die Ihnen im Nachhinein peinlich sind, ernst zu nehmende Warnsignale. Brauchen Sie den ganzen Tag über einen konstanten Alkoholspiegel, um sich „gut" zu fühlen, wissen Sie selbst am besten um Ihre Abhängigkeit.

Weitere Indikatoren, die für Ihre Abhängigkeit sprechen: Wenn kein Alkohol verfügbar ist, werden Sie unruhig. Sie legen einen „Alkoholvorrat" an. Ihre Gedanken kreisen häufig um Alkohol. Ohne Alkohol fühlen Sie sich „schlecht drauf". Sie verspüren ein Gefühl der Angst und inneren Unruhe, das sich nach dem ersten Glas Alkohol verflüchtigt.

Sie verspüren Gewissensbisse und Schuldgefühle nach übermäßigem Konsum. Sie fassen immer wieder Vorsätze, ihr Trinkverhalten zu ändern.

Wer mit dem Trinken aufhören will, wird um eine grundlegende Desillusionierung nicht herumkommen. Die unvermeidlichen Versprechungen nach jedem Alkoholexzess, „jetzt aber wirklich aufzuhören", gehören genauso zum Selbstbetrug wie das Selbstmitleid und die Schuldzuschreibungen, bei der bestimmte Umstände für das eigene Versagen verantwortlich gemacht werden. Auch die Hoffnung, vom Alkohol mithilfe von Medikamenten oder Hypnose wegzukommen, ohne dass damit ein umfassender und schmerzhafter Verzicht in Kauf genommen werden müsste, ist Teil der Realitätsverleugnung.

Hier einige Gedankenanstöße, die Ihnen dabei helfen können, Ihre Alkoholgewohnheiten zu verändern: Alkoholabhängige können nicht einfach ihren Alkoholkonsum reduzieren oder zu gelegentlichen Anlässen einmal ein Gläschen trinken. Hier gilt das „Alles-oder-nichts-Prinzip". Wenn jemand vom Alkohol loskommen will, dann für immer oder gar nicht. Es bringt nichts, aufhören zu „wollen", aufgehört hat man! Sämtliche „guten Vorsätze" sind letztlich zu vergessen. Vor allem der verbreitete Trick „ich hör dann oder dann auf" ist Ausdruck des Selbstbetruges. Warum soll das Aufhören zu einem bestimmten Datum leichter möglich sein als an dem Tag, an dem der Vorsatz gefasst wird? Gute Vorsätze erlauben einem lediglich, bis zu diesem Datum ohne Schuldgefühle weiterzutrinken.

Der Entschluss, nichts mehr zu trinken, hat nur dann eine Wirkung, wenn er am Höhepunkt der Gier getroffen wird. Am Morgen nach einem Alkoholexzess aufzuhören, wenn der Kopf schmerzt und die Gier nach neuerlicher Alkoholeinnahme noch gering ist, bringt nichts. Sobald die Gier zunimmt, beginnt der Entschluss zu wackeln. Besonders dann, wenn der chronische Missbrauch schon lange Zeit besteht und die konsumierte Alkoholmenge hoch ist, sollte der körperliche Entzug niemals auf eigene Faust, sondern immer nur unter ärztlicher Kontrolle erfolgen.

Im Anschluss an den körperlichen Entzug, gleichgültig, ob dieser ambulant oder in einer stationären Einrichtung durchgeführt wird, sollte unbedingt psychotherapeutische Hilfe in Anspruch genommen werden, um mögliche primäre psychische Störungen, die zur Alkoholabhängigkeit geführt haben, zu bearbeiten. Ein völliger Verzicht auf Alkohol ist nur dann möglich, wenn Sie gleichzeitig das gesamte Leben grundlegend umstellen. Das betrifft gelegentlich die Partnerschaft, auf jeden Fall die Freizeitgestaltung und unter bestimmten Umständen auch die Arbeitssituation.

Leo ist von Beruf Netzwerkspezialist. Seit drei Jahren arbeitet er als Administrator in einem großen Unternehmen mit vielen Filialen. Er ist Ende zwanzig, groß gewachsen und gut aussehend. Ein klassischer Vertreter des Typs „Everybody's Darling". Sein Charme macht es ihm leicht, die Herzen der Damenwelt für sich einzunehmen. Unabhängig davon, was er tut, man kann ihm einfach nicht böse sein. Doch hinter seiner gewinnenden Fassade tun sich Abgründe auf. Wie bei Dr. Jekyll schlummert auch in Leo ein Mr. Hyde – nur dass der nicht durch den Vollmond, sondern durch Alkohol freigesetzt wird. Unter Alkoholeinfluss verwandelt sich der smarte Leo in einen anderen Menschen. Einmal wird er depressiv und weinerlich und droht damit, sich das Leben zu nehmen, dann wieder gibt er sich großspurig und aggressiv.

Eine Zeit lang fiel niemandem auf, dass Leo Alkoholprobleme hatte. „Mein Gott, im betrunkenen Zustand führt sich doch jeder einmal auf", hieß es damals, und: „Das kann doch jedem einmal passieren, so etwas kann man doch nicht erst nehmen." Die Reaktionen auf Leos erste Eskapaden waren durchaus verständnisvoll und bagatellisierend, denn er gehörte schließlich nicht zu der Kategorie von Alkoholkranken, die täglich Alkohol konsumieren müssen.

Leo war ein neurotischer Trinker. Wenn er trank, dann exzessiv und ohne ein Ende zu finden, oft über mehrere Tage hinweg. Im betrunkenen Zustand kam bei Leo all das zum Vorschein, was er im nüchternen gut verdrängt hatte. Unfreiwillig ließ er dann „die Sau raus", machte seine Kollegen selbstherrlich herunter oder legte sich auf ungute Weise mit Unbeteiligten an. Am Tag nach einem Absturz war Leo kleinlaut. Am liebsten wäre er vor Scham im Boden versunken, als ihm von anderen am nächsten Tag augenzwinkernd erzählt wurde, wie „arg" er sich aufgeführt hätte. Anfangs war Leo noch bedacht darauf, am Morgen nach einem Alkoholexzess trotz seines angeschlagenen Zustandes in die Arbeit zu gehen. Doch mit der Zeit wurde ihm das immer gleichgültiger.

Nach dem Motto „Man kann schon einmal einen über den Durst trinken" drückte sein Vorgesetzter ein Auge zu, vielleicht auch, weil er bei der einen oder anderen feuchtfröhlichen Runde selbst mit von der Partie war. Bald war es unter seinen Kollegen ein offenes Geheimnis, dass es bei einer Zechtour besser war, nach Hause zu gehen, bevor Leo seinen Pegel erreicht hatte und es unangenehm werden konnte. Dass er zu viel trinkt, war allen bald bewusst, doch dass er ein schweres Alkoholproblem hatte, wollte niemand so recht wahrhaben. Leo erhielt zwar von allen Seiten gut gemeinte Ratschläge. „Trink langsamer, lass die harten Getränke, hör auf, wenn du merkst, dass du genug hast", aber die Sache hatte einen gewaltigen Haken: Leo merkte nicht, wann er genug hatte. Im Gegenteil, mit jedem Glas wurde seine Gier größer und er schüttete noch mehr in sich hinein. Dann setzte Leo Handlungen, die er im nüchternen Zustand nie vollbracht hätte. Mit seinen Abstürzen beschädigte er seine Reputation schwer und nachhaltig.

Je öfter sein Vorgesetzter ein Auge zudrückte, wenn Leo nach einer Zechtour betrunken ins Büro kam oder zu spät eintraf, desto mehr Freiheiten schien Leo sich herauszunehmen. Bald war es keine Seltenheit mehr, dass er erst mittags oder am frühen Nachmittag zur Arbeit kam oder manches Mal auch gar nicht. So, als würde er mit seinem Verhalten an die Außenwelt appellieren, ihm endlich Grenzen zu setzen, geriet sein Alkoholkonsum mit der Zeit völlig außer Rand und Band. Er trank immer mehr, je mehr dies akzeptiert wurde. Niemand war bereit, Leo vor sich selbst zu schützen.

Als im Unternehmen ein großes Projekt anstand, an dem er maßgeblich beteiligt war, erlitt Leo einen Bandscheibenvorfall. Trotz ungeheurer Schmerzen schleppte er sich jeden Tag ins Büro, was ihm von allen Seiten hoch angerechnet wurde. Er genoss das Mitleid der Kollegen und dass er gebraucht wurde. Das Trinken ließ er jedoch nicht. Im Gengenteil, jetzt trank er auch in der Arbeit, weil er seine Schmerzen schließlich mit Alkohol betäuben musste. Es kam, wie es kommen musste: Leos Zusammenbruch ließ nicht mehr lange auf sich warten.

Eines Tages war es dann so weit. Im volltrunkenen Zustand versuchte Leo sich im Morgengrauen mit einem Messer umzubringen und wurde von der Rettung in die Psychiatrie eingeliefert. Doch am nächsten Tag, als er wieder ausgenüchtert war, entließ man ihn mit der Empfehlung, dass „er das Trinken sein lassen solle“. Auch in der Arbeit wurde Leos Zusammenbruch herabgespielt, denn als Nüchterner war er witzig und charmant wie eh und je. Es war ihm ein Leichtes, allen vorzugaukeln, dass er einfach nur zu viel getrunken und dann „einen Blödsinn“ gemacht hatte.

Doch mit der Zeit wurden seine Eskapaden in der Arbeit zunehmend als unangenehm empfunden. Man wusste nie, wann man ihn am Arbeitsplatz antreffen würde. Einmal wurde er von seinem Vorgesetzten völlig betrunken in einem Lokal in unmittelbarer Nähe seiner Arbeitsstelle beim Frühstück erwischt. Leo schien es nicht zu kümmern. Sein Chef erteilte ihm zwar eine Verwarnung, kündigte ihn aber nicht. Er fürchtete vermutlich zu Recht, dass eine Kündigung Leo den letzten Halt entziehen würde, den er noch hatte. Darüber hinaus war Leo ein hochqualifizierter Mitarbeiter. Seine EDV-Projekte erledigte er immer zur vollsten Zufriedenheit seiner Vorgesetzten, auch wenn er dies meist außerhalb der geregelten Arbeitszeiten tat. Es war nicht leicht, für Leo einen gleichwertigen Ersatz zu finden. Was außerdem gegen eine Kündigung sprach, war, dass der junge Mann in seinem Arbeitsbereich Zugriff auf höchst vertrauliche Daten hatte. Jetzt, als die drohende Kündigung wie ein Damoklesschwert über ihm schwebte, verstärkten sich seine Alkoholeskapaden. Nachdem Leos Vorgesetzter nicht mehr weiter wusste, holte er Hilfe von außen.

Paul ist Personalchef in einem großen Konzern. Aus einer Abteilung wurde ihm zugetragen, dass ein Mitarbeiter, den er schon lange kannte, ein massives Alkoholproblem hätte. Ihm selbst war diesbezüglich noch nie etwas aufgefallen. Deshalb zögerte er eine Zeit lang, ob er aktiv werden solle. Immerhin konnte es sich dabei auch um ein böswilliges Gerücht handeln, das aus ganz anderen Motiven in die Welt gesetzt worden war und fatale Auswirkungen auf die Arbeitssituation des Mitarbeiters haben könnte – noch dazu, wenn es durch eine Vorladung zum Personalchef bestärkt wurde.

Paul tat das einzig Richtige. Bei einer günstigen Gelegenheit lud er den Mitarbeiter zu einem vertraulichen Gespräch ein. Stimmte das Gerücht, so war ein helfendes Gespräch ohnedies dringend angezeigt. War es erfunden, so konnten zumindest seine Hintergründe, eine Intrige oder Konflikte innerhalb der Abteilung, geklärt werden. Im Laufe der Unterhaltung stellte sich schon nach kurzer Zeit heraus, dass die Befürchtungen der Kollegen zutrafen. Nachdem die Sache einmal im Rollen war, wandte sich auch die Lebensgefährtin seines neuen Problemkindes an ihn und teilte ihm das volle Ausmaß der Tragödie mit. Ihr Mann treibe sich nächtelang durch zwielichtige Lokale und würde sein gesamtes Gehalt vertrinken. Im betrunkenen Zustand fände er oft nicht nach Hause und übernachte deswegen immer wieder auf der Straße. Auf dem Weg in die Arbeit hätte sie ihn einmal am Morgen sogar im volltrunkenen Zustand in ihrer Hauseinfahrt schlafend vorgefunden.

Paul gehörte zu den Führungskräften, für die Alkoholabhängigkeit eine Krankheit war. Er wusste, dass er seinem Mitarbeiter noch so sehr ins Gewissen reden konnte, ohne etwas zu bewirken. Natürlich würde dieser beteuern, sich gleich morgen ändern zu wollen, und das vermutlich auch selbst glauben. Doch die Realität war anders. Zu oft war Paul in seinem langen Berufsleben bereits mit Alkoholkranken konfrontiert gewesen, als dass er den guten Vorsätzen seines Mitarbeiters hätte Glauben schenken können. Auf der anderen Seite wollte er den Mann, der vor Jahren nach einer Scheidung zu trinken begonnen hatte, nicht einfach auf die Straße setzen. Paul schlug daher einen anderen Weg ein. Er vereinbarte mit seinem Mitarbeiter einen Behandlungsplan, von dessen Erfüllung er seine weitere Zukunft im Unternehmen abhängig machte. Der Plan sah neben einer stationären Entwöhnung eine längerfristige, begleitende Behandlung sowie freiwillige Alkoholtests im Unternehmen vor.

Wie so oft in diesen Fällen war die Behandlung zunächst von Erfolg gekrönt. Die Krisen und Rückschläge stellten sich erst nach einiger Zeit ein. Doch darauf war Paul eingestellt. Für ihn war es nicht entscheidend, dass sein Mitarbeiter von einem auf den anderen Tag trocken wurde. An Wunder glaubte er ohnedies nicht. Was für Paul zählte, war, dass sich der Mann nicht aufgab, sondern zäh weiterkämpfte. Trotz zwei weiterer stationärer Aufenthalte in einer Spezialklinik, die der Betrieb seinem Mitarbeiter bezahlte, rechnete sich Pauls Vorgangsweise auch für das Unternehmen. Abgesehen davon, dass er für seinen Mitarbeiter, der immerhin eine Schlüsselarbeitskraft war, keinen Ersatz suchen musste, dankte der ihm seine Loyalität mit besonderem Engagement.

Während nach wie vor mehr Männern der Alkohol zu schaffen macht, kämpfen Frauen oft mit ganz anderen Problemen.

Nahezu 40 Prozent der Frauen, die in einer festen Beziehung leben, sind hoffnungslos überlastet. Ihnen geht es psychisch und somatisch schlechter als Singlefrauen. Die Bedürfnisse der Frauen mit Familie stehen diametral zur realen Unvereinbarkeit von Arbeitswelt und Familie. Um das schlechte Gewissen zu beruhigen, wird zwar ständig über die Beteiligung des Mannes im Haushalt und bei der Kinderbetreuung geredet. Die Realität sieht jedoch anders aus: 83 Prozent der Hausarbeit werden laut einer ifat-Studie (2007)[28] nach wie vor von Frauen geleistet. Auch bei der Kinderbetreuung wird nur ein Fünftel von den Männern übernommen. Die Mehrfachbelastung erhöht das Stressrisiko bei Frauen um ein Vielfaches. Die Zeiten, in denen der Herzinfarkt als reine Männersache galt, sind vorbei; mittlerweile stirbt bereits jede zweite Frau an den Folgen einer Herz-Kreislauf-Erkrankung.

Neben den Klassikern – Überlastung am Arbeitsplatz, Zeitdruck, Erschöpfungszuständen und Burn-out – sind es vor allem Probleme mit ihrem Kind, von denen Frauen sich belastet fühlen. Wie sehr auch Männer davon profitieren würden, wenn sie ihre Partnerin bei der Hausarbeit und der Kindererziehung entlasten würden, belegt der Umstand, dass Frauen mit Mehrfachbelastung in der Partnerschaft signifikant häufiger sexuell unter chronischer Unlust leiden.

Doch es muss auch im Interesse der Unternehmungsführung liegen, die Stressbelastung der Mitarbeiterinnen herabzusetzen, um sich ihre Arbeitskraft zu erhalten. Dazu ist es notwendig, Frauen im Betrieb flexiblere Rahmenbedingungen zu bieten, ihnen aber auch mit dem geeigneten Support im privaten Bereich den Rücken zu stärken. Unbelastete Frauen, die gelernt haben, sich von den unmäßigen Ansprüchen ihrer Umwelt besser abzugrenzen, können ihre Ressourcen effizienter im Arbeitsalltag einsetzen.

Kaum jemand wird daran zweifeln, dass der gesellschaftliche Beitrag von Frauen wesentlich höher ist als der von Männern. Das hat vor allem mit der biologischen Rolle der Frau zu tun; sie gebiert die Kinder und ist daher emotional wesentlich stärker an ihren Nachwuchs gebunden als der Vater. Es kommt nicht von ungefähr, dass nach einer Scheidung in der Regel der Frau die Fürsorge für das Kind übertragen wird. Wenn eine Frau neben einem Kind auch berufstätig sein will, bedeutet das für sie meist eine Doppelbelastung. Während er in unserer Meeting-Gesellschaft von einer Besprechung zur nächsten eilt und bei Arbeitsessen Schwerstarbeit leistet, hetzt sie meist vom Arbeitsplatz zum Kindergarten und von dort zum Supermarkt ...

Thea ist eine vierundvierzigjährige, leitende Angestellte eines großen Unternehmens. Sie, eine Karrierefrau, klagt über den nicht vorhandenen Leistungswillen, das kulturelle Desinteresse und das fehlende soziale Mitgefühl ihrer Tochter Katharina. Diese sei faul, frech, egoistisch und nur auf ihren Vorteil bedacht, außerdem konsumsüchtig – wobei nur das Beste und Teuerste für sie infrage käme. An guten Büchern, Theatervorstellungen oder Filmen mit hohem Niveau zeige sie genauso wenig Interesse wie an anspruchsvoller Musik. Wenn sie überhaupt lese, dann die „Gulla-Bücher" ihrer Großmutter sowie Comics. Sonst verbrächte sie den größten Teil ihrer Freizeit vor dem Fernseher oder im Bett. Nächtens treibe sie sich in diversen Diskotheken oder „Beisln" herum, wofür sie von der Mutter Geld verlange. Des Morgens verzichte sie gerne auf den Schulbesuch, um sich von den Anstrengungen der vorangegangenen Nacht erholen zu können. Die häufigen Geldforderungen Katharinas im Verhältnis zu ihren seltenen Schulbesuchen und den daraus resultierenden schlechten Lernleistungen – Katharina musste die dritte Klasse zwei Mal wiederholen – lieferten immer wieder neuen Zündstoff für den Zwist mit der Mutter.

Thea kann beim besten Willen nicht verstehen, warum ausgerechnet ihre Tochter, die alles hatte, der nie etwas verboten wurde, die auf nichts verzichten musste, nur so passiv, lernunwillig, desinteressiert, dabei so unverfroren, patzig und rücksichtslos fordernd werden konnte. Gleichzeitig erinnert sich Thea daran, wie oft sie unter Vorwänden länger dauernde Geschäftsbesprechungen oder Konferenzen vorzeitig verließ, um zum Kindergarten zu eilen, wo Katharina als Letzte, fix und fertig angezogen, in der Garderobe darauf wartete, abgeholt zu werden. Wie sie noch knapp vor Ladenschluss, die Tochter hinter sich her zerrend, durch den Supermarkt hastete, um das Nötigste für das Nachtmahl zu besorgen. Als Thea keuchend und abgehetzt endlich daheim angelangt war und sogleich erschöpft auf das Sofa fallen wollte, drängte die kleine Katharina sie, mit ihr zu spielen. Statt sich vom anstrengenden Arbeitstag erholen zu können oder sich eine Verschnaufpause zu gestatten, fühlte sich Thea dazu verpflichtet, die eigenen Wünsche hintanzustellen und sich stattdessen ausgepowert und halbherzig ihrer Tochter zu widmen. Als sie sich schließlich – nach der Zubereitung des Abendessens, dem leidigen Abwasch und der abendlichen Kinderpflege – zu Katharina ans Bett setzte, um ihr Gute-Nacht-Geschichten vorzulesen, kam es immer häufiger vor, dass Thea sich zwar noch lesen hörte, in ihren Gedanken jedoch längst woanders war.

Mir ist kein Mann bekannt, der freiwillig mit der Rolle der Frau in unserer Gesellschaft tauschen wollte. Hier einige Zahlen zur Situation der Frau im deutschsprachigen Raum:[29] Nur 74 Prozent der Frauen finden, dass die Aufgaben in ihrer Familie gerecht verteilt sind. Mehr als die Hälfte der Frauen (52 Prozent) ist im Falle einer Unvereinbarkeit die Mutterschaft wichtiger als eine berufliche Karriere. Jede dritte Frau leidet unter der Doppelbelastung und wünscht sich eine Hilfestellung bei der Bewältigung der täglichen Arbeitslast. Jeder Fünften fehlt die berufliche Erfüllung. Nur zwei Drittel der Frauen sind im erlernten Beruf tätig. Mehr als die Hälfte der berufstätigen Frauen ziehen einen männlichen Vorgesetzten vor; nur 13 Prozent würden lieber unter einer weiblichen Vorgesetzten arbeiten. Die durchschnittliche Arbeitszeit von Frauen mit Kindern beträgt zwischen 20 und 30 Stunden. Bei berufstätigen Frauen erfolgt die Betreuung der Kinder hauptsächlich durch Großeltern (36 Prozent), Kindergarten und Hort (38 Prozent). Nur etwas mehr als zehn Prozent wollen sofort nach der Geburt ihres Kindes wieder arbeiten gehen; die Hälfte nach dem dritten Lebensjahr des Kindes und der Rest würde gerne für immer zu Hause bleiben, wenn es die finanziellen Mittel erlaubten. 67 Prozent der Frauen sind durch die Betreuung ihres Kindes keine beruflichen Nachteile entstanden. Mehr als die Hälfte der Frauen mit Kind sprechen sich für eine finanzielle Grundabsicherung in der Höhe von 1.000 Euro aus. Finanzielle Unterstützung (52 Prozent), flexible Arbeitszeit (42 Prozent) und das Recht auf Teilzeitarbeit (36 Prozent) würden die Vereinbarkeit von Mutterschaft und Beruf erleichtern. Frauen gehen signifikant häufiger erst dann in den Krankenstand, „wenn es gar nicht mehr anders geht". Gleichzeitig haben sie aber mehr Krankenstände als Männer.

Noch in den späten Siebzigerjahren hatte es den Anschein, als würde die gesellschaftliche Gleichstellung von Mann und Frau nur mehr eine Frage der Zeit sein. Der Aufstieg rechtspopulistischer Ideologien als Folge der neoliberalen Wende hat die Chancengleichheit von Mann und Frau jedoch wieder in gehörige Schräglage versetzt. Die Frauenbewegung aus den 1970er- und 1980er-Jahren ist heute nur mehr eine gesellschaftliche Randerscheinung. In Österreich wurde das Frauenministerium unter einer rechten Regierung von 2000 bis 2005 sogar von einem Mann geführt! Nur wenig deutet darauf hin, dass der Einfluss der Frau zu Beginn dieses Jahrtausends zunehmen werde.

Unterstützt von dümmlichen Fernsehshows wie „Germany's Next Topmodel", einschlägigen Soap Operas und dergleichen propagiert die Rechte heute wieder ein Frauenbild, das sich auf den einfachen Nenner – strohdumm, schön und häuslich – zusammenfassen lässt. So, als hätten Frauen nichts anderes als Klamotten und Schminke im Kopf und keinen anderen Wunsch, als möglichst schnell unter die Haube zu kommen, um ihrem Herzallerliebsten „eine gute Frau zu sein". Klarerweise zielt dieses erzkonservative Rollenverständnis darauf ab, die Abhängigkeit der Frau vom Mann zu verstärken; wie es scheint, nicht ohne Erfolg.

Obwohl die Frauen weltweit die Bevölkerungsmehrheit stellen, sind sie von der politischen Macht nach wie vor so gut wie ausgeschlossen. Sie leisten 60 Prozent der Arbeit, erhalten aber nur zehn Prozent des Lohnes. Noch bis ins zwanzigste Jahrhundert hinein wurde ihnen in Europa sowohl das aktive als auch passive Wahlrecht vorenthalten. Frauen sind in der Majorität und lassen sich von der männlichen Minderheit dominieren. Auch in den Chefetagen findet dieses Ungleichgewicht Niederschlag: Der Mann herrscht, die Frau dient.

Man braucht sich doch bloß umzusehen: Wo sind die zahlreichen Powerfrauen, die in zeitgeistigen Medien tagtäglich hochgejubelt werden, wo die erfolgreichen Karrierefrauen in den Chefetagen? Nicht nur in der Politik, auch in der Wirtschaft sind die begehrten Jobs weiterhin den Männern vorbehalten. Selbst wenn Frauen einmal eine führende Position erhalten, sind dafür häufig Kostengründe verantwortlich. „Frauen kosten einfach weniger", wie eine Insiderin eines multinationalen Konzerns weiß.

Im Alltag finden sich daher kaum coole Karrieristinnen, sondern meist gestresste Frauen, die unter der Doppel- und Dreifachbelastung stöhnen; die von ihrer schlecht bezahlten Arbeit zum Kindergarten hetzen, sich durch überfüllte Supermärkte quälen, um danach am heimischen Herd ihre „eigentliche Bestimmung" zu finden. Würde dem Mann eine vergleichsweise unterprivilegierte Rolle aufgezwungen, käme es unweigerlich zu einem Aufstand. Was ist los mit den Frauen? Warum lassen sie sich das gefallen? Warum wehren sie sich nicht?

Wenn wir Macht als die Möglichkeit definieren, Wünsche aus eigener Kraft zu befriedigen, lässt sich leicht erkennen, dass die Frau zu keiner Zeit in der Lage war, direkt auf einen Mann Macht auszuüben. Umgekehrt ist es dem Mann, der neben seiner körperlichen Überlegenheit auch über das eindringende Sexualorgan verfügt, sehr wohl möglich, seine Wünsche auch gegen den Willen einer Frau durchzusetzen.

Frauen hingegen befinden sich seit jeher in dem Dilemma, Männer für ihre Ziele gewinnen zu müssen; sie sind auf die Macht der Verführung angewiesen.

Eine Gleichstellung zwischen Mann und Frau wäre erst möglich, wenn der Mann freiwillig und dauerhaft auf den Gebrauch seiner biologischen Machtmöglichkeiten verzichtet. Doch selbst dann würde es im psychischen Erleben einen Unterschied machen, ob einer auf eine Machtmöglichkeit freiwillig verzichtet oder darauf angewiesen ist, dass der andere darauf verzichtet. Von einem derartigen Verzicht kann jedoch ohnehin nicht die Rede sein. Eine freiwillige Selbstbeschränkung kommt in der Natur nur dann vor, wenn dem Individuum daraus ein größerer Vorteil erwächst als durch die Befriedigung seiner egoistischen Motive. Ein solcher Vorteil für den Mann ist auf den ersten Blick nicht erkennbar. Trotzdem ist die soziale Stellung der Frau in unserem Kulturkreis bereits eine andere als in den patriarchalischen Gesellschaften des orientalischen und afrikanischen Kulturraumes, wo ihre Unterdrückung noch viel ungenierter – weil gottgewollt – erfolgt. Wäre das Christentum bei uns noch genauso mächtig wie vor der Aufklärung, würde es Frauen heute hier nicht anders ergehen.

Trotzdem hat sich nach der Aufklärung das Geschlechterverhältnis allmählich verändert. In erster Linie hat das mit den veränderten Produktionsbedingungen zu Beginn der Industrialisierung zu tun, als auch die Arbeitskraft von Frauen und Kindern schamlos ausgebeutet wurde. Wenn es um die Ausbeutung des Menschen geht, spielt der Geschlechtsunterschied keine Rolle; doch auch sonst spielen sich die Beziehungen zwischen Frau und Mann im Alltag nicht im sozialen Vakuum ab. Das Machtverhältnis zwischen Mann und Frau ändert sich, sobald ein zweiter Mann hinzukommt. In diesem Fall würde die Rivalität zwischen den beiden Männern das Machtgefälle nicht nur ausgleichen, sondern zugunsten der Frau verschieben. Im übertragenen Sinn kann die Frau einen gegen den anderen ausspielen – ein Thema, das sich wie ein roter Faden durch die Weltliteratur zieht.

Wie Männer miteinander rivalisieren, ist bekannt: Der Stärkere, Potentere, Mächtigere gewinnt. Wer den „Kürzeren" zieht, verliert. Frauen, die auf ein sichtbares und messbares „Kampforgan" verzichten müssen, tragen ihre Rivalität anders aus. Häufig entscheidet erst die Wahl des Mannes darüber, welche Frau sich als die Begehrtere, Mächtigere und Potentere fühlen darf. Der Mann übernimmt dann eine ähnliche Rolle wie der Zauberspiegel im Märchen von Schneewittchen: „Spieglein, Spieglein an der Wand, wer ist die Schönste im ganzen Land?" Die Volkssage macht unmissverständlich klar, worin sich die weibliche von der männlichen Macht unterscheidet: Während Männer stärker, potenter sein wollen, geht es in der Rivalität zwischen Frauen um die Frage der Attraktivität. Eine Frau ist umso potenter, je heftiger das Begehren ist, das sie beim anderen Geschlecht hervorruft. Die Sehnsucht, die eine Frau beim Mann hervorruft, verleiht ihr Macht über ihn und stärkt gleichzeitig ihre Position gegenüber ihren Rivalinnen. Dass Frauen ihre Macht auch im Berufsalltag einsetzen und mit dem Begehren ihrer männlichen Vorgesetzten spielen, ist eine bekannte Tatsache.

Es hatte einige Monate gedauert, bis der Vorstand in Lenas Institut neu bestellt wurde. Jetzt, als die Katze aus dem Sack war, machte sich unter den Mitarbeitern Enttäuschung breit. Von allen Bewerbern, denen man Chancen nachsagte, war er die schlechteste Wahl. Ein typischer Fall von Postenschacher, dachte Lena. Abgesehen von seiner miserablen fachlichen Qualifikation war er auch menschlich eine Niete. Ein unansehnlicher, missgünstiger Gnom, dazu noch eitel und selbstgefällig. Alles andere als ein Mann zum Verlieben. Wie ein kalter Fisch, ohne soziale Kompetenz und bar jeder Führungsqualität. Gleichzeitig eilte ihm der Ruf eines Schürzenjägers voraus. Lena konnte sich beim besten Willen nicht erklären, wie er dazu kam.

In seinem Antrittsreferat sprach er einschmeichelnd von menschlicher Wärme, rühmte die Wichtigkeit eines offenen Betriebsklimas und hob immer wieder seine Wertschätzung für die Belegschaft hervor. Wer ein Problem habe, könne jederzeit zu ihm kommen und sein Herz ausschütten. Wollte er sie alle für dumm verkaufen? Die Realität war ganz anders: Er veranlasste Umstrukturierungen, schuf neue Führungspositionen und besetzte sie mit Günstlingen, bei denen es sich durchwegs um schwache, von ihm abhängige Mitarbeiter handelte. Schon nach wenigen Wochen war er bei den meisten wegen seiner subtilen Bösartigkeit und Rachsucht gefürchtet.

Lena ist eine auffallend attraktive Frau. Das war auch ihrem neuen Chef nicht entgangen. Er behandelte sie mit ausgesuchter Höflichkeit. Wann immer sich eine Gelegenheit ergab, schwänzelte er um sie herum und machte ihr den Hof. Eines Tages rief er sie zu sich und teilte ihr mit, dass er sie vom operativen Dienst befreien wolle. Stattdessen solle sie die Leitung der Qualitätskontrolle übernehmen. Ein Job, von dem Lena schon lange geträumt hatte; allerdings auch eine Funktion, die eine sehr enge Zusammenarbeit mit ihm erforderte.

Natürlich wusste Lena, warum er gerade ihr diese Stelle anbot. Es war ihr völlig klar, welche unausgesprochenen Erwartungen sich daran knüpften. Nie im Leben wäre sie bereit gewesen, diese zu erfüllen. Trotzdem ließ sich Lena auf das Spiel ein und flirtete bei jeder sich bietenden Gelegenheit schamlos mit ihm. Das machte sich bezahlt. Lena erhielt den Job und schürte weiter das Feuer. Ein koketter Blick hier, eine anzügliche Bemerkung dort und er fraß ihr aus der Hand. Bald war Lena die graue Eminenz im Haus und zog mit großer Hingabe im Hintergrund die Fäden. Sie musste zugeben, dass es ihr große Lust bereitete zu sehen, wie plötzlich alle vor ihr „buckelten“. Selbst wenn es sich dabei nur um geliehene Macht handelte, genoss sie diese in vollen Zügen. Was Lena noch viel mehr erstaunte, war, dass sie für ihren Chef umso begehrenswerter wurde, je länger er sein Ziel nicht erreichte.

Doch Lena war nicht nur eine schöne, sondern auch eine kluge Frau. Sie machte sich keine Illusionen, dass ein derart narzisstischer Typ wie er sofort das Interesse an ihr verlieren würde, sobald er seine Beute erlegt hätte. Danach wäre es um ihre Macht geschehen gewesen. Andererseits konnte sie ihn auch nicht auf ewig hinhalten. Also machte sie das einzig Richtige und ließ sich, sobald sich die Möglichkeit dazu bot, auf einen Posten versetzen, der sie weitgehend seinem Einfluss entzog.

Um das dritte Lebensjahr herum wird einem weiblichen Kind allmählich der biologische Unterschied zwischen Mann und Frau bewusst. Es erkennt die negativen Konsequenzen, die damit verbunden sind, und muss jetzt einen Weg finden, mit dieser unlustvollen Seite der Realität fertigzuwerden. Frauen, denen es nicht gelungen ist, diese frühkindliche Kränkung zu verarbeiten, werden auch im Erwachsenenalter ihre biologische Verwundbarkeit verleugnen und bewusst oder auch unbewusst an den männlichen Machtmöglichkeiten festhalten. Eine Mitarbeiterin äußerte einmal in einer Teamsitzung, in der es um sexuelle Übergriffe ging, „dass sie niemand vergewaltigen könne, wenn sie nicht wolle“.

Eine der großartigsten Dichtungen des Mittelhochdeutschen, das Nibelungenlied, erzählt von einer solchen Frau. Die isländische Königin Brunhild empfand ihr weibliches Schicksal als Kastration. Um sich ihre Überlegenheit über das männliche Geschlecht zu bestätigen, forderte sie alle Männer, die sie zur Frau haben wollten, zum „Zweikampf“ heraus (ein Symbol für den als Machtkampf gedachten Geschlechtsverkehr). Nur der Mann, der sie „besiegen“ konnte, der es also schaffte, dass sie sich ihm völlig hingab, durfte sie zur Frau haben. Weil sie nicht nur unglaublich schön, sondern durch Zauberkraft auch unvorstellbar stark war, gab es bald wirklich niemanden, der sich getraute, um ihre Hand anzuhalten. Es ist sicher kein Zufall, dass der einzige

Mann, der es schaffte, sie im Zweikampf zu besiegen und ihren (Verweigerungs-)Zauber zu brechen, der einzige war, der sie nicht liebte.

Was bedeutet das aus psychoanalytischer Sicht? Ein Mann kann aufgrund seiner biologischen Voraussetzungen zwar jederzeit den Körper einer Frau, aber nicht ihre Seele in Besitz nehmen. Damit sie sich ihm hingibt, muss er auch ihr Herz erobern. Dies hätte auch der männliche Vorgesetzte bedenken sollen, der seine Macht missbrauchte, um seine Mitarbeiterinnen sexuell gefügig zu machen.

Ruth war eine Frau um die dreißig. Nicht unattraktiv, aber sicher keine, der Männer auf der Straße nachpfiffen. Sie war in einem größeren Unternehmen als Buchhalterin angestellt. Im Großen und Ganzen war Ruth mit dem Job zufrieden; der einzige Wermutstropfen war die Bezahlung. Im ersten Jahr traute sich Ruth aus Sorge um ihren Arbeitsplatz nicht, bei ihrem Chef wegen einer Gehaltserhöhung vorzusprechen. Das macht sicher keinen guten Eindruck, dachte Ruth.

Bei der Geburtstagsfeier eines Kollegen im darauffolgenden Jahr fasste sie sich dann aber doch ein Herz. Als sich eine Gelegenheit ergab, trug sie ihrem Chef ihr Anliegen vor. Sie war angenehm überrascht, als er väterlich seine Hand auf ihren Unterarm legte und sie für den nächsten Tag nach Dienstschluss in sein Büro bestellte. Beim Treffen tags darauf wurde Ruth schnell klar, dass es nur am Rande um die Gehaltserhöhung ging. Wie versteinert ließ sie seine Zudringlichkeiten und all das, was sich danach unter gehörigem Alkoholeinfluss in einer luxuriösen Absteige abspielte, über sich ergehen.

Erst als Ruth einige Stunden danach alleine in ihrer Wohnung saß, fühlte sie sich unsagbar beschämt und gedemütigt. Sie verspürte den Zwang, sich jede seiner Berührungen von ihrem Körper waschen zu müssen. Ruth glaubte, sie müsse verrückt sein, als er sie einige Tage darauf zum Abendessen einlud und sie diesem Treffen zustimmte. Erst viel später wurde ihr die tiefere Bedeutung ihres scheinbar unverständlichen Verhaltens klar. Die Kontakte zwischen Ruth und ihrem Vorgesetzten zogen sich über mehrere Monate. Aber bei jeder intimen Begegnung spürte Ruth, wie sehr sie ihn, aber auch sich selbst verachtete.

Die wortlose Kälte, die von ihr ausging, schien auf ihn wie ein Aphrodisiakum zu wirken. Je stärker seine Leidenschaft entflammte, desto unnahbarer wurde Ruth. Er fühlte, wie sehr sie ihn verachtete, und setzte alles daran, ihren inneren Widerstand zu brechen: Mit einer weiteren Gehaltserhöhung, großzügigen Geschenken – ja, er bot ihr sogar an, sich von seiner Frau zu trennen. Doch Ruth war das gleichgültig.

Wie zum Hohn fing sie eine Liebesbeziehung mit einem Kollegen im selben Unternehmen an. Indirekt zwang sie ihren Chef dabei zuzusehen, wie der andere all das freiwillig bekam, was ihm trotz seiner Macht verwehrt blieb. Ein Umstand, der ihn rasend vor Eifersucht machte. Liebend gerne hätte er seinen jüngeren Widersacher gefeuert, doch waren ihm die Hände gebunden. Zu sehr war er in die ganze Sache verstrickt, zu sehr hatte er sich Ruth ausgeliefert. Er hatte mit hohem Einsatz gespielt und verloren. Am Ende sogar sein Gesicht.

Besteht die Macht des Mannes in der Eroberung, ist es bei der Frau die Verweigerung, die ihr Macht verleiht. Indem eine Frau einem Mann vor Augen führt, dass er nicht imstande ist, sie zu „besitzen", kastriert sie ihn im übertragenen Sinn. Dahinter verbirgt sich oft genug auch ein infantiler Rachewunsch. Auf der sexuellen Ebene würde das bedeuten, dass sie zwar den Penis des Mannes (das Symbol für seine Macht) nicht zerstören kann, dafür aber seine Potenz, sie zu befriedigen.

Jeder weiß, was unter einer Frau „mit Haaren auf den Zähnen" zu verstehen ist. Es handelt sich dabei um eine Frau mit messerscharfer Zunge und der erstaunlichen Fähigkeit, andere mit Worten „zu kastrieren". Mit der Redewendung

„Haare auf den Zähnen“ werden wohl die Haare über den Zähnen, also der Bartwuchs, gemeint sein. Eine Frau mit behaarter Oberlippe ist für die meisten das Sinnbild einer männlichen, „phallischen“ Frau.

Die Analyse zeigt, dass in der Redewendung „eine Frau mit Haaren auf den Zähnen“ noch Reste von der Urangst des Mannes vor dem „bissigen“, kastrierenden weiblichen Genitale erhalten sind. Allerdings hat die psychische Abwehr dafür gesorgt, dass die angsterregende Vorstellung vom Genitalbereich auf die Mundöffnung verschoben wurde. Eine derartige Verschiebung legt alleine schon die äußerliche Ähnlichkeit des weiblichen Genitales mit dem Mund nahe. An diese oberflächliche Kongruenz erinnern in der deutschen Sprache die Bezeichnungen „Schamlippen“ und „Muttermund“. Was liegt also angesichts dieser Ähnlichkeit näher, als auch die untere Mundöffnung mit denselben Attributen auszustatten wie die obere. So entstand das Fantasma von der „Vagina dentata“, der „bezahnten Vagina“. Eine Frau mit Haaren auf den Zähnen ist demnach eine phallische, aggressive, „bissige“ Frau, hinter deren (Scham-) Haar sich scharfe Zähne verbergen. Sie ist das Sinnbild der kastrierenden Frau.

Berta machte ihrem Ruf, eine Frau mit Haaren auf den Zähnen zu sein, alle Ehre. Wie der griechische Höllenhund Cerberus wachte sie im Vorzimmer ihres Chefs. An ihr kam niemand so leicht vorbei. Berta ist eine etwas hagere, attraktive Frau Mitte vierzig, alleinstehend und im ganzen Betrieb gefürchtet. Vor allem ihre Kolleginnen machten um sie einen Bogen, wenn sie nur konnten. Kaum jemand im Unternehmen konnte sich erinnern, Berta jemals lachen gesehen zu haben. Die meiste Zeit über saß sie hinter ihrem Schreibtisch und kontrollierte wie eine Überwachungskamera mit leicht zusammengekniffen Augen das Geschehen im Büro.

Die vier Schreibkräfte und Telefonistinnen, die Berta unterstellt waren und mit ihr das Sekretariat teilten, vermieden es, ihrem stechenden Blick zu begegnen. Berta war in der

Arbeit unfehlbar. Was sie anpackte, hatte Hand und Fuß. Sie verwaltete die Termine ihres Chefs, erledigte für ihn alle unangenehmen Telefonate, sorgte dafür, dass er ungestört arbeiten konnte, war seine Befehlsausgeberin, administrierte und organisierte. All ihre Aufgaben erledigte sie mit großer Sorgfalt und Gründlichkeit. Als Arbeitskraft war sie eine Perle, aber menschlich war es mit ihr nicht leicht. Nicht nur, dass sie Fehler anderer schonungslos aufdeckte, war sie auch eine Meisterin darin, andere bei kleinen Schwindeleien zu ertappen. Sie wusste immer, wer aus ihrer Abteilung wann zu spät kam und achtete penibel darauf, dass keine falschen Zeiten ins Stundenbuch eingetragen wurden. Versuchte es trotzdem jemand, hatte er nichts zu lachen.

Wegen ihrer Art hatte Berta keine Freunde im Unternehmen. Nicht einmal ihr Chef mochte sie. Weil er ein schwacher, gehemmter Mensch war, empfand er es zwar als Erleichterung, dass sie ihm alle unangenehmen Angelegenheiten im Personalbereich abnahm, gerne hatte er sie deswegen trotzdem nicht. Im Gegenteil, tief im Herzen fürchtete er sich genauso vor ihrer Strenge wie alle anderen auch.

Berta war eine verbitterte Frau, der das Leben viele Kränkungen zugemutet hatte. Sie war die Älteste von drei Geschwistern. Ihre Mutter starb, als sie sechs Jahre alt war. Durch den geringen Abstand zwischen den Geburten entwickelte Berta früh das Gefühl, dass immer jemand anderer wichtiger war als sie. Als Älteste übernahm sie nach dem Tod der Mutter Aufgaben im Haushalt. Zu ihren Pflichten gehörte es auch, die Geschwister zu beaufsichtigten, wenn der Vater aus dem Haus war. Diese Aufgabe stellte für Berta eine besondere Konfliktsituation dar. Durch die übertragene Verantwortung, die auch reale Macht über die kleineren Geschwister bedeutete, war sie immer wieder versucht, ihren Eifersuchtsgefühlen freien Lauf zu lassen. Wenn sich die Geschwister beim Vater beschwerten und er sie deswegen zur Rede stellte, fühlte sich Berta zwar schuldig, aber von ihm auch gleichzeitig verraten, weil sie das Gefühl hatte, er würde die Kleinen bevorzugen. Ohne dass es Berta bewusst war, wiederholte sie ihre feindseligen, eifersüchtigen Gefühle in der Beziehung zu ihren Kolleginnen und zu ihrem Vorgesetzten. Sie konnte beim besten Willen nicht verstehen, warum er sie den „Schwestern" nicht vorzog, obwohl sie doch alles besser konnte als sie.

„Burn-out" ist neben „Mobbing" (Psychoterror am Arbeitsplatz) und „Bossing" (Mobbing durch Vorgesetzte) zurzeit eines der Modewörter unserer hochtourigen Leistungsgesellschaft. Das kommt nicht von ungefähr. Auch wenn die schicken englischen Namen in den meisten Fällen dem wirklichen Sachverhalt nicht gerecht werden, ist „Burn-out" wirklich eine treffende Bezeichnung für das psychologische Phänomen dahinter. Tatsächlich handelt es sich bei Burn-out-Patienten in der Regel um Mitarbeiter, die viele Jahre lang zur Haute Couture des Betriebs gehörten. Ohne Rücksicht auf Verluste setzten sie sich lange Zeit dafür ein, dass die Unternehmensziele erreicht wurden – bis mit einem Mal, meistens um die Lebensmitte, plötzlich ihr Akku leer ist.

Die Burn-out-Symptomatik beginnt üblicherweise mit schleichenden Angstzuständen, Unruhe, Schlafstörungen, Angst vor dem nächsten Tag oder vor dem Ende des Wochenendes, Kopfschmerzen, paranoiden Gefühlen, von anderen abgelehnt zu werden, und dergleichen. Burn-out-Patienten leiden an folgenden Faktoren (gereiht in Abhängigkeit vom Schweregrad der einzelnen Faktoren)[30]: Überlastung, Depression, Ausbeutung, Erschöpfungszustände, Mobbing, Erfolgsdruck, Durchschlafstörungen, Überforderung, nervöser Unruhe, fehlender Anerkennung.

Fred gehört nicht gerade zu den Menschen, die sich vom Leben geliebt fühlen. Er hat eine harte Kindheit in einer achtköpfigen Familie hinter sich. Sein Vater arbeitete als Hilfsarbeiter in einer entfernten Stadt in der Stahlindustrie. Er war Alleinverdiener und nur an den Wochenenden zuhause. Fred hat ihn als aufbrausenden, jähzornigen Mann in Erinnerung, der wegen jeder Kleinigkeit ausrasten konnte. Dann setzte es Prügel. Weil Fred einmal einem Auftrag seines Vaters nicht sofort nachgekommen war, schlug der ihn mit dem Gartenschlauch so heftig, dass sein Körper noch Tage später mit Blutergüssen übersät war.

Nach der Hauptschule absolvierte Fred eine Elektrikerlehre und trat danach in ein großes Telekommunikationsunternehmen ein. Dort arbeitete er sehr zur Zufriedenheit seiner Vorgesetzten und wurde nach einiger Zeit für die Betreuung eines Großkunden abgestellt, dessen Telefonanlage er wartete. Er verrichtete seinen Job gut und auch das Verhältnis zu seinem Chef auf der Kundenseite war angenehm und entspannt. Die Telefonanlage gehörte damals zu den modernsten ihrer Art. Immer wieder kamen ausländische Delegationen ins Unternehmen, denen er sie erklären und vorführen musste.

Nach einigen Jahren wurde das Unternehmen, dem er zugeteilt war, mit einem anderen fusioniert. Fred erhielt einen neuen Vorgesetzten. Er wusste, dass sein neuer Chef früher für ein Konkurrenzunternehmen in der Telekombranche tätig gewesen war. Von Anfang an verfolgte der Neue die Strategie, Fred das Leben so schwer wie möglich zu machen. Eine Zeit lang bemühte sich Fred noch, seinen Chef mit Entgegenkommen und besonderem Engagement für sich einzunehmen. Doch bald musste er einsehen, dass er mit seinen Bemühungen genau das Gegenteil erreichte. Das Verhalten seines Bosses wurde immer provokanter. Zynisch verlangte er von ihm die Behebung von Gebrechen, von denen er wusste, dass sie nicht im Wartungsbereich lagen. Immer zielstrebiger verfolgte er sein Ziel, Fred schlecht aussehen zu lassen. Es gelang ihm, selbst Probleme, die nicht in Freds Tätigkeitsbereich fielen, so dazustellen, als wäre er dafür verantwortlich. Auf diese Weise vermittelte er Fred mit der Zeit ein Gefühl völliger Unfähigkeit und Inkompetenz.

Der berufliche Stress blieb für Fred nicht ohne Folgen. Bald konnte er nach der Arbeit nicht mehr abschalten und nahm seine beruflichen Sorgen mit nach Hause. Immer wieder grübelte er darüber nach, was er im Beruf besser machen könnte. Allmählich stellten sich bei ihm auch Schlafstörungen und Angstzustände ein. Besonders schlecht ging es Fred am Sonntagnachmittag. Der Gedanke an die kommende Arbeitswoche lastete wie ein schwerer Albdruck auf ihm. In der Nacht auf Montag wälzte er sich oft stundenlang schweißgebadet von einer Seite auf die andere, ohne den erlösenden Schlaf zu finden. Auf dem morgendlichen Weg zur Arbeit fühlte sich Fred, als würde er zu seiner Hinrichtung geführt.

Nach einem Nervenzusammenbruch mit heftigen Weinkrämpfen war Fred klar, dass es so mit ihm nicht weitergehen konnte. Er nahm ärztliche Hilfe in Anspruch, zuerst bei seinem praktischen Arzt, dann bei einem Neurologen. Es wurden ihm Tranquilizer und Antidepressiva verschrieben. In seiner schlimmsten Phase brachte er es auf zwölf Tabletten pro Tag. Fred begann eine Gestalttherapie, bei der es um alles Mögliche ging, nur nicht um seine Probleme in der Arbeit.

Fred flüchtete sich nun immer häufiger in den Krankenstand. Alleine der Gedanke, gegen seinen übermächtigen Widersacher wieder in den Ring steigen zu müssen, trieb ihm die Schweißperlen auf die Stirn. Hätte dieser sich auch nur ein einziges Mal herabgelassen, Fred zuzuhören und auf seine Probleme einzugehen, hätte sich der Konflikt selbst damals noch lösen lassen. Doch so kam es, wie es kommen musste. So, als hätte er jetzt erst recht Blut geleckt, reagierte er auf die Hilflosigkeit seines angeschlagenen Opfers mit unverhohlenem Sadismus und besorgte ihm den Rest. Der einst angesehene und hoch motivierte Mitarbeiter Fred ging endgültig in die Knie: Knock-over im 14. Jahr seines Dienstverhältnisses. Nicht ganz ein Jahr, nachdem Fred aus dem Ring getragen wurde, wurde auch seinem Telekomunternehmen der Vertrag gekündigt. Beauftragt wurde das Unternehmen, für das Freds Vorgesetzter früher tätig war.

Handelte es sich bei dem Terror, dem Fred seitens seines Vorgesetzten ausgesetzt war, bloß um eine strategische Meisterleistung, mit der dieser seiner alten Firma einen Großkunden zuschanzte? War Fred wirklich nur ein Zufallsopfer in einem Spiel, in dem es um sehr viel Geld ging? Die Lebensgeschichte von Fred lädt zu psychologischen Spekulationen ein. Immerhin gibt es zwischen seinem Vater und seinem späteren Peiniger einige auffallende Parallelen. Fred beklagte, dass es keinen Sinn gehabt hätte, mit seinem Vater zu reden. Für kein noch so gutes Argument war er zugänglich. Diskussionen hätte dieser mit einem Machtwort beendet. Auch wenn es an der Oberfläche so aussah, als wäre es darum gegangen, den Repräsentanten eines Konkurrenzunternehmens aus dem Feld zu schlagen, haben Fred und sein neuer Vorgesetzter unbewusst eine sadomasochistische Kollusion in Szene gesetzt. Ohne seine lebensgeschichtliche Prägung wären Fred in der Realität vermutlich genügend Möglichkeiten zur Verfügung gestanden, sich wirkungsvoll zur Wehr zu setzen. Stattdessen hat er sich seinem dominanten Widerpart unterworfen und wie ein Opferlamm zur Schlachtbank führen lassen. Ich wage sogar zu behaupten, dass Freds devotes Verhalten den anderen noch zusätzlich motiviert hat, „die Sau herauszulassen".

Natürlich stellt sich hier die Frage, wie man solchen Konflikten im Alltag psychologisch am besten beikommt. Hätten die beiden auf Zetteln schreiben sollen, was ihnen jeweils am anderen gefällt und was nicht? Oder wäre es sinnvoller gewesen, durch zirkuläres Fragen die Kommunikationsblockade zwischen Fred und seinem Vorgesetzten zu beseitigen? Vielleicht hätten sie lernen sollen, miteinander in „Ich-Botschaften" zu kommunizieren oder „konstruktiv" zu streiten? Wäre positives Denken oder doch eine Familienaufstellung der richtige Ansatz gewesen, um das Problem zu lösen?

Man kann es drehen und wenden, wie man will: Tiefsitzende persönliche Konflikte lassen sich nicht mit banalen psychologischen Methoden beheben. Eine wirkliche Lösung ist nur dann in Sicht, wenn man den Kontrahenten die unbewusste Bedeutung ihrer Kontroverse einsichtig macht – in diesem Fall die sadomasochistische Kollusion, in die beide verstrickt waren. Alleine das ist schon schwierig genug, hätte doch die Deutung des Konfliktes zumindest bei einem der Beteiligten einen heftigen Widerstand hervorrufen. Erst nach der Auflösung dieses Widerstandes hätte eine reale Lösung auf der Arbeitsebene ins Auge gefasst werden können.

Kurt ging auf Anraten seines Vaters in den technischen Dienst eines staatlichen Betriebs. Seine Lehre hatte er in einem Privatunternehmen absolviert, sodass er jetzt überrascht war, wie gemächlich der Betrieb in seiner neuen Arbeit vonstatten ging. Andererseits fiel ihm auf, wie gut das Betriebsklima war. In der familiären Atmosphäre tankte er viel Selbstvertrauen. Seine Arbeit hatte er locker im Griff und in seiner Abteilung fühlte er sich anerkannt und wertgeschätzt.

Die Arbeit im Team mit seinen Kollegen machte ihm großen Spaß und er freute sich schon jeden Morgen auf die Arbeit – bis eines Tages das Unternehmen privatisiert wurde. Im Zuge von Umstrukturierungen wurden seiner Abteilung neue Aufgabengebiete übertragen. Anfangs gab es dafür noch Schulungen und eine ausreichend lange Einarbeitungszeit. Später wurden die Schulungen aus Kostengründen verkürzt und von einer Einarbeitungszeit konnte keine mehr Rede mehr sein. Die Einführung neuer Produkte sowie weitere Rationalisierungen trugen ebenfalls dazu bei, dass der Druck immer stärker wurde. Nicht nur Kurt, sondern auch viele seiner Kollegen fühlten sich bei dem, was sie taten, bald nicht mehr sattelfest.

Kurt war im Privat- und Firmenkundenbereich tätig. Anders als früher entwickelte er jetzt Befürchtungen, dass er den Arbeitsanforderungen des nächsten Tages nicht mehr gewachsen sein könnte. Immer häufiger kam es vor, dass er bei Kundenbesuchen schon am Vortag anrief, um sicherzustellen, dass er das Problem auch lösen konnte.

Eine neuerliche Umstrukturierung bescherte Kurt auch

einen neuen Chef. Der stand selbst gehörig unter Druck und gab diesen direkt an seine Mitarbeiter weiter. In der Folge verschlechterte sich das Arbeitsklima, die Kollegen wurden mürrischer und man hörte sie immer öfter vor sich hin fluchen. Ein externer Unternehmensberater sorgte zusätzlich dafür, dass die Arbeitsermittlung nunmehr elektronisch erfolgte. Ein System errechnete, wie viel Zeit er für einen Kunden maximal benötigen dürfe. Die Zeit für die Mittagspause und allfällige WC-Besuche wurden vom System nicht eingerechnet.

Die Stimmung in der Abteilung erreichte den absoluten Nullpunkt. Nicht nur, dass alle völlig demotiviert waren, führte die angespannte Situation auch immer häufiger zu aggressiven Auseinandersetzungen. So hatte das neue Kontrollsystem und der daraus resultierende Zeitdruck nicht nur zu einer nachhaltigen Verschlechterung der Arbeitsbedingungen beigetragen, sondern auch das gute Arbeitsklima zerstört. Aus Angst um den Arbeitsplatz fügten sich die meisten in ihr Schicksal.

Die Unternehmensleitung erhöhte den Druck weiter. Durch Auslagerungen an billige Leasingfirmen wurden immer mehr Mitarbeiter abgebaut. Die Verbliebenen fühlten sich wie Zitronen ausgepresst. Dumpingangebote vor Weihnachten lösten bei den Konsumenten eine wahre Bestelllawine aus. Von den Mitarbeitern des technischen Dienstes wurde selbstverständlich vorausgesetzt, dass sie Überstunden auf sich nehmen, um die anfallenden Installationen in möglichst kurzer Zeit zu bewerkstelligen.

Kurt reagierte auf den chronischen Überdruck zunächst mit Verspannungen, Kopfschmerzen und Schlafstörungen. Wenn er sich am Abend zur Ruhe begab, raste sein Gehirn auf Hochtouren. Bald danach begann er sich leer und ausgebrannt zu fühlen. Er bekam Depressionen. Dazu entwickelte er immer größere Ängste vor der Arbeit und hatte bald nur mehr den Wunsch, am Morgen zu Hause bleiben zu können – am besten für immer.

Aus der Sichtweise von Kurts Vorgesetzten handelte es sich beim Großteil der Mitarbeiter des technischen Dienstes um „Tachinierer“, die jahrelang in einem staatlichen Unternehmen dem Staat auf der Tasche gelegen wären. Doch was ist so schlimm daran, wenn die Arbeit einem Menschen auch Raum für andere Aktivitäten lässt, etwa für sozialen Austausch? Immerhin hatten die Leute Spaß und sind gerne zur Arbeit gegangen. „Ja, aber in der Privatwirtschaft weht ein anderer Wind“, würde Kurts Vorgesetzter jetzt erwidern. Das stimmt. Aber warum sollten die Ansprüche eines Konzerns mehr zählen als das, was den Arbeitnehmern guttut? Warum sollte Profit wichtiger sein als ein angenehmes Arbeitsklima, selbst wenn unter dem möglichen Leistungslimit gearbeitet wird? Die Konsequenz wären mehr zufriedene Arbeitnehmer und weniger Profit.

Ohne Zweifel geht es hier um eine grundsätzliche Entscheidung, was in unserer Gesellschaft Vorrang hat – die Gesundheit und das Wohlbefinden der Menschen oder Profit und Konsumwahn. Es stimmt schon, dass wir uns weniger leisten können, wenn wir weniger arbeiten. Aber ist Geld wirklich alles? Gibt es darüber hinaus nicht auch andere Inhalte, für die es sich zu leben lohnt? Solange sich die Mehrheit unhinterfragt der Profitgier einiger weniger beugt, wird die Arbeitswelt noch weiter in Schräglage geraten; aber irgendwann kommt der Zeitpunkt, an dem das System zusammenbricht, weil aus den Menschen nichts mehr herauszupressen ist.

Es ist wirklich nur mehr eine Frage der Zeit, bis sich Kurt und seine Kollegen diese extremen Arbeitsbedingungen nicht mehr gefallen lassen. Noch ist die Angst um den Arbeitsplatz größer als der subjektive Leidensdruck als Folge der Rationalisierungsmaßnahmen. Sollte der Arbeitsdruck jedoch weiter zunehmen, wird der Widerstand explodieren. „Leben und leben lassen“ sollte die Devise lauten. Doch davon kann angesichts der aktuellen Entwicklung in Europa, aber auch überall sonst auf der Welt – man denke nur an die Arbeitsbedingungen in Asien – immer weniger die Rede sein.

Eigentlich sollten die vergangenen Revolutionen für die Herrschenden eine Warnung sein, dass sie es mit der Ausbeutung nicht übertreiben dürfen, wenn sie nicht neue Aufstände provozieren wollen. Wie schnell das gehen kann, zeigen nicht nur die Umstürze in Nordafrika, sondern auch der wachsende Widerstand der Jugend in Griechenland oder Spanien. Doch angesichts der Gleichgültigkeit der Arbeitgeber und Politik als Reaktion auf die Zuspitzung in der Arbeitswelt bestätigt sich wieder einmal die alte Weisheit: Aus der Geschichte lernen wir, dass wir nichts aus der Geschichte lernen.

# Lebens- und Arbeitsbedingungen im Gleichgewicht

Lange Zeit herrschte bei uns zwischen der Arbeitgeber- und Arbeitnehmerseite ein ausgeglichenes Machtverhältnis. Nach der Pleite der sozialistischen Wirtschaftspolitik in Osteuropa und der neoliberalen Wende in den Vereinigten Staaten (Ronald Reagan) und Großbritannien (Margaret Thatcher) gibt die Wirtschaft in gesellschaftlichen und politischen Fragen immer ungenierter den Ton an. Die Arbeitnehmerseite hat sich allem Anschein nach aus dem gesellschaftspolitischen Diskurs mehr oder weniger verabschiedet. Hätte die Gewerkschaftsbewegung in der Vergangenheit genauso zahnlos agiert wie heute, gäbe es noch immer keinen gesetzlich verankerten Achtstundentag.

Der BAWAG-Skandal war ein trauriges Sittenbild über den Verfall der österreichischen Gewerkschaftsbewegung. Gedeckt von der Gewerkschaftsführung zockten die roten Bosse am Kapitalmarkt und versenkten bei dem Hasardspiel Milliarden Euro. Welcher Arbeitnehmer kann einer derartigen Vertretung noch vertrauen? Die große Chance für eine grundlegende Reform und Neuausrichtung als Folge des Desasters wurde ebenfalls vertan.

Längst haben sich die Wirtschafts- und Arbeitswelt verändert, aber an vielen „verdienten" Funktionären des Gewerkschaftsapparates ist der gesellschaftliche Wandel im letzten Vierteljahrhundert unbemerkt vorübergegangen. Fast hat es den Anschein, als hätten sie die Komplexität der neuen Problemstellungen nicht begriffen. Statt fortschrittliche politische Konzepte zur Marktregulierung zu entwickeln, um dem neoliberalen Kahlschlag Einhalt zu gebieten, lassen sie sich von ihren Leuten dafür feiern, dass sie bei Lohnverhandlungen ein halbes Prozent mehr herausgeschlagen haben. Es sind vor allem die Fantasie- und Visionslosigkeit der einst so dynamischen Arbeiterbewegung, die sie heute für viele unattraktiv macht.

Nicht nur der Niedergang des Realsozialismus, sondern auch die Pleiten im Dunstkreis der westlichen Arbeiterparteien und deren Ideenlosigkeit haben zu einer nachhaltigen Verunsicherung ihrer Klientel beigetragen und Zweifel am Bestehen zeitgemäßen linksideologischen Gedankenguts aufkommen lassen. Die Schwäche der Arbeiterbewegung ist für die Arbeitnehmer nicht ohne Folgen geblieben.

Wer heute nicht spurt und sich den leistungsorientierten Bedingungen der Wirtschaft nicht unterwirft, wird gegen eine willigere und meist auch billigere Arbeitskraft ausgetauscht. Es fragt sich, wie lange das noch gehen muss, bis sich auch die Arbeitnehmerseite der vielen Möglichkeiten, die sich in einer globalisierten Welt bieten, zunehmend bewusst wird.

Für eine Neuformierung der Linken gibt es heute schon vereinzelte Hinweise – etwa der Zuspruch für die weltweit verbreitete globalisierungskritische Bewegung „Attac“, zu deren Unterstützern nicht nur „linke Chaoten“ zählen, sondern auch Professoren weltweit renommierter Universitäten, etwa Harvard, Oxford, Cambridge, der Sorbonne, Berkeley und Kyoto. Dazu gehören Jeffrey Sachs, Sonderberater des UN-Generalsekretärs Ban Ki-moon, Dani Rodrik, Professor für politische Ökonomie an der Harvard University, oder Christian Fauliau, langjähriger ranghoher Ökonom der Weltbank. Aber auch der Aufstieg linkspopulistischer Parteien in Südamerika oder in Deutschland zeigt, dass Bewegung in die politische Landschaft gekommen ist. Der Widerstand gegen die radikalen neoliberalen Positionen und die einseitige Orientierung am wirtschaftlichen Bedarf nimmt weltweit vor allem bei den Jungen zu.

Je stärker die neoliberalen Auswüchse auch den Mittelstand treffen, umso wahrscheinlicher ist es, dass der Ruf nach baldiger Veränderung der wirtschaftlichen und gesellschaftlichen Bedingungen lauter wird. Das sollten auch die Hardliner aus dem neoliberalen Eck bedenken, wenn sie weiterhin für den Raubtierkapitalismus eintreten. Vorteilhafter ist es, einen vernünftigen Kompromiss zwischen den Bedürfnissen der Arbeitgeber und Arbeitnehmer zu finden. In einer globalisierten Welt ist die eine Seite von der anderen abhängig. Die Arbeitnehmer brauchen die Wirtschaft, weil sie Arbeitsplätze schafft, und die Arbeitgeber könnten ohne Arbeitskraft der Menschen ihre Betriebe zusperren. Aufgrund dieser Verschränkung gibt es gar keine andere Lösung als ein vernünftiges Miteinander. „Leben und leben lassen" muss in Zukunft wieder zur Grundlage des gesellschaftlichen Konsenses zwischen Arbeitgebern und Arbeitnehmern werden. Davon profitieren alle.

Jedem denkenden Menschen ist klar, dass es Arbeit ganz ohne Stress wohl nie geben wird. Das liegt in der Natur des Menschen. Wohl aber ist es möglich – und aus meiner Sicht auch dringend notwendig –, Umgewichtungen in der Wirtschafts- und Arbeitswelt vorzunehmen. Denn der Druck, der in einer auf unerbittliche Konkurrenz aufgebauten Marktwirtschaft in der globalisierten Welt auf allen Mitarbeitern lastet, wird sonst noch unerträglichere Ausmaße annehmen.

Entspannung kann aber erst dann erfolgen, wenn wir uns vom Mythos der sich selbst regulierenden Marktwirtschaft verabschieden. Ohne Regulation von außen wird die Marktwirtschaft nachweisbar dazu führen, dass sich der Reichtum immer mehr im Sinne des „Power Laws" verteilt. Am Ende dieses Prozesses stehen einer Vielzahl Verarmter wenige sehr Reiche gegenüber. Der Mittelstand wird sich dann so gut wie aufgelöst haben. Was eine solche Entwicklung für den sozialen Frieden bedeutet, lässt sich leicht ausrechnen. Tendenziell zeichnet sich diese Entwicklung bereits in Ländern ab, in denen der neoliberale Kahlschlag besonders stark erfolgt ist. Immer mehr Menschen, die in den Vereinigten Staaten vor wenigen Jahren noch zum wohlhabenden Mittelstand zählten, können sich heute nur mehr mit mehreren Jobs über Wasser halten, weil diese so schlecht bezahlt sind.

Eine derartige Entwicklung kann nur verhindert werden, wenn die Politik den Markt wieder stärker reguliert. Während die Kosten für Energie und Rohstoffe überall am Weltmarkt gleich sind, gibt es im Bereich der Arbeitskosten noch erhebliche Unterschiede. Gerade für die kleinen und mittleren Betriebe hat das Lohngefälle zwischen Erster und Dritter Welt schwerwiegende Konsequenzen.

Stellen Sie sich zwei Unternehmen A und B vor, die in einem europäischen Land produzieren und verkaufen. A wäre ein großes internationales und B ein nationales Unternehmen. Auf Grund der niedrigeren Arbeitskosten verlegt das internationale Unternehmen A seine gesamte Produktion in ein Dritte-Welt-Land. Danach kann es seine Produkte wesentlich billiger auf den Markt bringen als das Unternehmen B – mit der Konsequenz, dass das Unternehmen B zusperren muss und seine Mitarbeiter arbeitslos werden.

Welche Vorteile die unterschiedlichen Kosten für Arbeit auch internationalen Leasingfirmen von Arbeitskräften bringen, liegt auf der Hand. Aber auch die Nachteile für die Staaten, die anschließend das Arbeitslosenproblem im eigenen Haus bewältigen müssen, sind sichtbar. Ein erster wichtiger Schritt in Richtung Chancengleichheit für Unternehmen am Weltmarkt ist daher die rasche Vereinheitlichung des Kostenfaktors Arbeit. Nur wenn die Kosten für Arbeit, Energie und Rohstoffe weltweit annähernd gleich sind, haben auch kleine oder mittlere Unternehmen am Markt wieder bessere Chancen.

Mehr denn je braucht die Marktwirtschaft Regulative. Es muss Umsatzobergrenzen für Unternehmen geben, genauso wie Einkommensobergrenzen für Individuen. Was darüber hinaus geht, muss zu hundert Prozent besteuert werden. Auf diese Weise kann die Unternehmensgröße und damit auch die Macht von Unternehmen und Individuen sehr einfach begrenzt werden, weil es keinen Anreiz mehr gibt, zu wachsen oder mehr zu verdienen.

Solange es solche Regulative nicht gibt, darf man sich nicht wundern, wenn das „Biotop Raubtierkapitalismus" Raubtiere hervorbringt, die das System managen, am Leben erhalten und selbst davon am meisten profitieren. Während die großen Konzerne nicht zuletzt durch den Abbau von Arbeitskräften satte Profite einfahren, raufen viele kleine und mittlere Unternehmen ums Überleben. Auch hier ist die Politik gefordert, ausgleichend in den Markt einzugreifen, die Profite der Großen viel stärker zu besteuern und sie in Form von Förderungen auf jene Unternehmen umzuverteilen, die Arbeitsplätze schaffen.

Natürlich kann man mit der Bildung und der Herstellung hochwertigerer Produkte dieser Entwicklung noch eine Zeit lang gegensteuern, aber irgendwann gibt es auch hier Grenzen. Je anspruchsvoller und bildungsabhängiger die Arbeitsleistungen sind, desto weniger Menschen wird es geben, die diese Kriterien erfüllen können. Das Ergebnis ist wieder das gleiche: Einer Minderheit von gut bezahlten, hochspezialisierten Arbeitskräften wird eine Masse von Arbeitssuchenden gegenüberstehen, die dem hohen Anforderungsprofil der Wirtschaft nicht mehr gerecht werden kann. Längst haben sich die großen Konzerne und das Großkapital die Vorteile der Globalisierung zunutze gemacht, während die Arbeitnehmervertretungen diesbezüglich noch immer im Tiefschlaf zu liegen scheinen.

Folgt man renommierten Volkswirtschaftern, so führt an der Besteuerung von Spekulationsgeschäften kein Weg mehr vorbei. Alleine wenn man internationale Finanztransaktionen mit nur 0,1 Prozent besteuerte, käme eine gewaltige Summe zusammen, mit der eine Homogenisierung der Märkte finanziert werden könnte. Auf diese Weise könnten globale Verschiebungen etwa im Bereich der Arbeits- und Dienstleistungsmärkte eingeschränkt werden. Eine solche Finanztransaktionssteuer wurde unlängst in einem von

Attac verfassten und an die G20 adressierten offenen Brief gefordert. Im Brief heißt es: „Die Zeit für die Steuer ist reif. Die Finanzkrise hat uns die Gefahren eines unregulierten Finanzwesens gezeigt. Das Verhältnis zwischen der Gesellschaft und einem Finanzsektor, der dieser eigentlich dienen sollte, wurde ins Gegenteil verkehrt. Nun ist es an der Zeit, dieses Verhältnis wieder umzukehren und dafür zu sorgen, dass der Finanzsektor der Gesellschaft etwas zurückgibt."

Neben einer großen Zahl prominenter Ökonomen haben sich auch die Wirtschaftsnobelpreisträger Paul Krugman und Joseph Stiglitz für eine derartige Finanztransaktionssteuer ausgesprochen. Keine Frage, die Politik muss sich wieder viel stärker auf die Seite der Menschen stellen, statt weiter Handlangerin der internationalen Großkonzerne zu sein.

Oft genug werden heute noch Schlüsselpositionen in Politik und Wirtschaft von hochkarätigen Neurotikern, Borderline-Persönlichkeiten oder narzisstischen Persönlichkeiten wie Silvio Berlusconi besetzt. Beispiele von hochgradig gestörten Persönlichkeiten in Führungspositionen finden sich überall auf der Welt. Über einen Mangel an Mitläufern, Nutznießern und Profiteuren müssen sie sich nicht beklagen. Während die einen skrupellos vom vorherrschenden System profitieren, macht sich unter den anderen Pessimismus, Politik- und leider auch Demokratieverdrossenheit breit. Der Ruf nach dem starken Mann wird gerade bei den sozial Schwächeren lauter. Rechtspopulisten haben ihn mittlerweile überall in Europa gehört und sind bereit, ihm Folge zu leisten. Wen stört es da, dass millionenschwere Gönner des rechten Lagers Repräsentanten genau des Systems sind, das für die Schräglage verantwortlich ist?

Um eine Schubumkehr zu erreichen, werden Regulative alleine nicht genügen. Die Gier wohnt allen Menschen inne, kaum einer ist sich dessen aber bewusst. Unersättlich sind immer nur die anderen. Selbst dort, wo Manager oder Politiker über hochkarätiges Fachwissen verfügen, hinkt die emotionale Entwicklung der intellektuellen Bildung oft hinterher. Dafür ist in erster Linie unser Bildungssystem verantwortlich. Unsere Schulen und Universitäten sind ausschließlich auf die kognitive Wissensvermittlung spezialisiert. Die Persönlichkeitsbildung bleibt bei dieser Art von Bildung jedoch auf der Strecke.

Damit wir es schaffen, unsere Welt ins Gleichgewicht zu bringen, sind großangelegte Reformen im Bereich des Bildungssystems unumgänglich. Solange Menschen nicht erkennen, wer und wie sie wirklich sind, droht Gefahr. Parallel zur Wissensvermittlung muss die Persönlichkeitsbildung als zweite gleichwertige Säule im Bildungssystem verankert werden. Unsere Schulen und Universitäten müssen dafür Sorge tragen, dass nach Abschluss der Ausbildung nicht nur gebildete, sondern auch selbstreflektierte, reife, verantwortungsbewusste Menschen das Ruder in die Hand nehmen.

*» Es gibt*
*Möglichkeiten,*
*Schräglagen ins*
*Gleichgewicht*
*zu bringen und*
*Zufriedenheit zu finden. «*

GERTI SENGER,
WALTER HOFFMANN

# Nachwort
## Von der Schräglage ins Gleichgewicht

Vielleicht stellen Sie angesichts der aufgezeigten Bedrohungsszenarien ratlos fest, dass Sie dagegen eigentlich nichts unternehmen können. Diese fehlende „Wirkmacht" verstärkt oft die Hilflosigkeit und verursacht schließlich Resignation. Es stimmt schon: Wir alle sind nicht mächtig genug, globale Prozesse zu beeinflussen. Aber der Blick auf das eigene individuelle Umfeld zeigt, dass es Möglichkeiten gibt, vorhandene Schräglagen ins Gleichgewicht zu bringen und Zufriedenheit zu finden.

Klar ist, dass die Befriedigung materieller Bedürfnisse alleine nicht ausreicht, um glücklich und zufrieden zu sein. Aber erfüllende Beziehungen, Freundschaften, glückliche Partnerschaften und Eingebundensein in Gemeinschaften lassen den Zufriedenheitsindex hochschnellen. Und wenn schon kaufen, dann machen „gekaufte" Erlebnisse, wie zum Beispiel ein gelungener Urlaub, zufriedener als gekaufte materielle Güter. An Sachen gewöhnt man sich, an Erlebnisse nicht. Leben ist Erleben.

Die Rückbesinnung auf unsere seelischen Grundbedürfnisse – die Balance von Bindung und Unabhängigkeit, Wirkmacht, Anerkennung und sexuelle Erfüllung in stabilen Beziehungen – ermöglicht nicht nur flüchtige, sondern anhaltende Zufriedenheit. Erst ein neues Bewusstsein dafür, dass Zufriedenheit nicht käuflich ist, kann das Credo einer oberflächlich gewordenen Konsumgesellschaft verändern.

Wir wissen aus unserer praktischen Arbeit, dass übermäßiger Konsum und die Unfähigkeit, auf eine Erfüllung zu warten oder sich dafür zu engagieren, passiv und stumpf machen. Nicht zufällig besteht ein starker Zusammenhang zwischen materiellem Wohlstand und politisch-gesellschaftlichem Desinteresse. Statt resignierend die Hände in den Schoß zu legen und auf „die da oben" zu schimpfen, wäre es wichtig, das Schicksal in die Hand zu nehmen und wenigstens im persönlichen Umfeld für gesellschaftspolitische Anliegen einzutreten. Wenn wir im Kleinen kritischer denken, kann sich auch in der großen Welt etwas bewegen.

Unsere Gesellschaft könnte ins Gleichgewicht kommen, wenn jeder für sich versucht, vernachlässigte allgemein gültige Werte zu leben: Bindungsbereitschaft, Fairness, Solidarität, Verantwortung, Mitgefühl, Gemeinsinn, Respekt, Freundlichkeit und das ehrliche Bemühen darum, nicht nur die eigenen Bedürfnisse wahrzunehmen, sondern auch die der anderen.

Die zahlreichen Untersuchungen der Glücks- und Zufriedenheitsforschungen zeigen, dass der willentlich steuerbare Einfluss auf Zufriedenheit relativ hoch ist, schätzungsweise 35 bis 40 Prozent. Die restlichen Einflussgrößen sind Vererbung und Lebensumstände. Sie sind wie Papier und Bleistift – was Sie damit schreiben, hängt von Ihrem Willen ab.

Sprachforscher sagen, dass das Wort „Glück" aus dem Altfränkischen stammt und ursprünglich so viel wie „bestimmen, beschließen, festsetzen" bedeutete. Zufriedenheit und Glück sind tatsächlich auch eine Frage der Einstellung und des Willens. Der Entschluss, zufrieden zu sein, setzt das notwendige Veränderungspotenzial frei, das in jedem Menschen steckt. Lehrbuchwissen ist zu diesem Umdenken nicht notwendig. Ein seelenloses Abfüllen mit Wissensfakten macht zwar kognitiv klüger, bereichert aber nicht die emotionale Intelligenz. Entscheidend ist Herzensbildung im Sinne einer reflektierten, liebesfähigen Persönlichkeit.

Die Vorstellung von Glück und Zufriedenheit ist individuell verschieden, aber für jeden gilt, dass dauerhafte Zufriedenheit ebenso eine Illusion ist wie dauerhaftes Glück. Der Evolution wohnen nun einmal Weiterentwicklung, Neugier, Wachstum und Lernen inne. Nicht zu wachsen bedeutet Stagnation, und die wiederum bedeutet Unzufriedenheit.

Gelegentliche Unzufriedenheit kann zu einem Motor des Lebens werden. Anhaltende Unzufriedenheit, ein unreflektiertes „Mehr, Mehr, Mehr“ zerstört das Sicherheitsnetz unseres Lebens, das aus Herzenswärme und Wertebewusstsein gewebt ist. Wenn vorwiegend materielle Werte dominieren, ist Habgier keine Todsünde, sondern eine Tugend, die soziale Anerkennung genießt. Aber Gier ist tückisch. Sie bringt sich selbst um den Erfolg, geht Hand in Hand mit unangemessener Beschleunigung und verhindert das Genießen. Noch schlimmer: Gier zerstört von innen her, denn sie ist unersättlich.

Ungezügelte Gier lässt einen Mensch ein Leben lang hinter dem vermeintlichen Glück herhetzen, ohne dass das eigentliche Ziel jemals erreicht wird. Im Gegenteil. Immer verspricht die nächste Beute jene Befriedigung, die die vorangegangene nicht ermöglicht hat. Unter diesen Umständen ist Zufriedenheit im Sinne von „be-friedet sein“ unmöglich.

*Gerti Senger* *Walter Hoffmann*

# Anmerkungen

1. http://rheingoldblog.wordpress.com/2010/10/13/der-rheingolder-prof-dr-franz-hormann-zum-geldsystem/
2. www.statistik.at/web_de/dynamic/statistiken/bevoelkerung/haushalte_familien_lebensformen/031187
3. www.statistik-berlin.de/pms/2a5/1999/99-05-26a.html
4. www.wien-konkret.at/lifestyle/partnerschaften/allein-sein/
5. www.arbeiterkammer.com/online/arbeitsklima-index-november-2010-58230.html#E358978
6. *Dawkins, R.:* Das egoistische Gen. Spektrum, 1994, S. 245
7. *Dawkins, R.:* Das egoistische Gen. Spektrum, 1994, S. 231
8. www.leaders-circle.at/wollen-frauen-fuehren.html
9. *Anderson, P./Baumberg, B.:* Alkohol in Europa. Eine Public Health Perspektive
10. *Hoffmann, W.:* Kraftquelle Angst. Ueberreuter, 2007
11. *Kandel, Eric:* Auf der Suche nach dem Gedächtnis. Siedler, 2006
12. *Barabási, Albert-László/Réka,* Albert: Emergence of scaling in random networks, Science, 286:509–512, October 15, 1999
13. *Cruse, H./Dean, J./Ritter, H.* 1998
14. *Kandel* 2006
15. *Zimbardo* 2004
16. *Foulkes* 1974
17. *Schindler* 1957
18. *Bion, W.:* Die Tavistock-Seminare, Tübingen. Edition Diskord, 2007
19. *Dawkins, R.:* Das egoistische Gen. Spektrum, 1994
20. *Karl-Heinz Grasser* am 30. 01. 2011 in der ORF-2-Diskussion „Im Zentrum“
21. *Gandolfi, A.:* Von Menschen und Ameisen. Denken in komplexen Zusammenhängen. Orell Füssli, 2001

22. Aus „Aufstieg und Fall der Stadt Mahagonny“ von Berthold Brecht und Kurt Weill
23. ifat-Langzeitstudie „Gesunde Mitarbeiter, gesunde Betriebe“ (2007–2011)
24. European Agency for Safety and Health at Work (2008, 2010)
25. ifat-Langzeitstudie „Gesunde Mitarbeiter, gesunde Betriebe“ (2007–2011)
26. ifat-Langzeitstudie „Gesunde Mitarbeiter, gesunde Betriebe“ (2007–2011)
27. *Ferenczi, S.:* Schriften zur Psychoanalyse I, II. Fischer, 1970
28. *Senger, G./Hoffmann, W.:* Schattenliebe, Amalthea, 2007
29. *Senger, G./Hoffmann, W.:* Schattenliebe, Amalthea, 2007
30. ifat-Langzeitstudie „Gesunde Mitarbeiter, gesunde Betriebe“ (2007–2011)

SCHRÄG-
LAGE